ANN MARIE ACKERMANN

Tod eines Mörders

ANN MARIE ACKERMANN

Tod eines Mörders

Ein spektakulärer Kriminalfall aus dem 19. Jahrhundert

Mit einem Geleitwort von Ralf Michelfelder,
Präsident des Landeskriminalamts Baden-Württemberg

Übersetzung aus dem amerikanischen Englisch
von Dr. phil. Otfried Kies

SILBERBURG

Ann Marie Ackermann ist eine ehemalige amerikanische Staatsanwältin, die seit 23 Jahren in Deutschland lebt. Sie hat nicht nur in den Bereichen Jura, Ornithologie und Geschichte publiziert, sondern auch akademische Aufsätze vom Deutschen ins Englische übersetzt. **www.annmarieackermann.com**

Dieses Buch wurde zunächst in den USA veröffentlicht, wo es einen Buchpreis erhielt (Independent Publishers Book Award 2018; Bronze Medal Winner – True Crime).

Sollte dieses Werk Links auf Webseiten Dritter enthalten, so machen wir uns die Inhalte nicht zu eigen und übernehmen für die Inhalte keine Haftung.

1. Auflage 2019

© 2019 by Silberburg-Verlag GmbH,
Schweickhardtstraße 5a, 72072 Tübingen.
Alle Rechte vorbehalten.
2017 erschienen als *Death of an Assassin: The True Story of the German Murderer Who Died Defending Robert E. Lee* © The Kent State University Press, USA, 2017
Lektorat: Dr. Sabine Besenfelder, Tübingen.
Umschlaggestaltung, Satz und Layout:
César Satz & Grafik GmbH, Köln, unter Verwendung einer Fotografie von Inge Hermann (Originaldokumente und Waffe – baugleich, nicht original – des Mordfalls in Bönnigheim).
Druck: CPI Books, Leck.
Printed in Germany.

ISBN 978-3-8425-2169-8

Besuchen Sie uns im Internet und entdecken Sie die Vielfalt unseres Verlagsprogramms:
www.silberburg.de

Ihre Meinung ist wichtig für unsere weitere Verlagsarbeit. Senden Sie uns Ihre Kritik und Anregungen an: **meinung@silberburg.de**

*Für die Stadt Bönnigheim
und drei meiner Lieblingseinwohner,
Dieter, Alexander und Dennis*

Welche Sühne gibt es für vergossen Blut?
Aischylos

Inhaltsverzeichnis

Seite:

Geleitwort   9
Vorwort – Ein außergewöhlicher Mordfall   12

Erster Teil:
Mord im Königreich Württemberg, 1835/36

Ein namenloser Held   18

Tatort Bönnigheim – 1835   22

Ein Konflikt bahnt sich an:
Virginia und Texas, 1835/36   29

Der Mord und die Stadt   35

Die Sanduhr des Ermittlers   46

Die »Carolina«   57

Munition in der Waagschale der Justiz   66

Wie Kain wirst Du einhergehen   71

Ein Zeuge!   77

Die Geburtsstunde der forensischen Ballistik   90

Der himmlische Taktgeber   103

Eine Kritzelei im Wald   108

Zweiter Teil:
Exil in den Vereinigten Staaten, 1835–1846

Jäger und Gejagte   118

Flucht nach Amerika   127

Kurswechsel   136

Der Hauptmann in F-Dur   146

Dritter Teil:
Heldentum in Mexiko, 1847

Insel der Wölfe 156

Goldene Schätze und eine weiße Festung 162

Amphibischer Einsatz 168

Ein Brüllen wie ein Wirbelsturm 175

Ein Mann – so viel wert wie ganz Mexiko 185

Vierter Teil:
Eine internationale Lösung, 1872

Post aus Amerika 190

Neuerliche Untersuchung und Abschluss des Falls 196

Nachworte 203

Anhang 219

Dank 241

Bibliographie 245

Endnoten 268

Geleitwort

Ralf Michelfelder, Präsident des Landeskriminalamts Baden-Württemberg.

Bönnigheim, es ist der 21. Oktober 1835. Ein Unbekannter erschießt den Bürgermeister Johann Heinrich Rieber. Es dauert 37 Jahre, bis die Tat aufgeklärt ist, und 183 Jahre, bis die Nachfahren des Hinweisgebers die ausgeschriebene Belohnung erhalten. Der Fall ist außergewöhnlich und steckt voller Superlative. Er ist historisch, einzigartig und spektakulär – besonders für die Kriminaltechnik.

Der Untersuchungsrichter Eduard von Hammer betreibt im Jahr 1835 großen Aufwand, er lässt 48 Schusswaffen der Bürger von Bönnigheim einsammeln. Er ist optimistisch: Mit der Untersuchung dieser Waffen will er den Täter zur Strecke bringen. Hammer hat so bereits 54 Jahre vor der ersten wissenschaftlichen Veröffentlichung über die forensische Ballistik mit seiner Untersuchung bemerkenswerte Pionierarbeit geleistet. Abgesehen davon, dass er 48 potenzielle Tatverdächtige ausschließen konnte, hat er die Arbeit des Kriminologen und Gerichtsmediziners Alexandre Lacassagne in Grundzügen vorweggenommen. Die Gesetze der Wissenschaft sind jedoch eindeutig: Derjenige, der zuerst publiziert, gilt als der Begründer eines Wissenschaftszweigs, erntet den Ruhm und sichert sich seinen Platz in den Geschichtsbüchern.

Die Enttäuschung über die trotz allem erfolglose Tätersuche nimmt Hammer übrigens mit ins Grab, er ist sich seiner bahnbrechenden Leistung zeitlebens nicht bewusst. Heute stellen wir fest: Nicht der Gründer der Lacassagne-Kriminologie-Schule in Lyon hat die forensische Ballistik erfunden, sondern ein schwäbischer Richter in einem Bönnigheimer Kriminalfall. Die Zeiten ändern sich, doch in der Kriminaltechnik haben manche Verfahren bis heute Bestand. Im Kern geht es um die zentrale Frage: Schuld oder Unschuld.

Fundierte Antworten gibt heute das Kriminaltechnische Institut beim Landeskriminalamt Baden-Württemberg. Seine Untersuchungen und Analysen basieren auf wissenschaftlichen Methoden und folgen objektiven Kriterien. Diese finden national und international höchste Akzeptanz. Das weite Spektrum der Forensik stellt sehr hohe Anforderungen an die Qualifikation seiner rund 260 Mitarbeiterinnen und Mitarbeiter. Der Schlüssel zum Erfolg liegt in der Vielfalt: Expertinnen und Experten aus den Bereichen der Chemie, Physik, Biologie, Informatik, Psychologie, Geologie und weiterer Naturwissenschaften sowie spezialisierte Polizeivollzugsbeamtinnen und -beamte suchen gemeinsam nach Antworten. Sie liefern die objektiven Fakten zur Wahrheitsfindung in justiziellen Verfahren.

Was Eduard von Hammer sicherlich trösten würde: Die Herangehensweise der Spezialistinnen und Spezialisten des Landeskriminalamtes Baden-Württemberg folgt nach wie vor dem Hammerschen Prinzip. Ist das Geschoss durch die vorliegende

Waffe abgefeuert worden? Passen Kaliber und sonstige Merkmale zur Waffe? Erst wenn diese Fragen geklärt sind, beginnt die Suche nach Feinspuren. Denn jeder Lauf ist individuell, jedes Geschoss erhält sein charakteristisches Spurenbild durch den Lauf, der es einzigartig macht. Allein im Jahr 2017 hat das Landeskriminalamt Baden-Württemberg 758 Untersuchungen an Schusswaffen und Munition durchgeführt. Damit hat es maßgeblich dazu beigetragen, Täter zu überführen oder Personen vom Tatverdacht zu befreien.

Der »Cold Case« von Bönnigheim fasziniert die Spezialistinnen und Spezialisten bis zum heutigen Tage. Kriminalhauptkommissar Volker Schäfer, Sachverständiger für Schusswaffen und Schusswaffenspuren beim Landeskriminalamt Baden-Württemberg, hat die Bedingungen des Jahres 1835 authentisch nachgestellt. Er feuerte diverse Schrote aus einer historischen Waffe ab und rekonstruierte detailgetreu das Vorgehen von Hammer. Schäfer konnte eindrücklich beweisen, dass die Expertise von Hammer auch noch im Jahre 2019 ihre volle Gültigkeit hat. Das vorliegende Buch von Ann Marie Ackermann beleuchtet diesen kuriosen Fall und lässt die Geschichte der Ballistik in einem neuen Licht erscheinen. Mit forensischer Genauigkeit und wissenschaftlicher Akribie nimmt sie ihre Leserinnen und Leser mit ins Jahr 1835 und macht so »Germany's coldest case« brandaktuell und lesenswert – nicht nur für Freunde der Belletristik, sondern auch für versierte Kriminalisten. Wir danken Ann Marie Ackermann für die spannenden Einblicke in die Geschichte der Kriminaltechnik und freuen uns sehr, dass wir einen Beitrag hierzu leisten konnten.

Ralf Michelfelder
Präsident des Landeskriminalamts Baden-Württemberg
Stuttgart, im Mai 2019

Vorwort

Ein außergewöhnlicher Mordfall

Nach einem Mord fängt die Ermittlungsuhr zu ticken an. Im frühen 19. Jahrhundert tickte diese Uhr anders. Um überhaupt erfolgreich zu sein, mussten die Ermittler einen Mordfall binnen weniger Wochen aufklären. Da Indizien nur eingeschränkt nutzbar waren und forensische Kriminaltechnik noch fehlte, waren die Ermittler hauptsächlich auf Zeugenaussagen und Geständnisse angewiesen. Mit der modernen DNA-Analyse ist es heute möglich, jahrzehntealte Fälle zu lösen. Vor 200 Jahren hingegen war es unerhört, einen so alten Fall aufzuklären. Waren Spuren einmal erkaltet, blieben sie ›kalt‹.

Vor 200 Jahren fanden die Ermittler ihre Beweise in der Stadt oder Region, in der das Opfer oder der Täter wohnte. Normalerweise löste ein Strafverfolgungsbeamter den Fall. Unser Mordfall des 19. Jahrhunderts entsprach aber nicht der Norm. Der Mord fand in Württemberg statt, wurde aber in Washington, D.C., aufgeklärt. Er war der einzige Mordfall des 19. Jahrhunderts in Deutschland, der in den USA gelöst wurde. Und es war kein Strafverfolgungsbeamter, der zur Aufklärung des Falles beitrug, sondern ein Zivilist. Er lieferte fast vier Jahrzehnte nach dem Mord den entscheidenden Hinweis.[1]

Wenn man tiefer in den Akten gräbt, merkt man, dass dieser regionale Fall auch in der Weltgeschichte seine Spuren hinterlassen hat. Die Ereignisse dieses Buches sind mit der Geschichte der Vereinigten Staaten von Amerika verflochten. Sie spielten in der ersten Schlacht eines der beliebtesten Bürgerkriegshelden der amerikanischen Geschichte, Robert E. Lee, eine Rolle. Lee schrieb sogar einen Brief über den Täter.

Der Fall ist auch die Geburtsstunde der forensischen Ballistik. Der Ermittler benutzte dieses Verfahren schon 1835, eine Technik, die offiziell erst 50 Jahre später in Frankreich erfunden wurde. In seinem Eifer, die Tatwaffe zu bestimmen, hatte der Ermittler eine neue Idee: Der Württemberger scheint der erste Mann der Geschichte zu sein, der in einem Mordfall die »ballistischen Fingerabdrücke« einer Schusswaffe untersuchte.

Es waren die Vögel, die mich zu diesem Fall führten. Vogelbeobachtung ist mein Hobby. 2013 forschte ich in Archiven über das Vorkommen verschiedener Vogelarten in den umliegenden Wäldern, Streuobstwiesen und Weinbergen und bot der Bönnigheimer Historischen Gesellschaft an, einen Aufsatz über die Geschichte der örtlichen Vogelwelt zu schreiben. Kurt Sartorius, der Vorsitzende, übergab mir das unveröffentlichte Tagebuch eines Försters aus dem 19. Jahrhundert. »Sicher«, sagte er, »erwähnt der Förster darin irgendwelche Vögel.« Zwischen den Beobachtungen von Eisvögeln am Bach hinter dem Schloss und der Beschreibung von Jagdausflügen auf der Suche nach Waldschnepfen und Haselhühnern fand ich die Erwähnung eines Mordes. Der Förster beschrieb den Todesschuss auf den Stadtschultheißen und wie er fast 40 Jahre später im Forstarchiv Beweismaterial fand, das die Aufklärung bestätigte. Der Mörder war in die USA geflohen, und die Lösung des Mordfalls kam aus Washington, D.C.

Dieser Tagebucheintrag regte die ehemalige US-amerikanische Staatsanwältin in mir an, weitere Forschungen anzustellen. Mit der Absicht, einen zweiten Aufsatz für die Historische Gesellschaft zu schreiben, fing ich an, dem Täter in amerikanischen Archiven nachzuspüren. Meine Nachforschungen führten mich in die Archive Philadelphias. Zusätzlich nahm ich Verbindung zu einigen Forschern auf, mit der Bitte, mir mit Archivrecherchen in anderen Teilen der USA zu helfen.

Die vorliegende Kriminalgeschichte hebt den Vorhang von zwei kaum erforschten Kapiteln der deutsch-amerikanischen Geschichte. Eines dreht sich um kriminelle Auswanderer. Der Mörder machte genau das, was viele andere deutsche Straftäter damals taten, wenn sie in in ihrem Geburtsland nur noch die Aussicht auf Gefangennahme und Todesurteil hatten: Er floh in die Vereinigten Staaten. Das war ein Risiko. Straftäter wanderten oft illegal aus, ohne Papiere, mit gefälschtem Pass oder unter Decknamen: ein dunkler Teil der Geschichte der Einwanderung und dennoch ein Aspekt des amerikanischen Kulturerbes. Sobald sie in den Vereinigten Staaten waren, versuchten sie, sich in der Neuen Welt zu integrieren, in der Hoffnung, ihre Vergangenheit hinter sich zu lassen. Natürlich teilten sie den amerikanischen Behörden ihre Taten nicht mit. Aus diesem Grund wissen wir heute wenig über diese Menschen. Nur selten fanden die wahren Motive für ihre Auswanderung den Weg in die behördlichen Akten und Statistiken.[2] In diesem Fall war die Recherche also mehr als eine schlichte Suche nach einzelnen Puzzleteilen in deutschen und amerikanischen Archiven, ich musste sie dem gut gehüteten Mordgeheimnis quasi einzeln entlocken und wieder zusammensetzen.

Dieser Mordfall beleuchtet aber auch einen der wenig erforschten Aspekte des Mexikanisch-Amerikanischen Kriegs von 1846 bis 1848 – die Rolle der deutschen Soldaten. Eine multikulturelle Armee führte jenen Krieg, in dem die Vereinigten Staaten fast ein Drittel ihres jetzigen Hoheitsgebietes eroberten.[3] Tausende von Immigranten meldeten sich zum Militärdienst. Ungefähr 40 Prozent der Rekruten der regulären Armee waren Einwanderer, hauptsächlich Iren und Deutsche.[4] Zusätzlich wurde eine Miliz aus Freiwilligen aufgestellt, in der sich deutsche Kompanien aus Missouri[5], Ohio[6] und Philadelphia[7] befanden. Der Mörder trat in eine Kompanie aus Philadelphia ein, die als »rein deutsch« galt.

Obwohl irische Soldaten im Mexikanisch-Amerikanischen Krieg wissenschaftliche Aufmerksamkeit erhielten, wurde bislang über die Rolle der deutschen Soldaten in jenem Krieg nur wenig veröffentlicht. Was erschienen ist, sind hauptsächlich drei Tagebücher von deutschen Teilnehmern und eine Briefsammlung.[8] Der Mörder selbst hinterließ kein Tagebuch und keine Briefe.

Die Dialoge in diesem Buch sind nicht erfunden. Sie stammen unmittelbar aus den Zeugenvernehmungen des deutschen Ermittlers.

Dass der Mörder mich auch zu Robert E. Lee führen würde, hatte ich nicht erwartet. Damit wurde dieses Buch mehr als ein Lokalkrimi für die Zeitschrift meiner Historischen Gesellschaft. Dies ist deutsch-amerikanische Geschichte, verpackt als spannender Kriminalfall.

Erstaunlicherweise zieht diese internationale Geschichte Kreise bis in das 21. Jahrhundert. Meine Forschungen zeigten, dass die Belohnung für die Aufklärung des Mordes nicht bezahlt worden ist, was im Jahr 1872 hätte geschehen müssen, als der entscheidende Hinweis aus Washington, D.C., kam. Der ehemalige Bürgermeister des Tatortes, ein Nachfolger des Mordopfers, machte den Fehler 2018 wieder gut. Auf Einladung eines US-amerikanischen Bürgermeisters flog er mit mir in die USA, um eine Belohnung von 1.000 Euro an die Nachkommen des Hinweisgebers zu übergeben. Dazu beantragte er einen neuen Guinness-Weltrekord-Titel für die am spätesten ausbezahlte Belohnung für die Aufklärung eines Mordes.

Es ist mir eine große Freude, diese Geschichte mit Ihnen zu teilen.[9]

Erster Teil

Mord im Königreich Württemberg, 1835/36

Kapitel 1

Ein namenloser Held

Auf seine Angriffsziele konzentriert, duckte sich Hauptmann Robert E. Lee hinter dem Schutzwall. Seine Gedanken waren bei dem verletzten Soldaten hinter ihm, dessen Schmerzen qualvoll sein mussten.

Es war Lees erste Schlacht, und obwohl er seine Pflicht tat, konnte er das Leiden um ihn herum schwer ertragen. Hier, bei der Belagerung von Veracruz im Mexikanisch-Amerikanischen Krieg, sammelte Lee seine ersten Erfahrungen mit Kriegsverletzten. Die Strategie, die er mit General Winfield Scott (1786-1866) entworfen hatte, ging nun in Rauch, Blut und zersplitternden Knochen auf.

Westlich der Stadt Veracruz, des wichtigsten Atlantikhafens Mexikos am Golf von Mexiko, hatten sie eine landseitige Marinebatteriestellung errichtet. Lee kommandierte die Kanonade. Er wählte die Ziele an der Stadtmauer und den Befestigungen aus, und die Matrosen feuerten. General Scotts Absicht war es, die Verteidigungsanlagen zu schleifen.

Veracruz warf im Gegenzug Granaten auf Lees Einheit. Die Amerikaner duckten sich hinter dem Kanonenwall, um sich zu schützen, aber manchmal trafen die Granaten die Köpfe der Matrosen mit einem furchtbaren Schlag und enthaupteten sie. Diese knirschenden Explosionen hatte keines von Lees Lehrbüchern je beschrieben.

Der Mann, an den Lee jetzt dachte, lag, zum Schutz vor der quälenden Sonnenglut mit belaubten Ästen bedeckt, in einem

Schützengraben hinter der Stellung. Eine hereinfliegende Kanonenkugel hatte eines seiner Beine zerschmettert, und als er am Boden lag, flog noch eine Kugel hinein, traf das gleiche Bein und zerschmetterte es noch einmal.[10]

Diese fürchterlichen Wunden quälten den Gefreiten, besonders dann, wenn das Kanonenfeuer den Boden erbeben ließ. Der Mann musste vorübergehend versteckt bleiben; man konnte ihn nicht zum Lazarett tragen. Die Offiziere hatten angeordnet, dass niemand die Gefechtsstellung verlassen dürfe. Das mexikanische Dauerfeuer machte das zu gefährlich. Der Verletzte litt Höllenqualen, doch er beklagte sich nicht.

Später, als der feindliche Beschuss nachließ, entschieden die Offiziere, dass es nun sicher genug sei, ihn zum Lazarett zu transportieren. Genau zu dem Zeitpunkt, als sie alle dachten, die Lage habe sich beruhigt, schlug das Schicksal zu: Als die Männer ihn aus dem Schützengraben auf die Trage legten, traf ihn eine mexikanische Bombe in den Brustkorb und detonierte, so dass Fleisch und Knochen in Fetzen davonflogen. Sie tötete den Mann auf der Stelle.[11]

Was machten diese ersten Schlachterfahrungen mit Robert E. Lee? Haben die Eindrücke von Veracruz und diesem Tod im Schützengraben ihn während des Amerikanischen Bürgerkriegs wieder und wieder heimgesucht? Zwei Wochen später versuchte er in einem Brief an seinen ältesten Sohn George Washington Custis Lee, genannt Custis, seine Gefühle zu verarbeiten:

»Es gab einen armen Kerl, der sich tapfer verhalten hat. Sein Oberschenkel wurde von einer Kanonenkugel gebrochen & man legte ihn aus Sicherheitsgründen in einen Schützengraben. Die Kugeln und Granaten flogen so dicht, dass man ihn nicht wegtragen konnte. Ein Busch wurde über ihm befestigt, um die Sonne aus seinen Augen zu halten, & alles, was wir ihm geben konnten, war gelegentlich eine Tasse schlechtes, warmes Wasser. Die Männer, die die Kanonen bedient hatten, waren überhitzt & durstig & tranken das Wasser, sobald es gebracht wurde. In einiger Entfernung sausten Kugeln mit rasendem Tempo über die Flur, so dass die Offiziere nicht erlaubten, Wasser zu holen. Da lag der arme Kerl bis zum Abend; als sie die Trage geholt & ihn weggetragen hatten, fiel eine Granate in seiner Nähe und tötete ihn. Ohne zu klagen, hatte er den ganzen Tag im Kugelhagel gelegen. Seine Leiden mussten außerordentlich sein, denn die Batterie hatte ständig & tatkräftig gefeuert & die Erschütterung von den 32-Pfündern & Paixhans-Kanonen [Geschütze großen Kalibers mit glattem Lauf] hatten den Boden erschüttert & mussten ihn furchtbar geschmerzt haben. Ich bezweifle, dass ganz Mexiko das Leben dieses Mannes aufwiegt.«[12]

Dieser letzte Satz aus der Feder eines Mannes, der später eine amerikanische Militärlegende werden sollte, einer der führenden Generäle der Weltgeschichte, mag überraschen. Hatte er Probleme damit, mit dem Schrecken des Blutvergießens umzugehen? Oder spiegeln seine Worte einen Versuch, das Elend eines einzelnen Mannes und seine eigenen Gefühle mit der harten Notwendigkeit, Männer in den Tod zu schicken, in Einklang zu bringen?

Als die Virginia Historical Society den Brief 1981 erwarb, übernahm sie zugleich ein Rätsel von nationalem Interesse: Wer war der Mann, der so viel wert war wie ganz Mexiko? Wie konnte Lee militärische Ziele der Vereinigten Staaten mit dem Schicksal eines einzelnen Soldaten vergleichen? Spielte er während seiner ersten Schlacht für kurze Zeit mit dem Pazifismus? Oder erhob Lee den namenlosen tapferen Helden zum Vorbild für seinen eigenen Sohn? Seit der Veröffentlichung dieses Briefes ist die Identität des Soldaten ein Mysterium geblieben.

Lee nannte den Mann nicht beim Namen. Es kann sein, dass er seinen Namen gar nicht kannte.

Wir können nicht wissen, was in Lees Kopf vorging, aber das Rätsel der Identität des Soldaten können wir lösen. Seine Spur bringt uns zurück nach Deutschland und zu einem der außergewöhnlichsten Kriminalfälle Württembergs – einem Mord, der jahrzehntelang unaufgeklärt blieb.

Dies nun ist die Geschichte, die Lee nicht kannte. Wahrscheinlich hätte sie ihn schockiert.

Kapitel 2

Tatort Bönnigheim – 1835

Bönnigheims Schloss mit dem St.-Georgs-Brunnen im Vordergrund. Stadtschultheiß Rieber ging auf seinem Weg nach Hause an diesem Brunnen vorbei.

Als der Bönnigheimer Stadtschultheiß Johann Heinrich Rieber am 21. Oktober 1835 die Gaststätte »Waldhorn« verließ, bemerkte er den Mann nicht, der, sein Gewehr an sich gedrückt, in der Dunkelheit hinter ihm herschlich. Hätte er ihn rechtzeitig bemerkt, wäre er vermutlich mit dem Leben davongekommen.

Aber der Stadtschultheiß war zu sehr mit seiner eigenen Trauer beschäftigt, als dass er seiner Umgebung gebührende Aufmerksamkeit geschenkt hätte. Er hatte an jenem Nachmittag der Beerdigung eines ortsansässigen Metzgers beigewohnt. Und das rief schmerzliche Erinnerungen an seinen eigenen Verlust wach: Genau vor einem Jahr hatte die Beerdigung seines besten Schulkameraden – eines Kommunalpolitikers, der ihm geholfen hatte, die neue Schule zu gründen – stattgefunden. Seit dem plötzlichen Tod des Freundes im Oktober 1834 bemerkte Bönnigheims Pfarrer eine neue, nachdenkliche Verzagtheit im Wesen des Stadtschultheißen. Rieber trauerte auch bei der Beerdigung des Metzgers, und der Pfarrer bemerkte es. Später beschrieb er Riebers Stimmung als »besonders ernsthaft«.[13]

Bönnigheim, eine Kleinstadt im Königreich Württemberg, umgeben von Weinbergen, lebte hauptsächlich von der Weinherstellung und dem Gaststättengewerbe. Mitten durch die Stadt lief ein wichtiger Handelsweg. Die Bewohner hatten Rieber 1823 zum Stadtschultheißen gewählt. Damals war er 29 Jahre alt. Anfangs ermutigt von dem ihm geschenkten Vertrauen, entdeckte Rieber bald, dass seine Jugend und Unerfahrenheit ihm zum Nachteil gereichten; für die Stadtbewohner war es leichter, einen jungen Stadtschultheißen zu beleidigen und zu bedrohen als einen älteren, erfahreneren Beamten. In den ersten Jahren seiner Amtszeit sorgten umherstreichende Banden ungestümer Jugendlicher für Aufruhr, die die Nachtruhe störten und sogar Gottesdienste unterbrachen. Rieber reagierte darauf mit drakonischen Strafen. Sein Bemühen, den Respekt der Stadtbewohner zu gewinnen, prägte die ersten Jahre des auf Lebenszeit berufenen Mannes. Jetzt, im Alter von 41 Jahren, hatte er diesen Kampf weitgehend gewonnen. Seine Antwort auf die Provokationen der Jugendlichen bestand in der Gründung einer Knabenschule, um für die nötige Bildung zu sorgen. Er wandte dafür 900 Gulden – etwa den halben Wert seiner Wohnung – auf.[14]

Am Abend des 21. Oktober 1835 war der unverheiratete und kinderlose Stadtschultheiß so erschöpft, dass er beim Abendessen einschlief. Das »Waldhorn« wurde von seinem älteren Halbbruder Karl Friedrich und dessen Frau Rike (Friederike) betrieben. Rike bediente ihn im Nebenzimmer. Die Deutschen aßen im 19. Jh. ihr Abendessen warm, wie z. B. Spätzle mit Linsen und Wurst. Zu dieser Jahreszeit genossen die Leute den moussierenden, nur leicht vergorenen neuen Wein aus den Keltern. Rike sagte aus, Stadtschultheiß Rieber sei zwischen sieben und halb acht Uhr abends angekommen. Er habe allein gesessen, gegessen und nur einen halben Schoppen getrunken. Er habe ihr gesagt, er sei müde, und habe mehr als eine Stunde lang auf dem Sessel geschlafen. Einige Stadtbewohner – ein Schuhmacher, ein Dreher und zwei Förster – seien gekommen und hätten im »Waldhorn« gespeist, aber der Schultheiß habe trotz ihrer Gespräche weitergeschlafen. Die anderen Gäste seien vor Rieber heimgegangen.[15]

Stadtschultheiß Rieber hatte einen kräftigen Körperbau, war von mittlerer Größe und trug eine Brille. Er trug wohl die übliche Trauerkleidung der Zeit: schwarze Hose, Weste und Jacke, ein breites, schwarzes Halstuch und einen großen Umlegekragen.[16]

Die zwei Förster im »Waldhorn«, Ludwig Schwarzwälder und Eduard Vischer, genossen den Abend zu zweit. Ihr Chef war über Nacht verreist. Sie hatten eine Menge zu besprechen. Die Jagdsaison hatte begonnen, und das Forstamt führte Bewerbungsgespräche durch für eine Stelle als Waldschütz. Gegen halb zehn Uhr standen sie auf, zogen ihre dunkelgrünen, mit schwarzem Kragen verzierten Forströcke über ihre gelben Westen und gingen.[17] Schwarzwälder und Vischer nahmen den gleichen Weg, den der Stadtschultheiß später gehen sollte. Ihr Ziel war kaum 150 Meter entfernt, wo die ungepflasterte Hauptstraße in den Schlosshof mündete. Ein barockes Schloss, Bönnigheims größtes Gebäude, beherrschte den Platz.

Die Förster arbeiteten nicht nur im Schloss, sondern wohnten auch dort. Einst war der Adel – und auch Deutschlands erste Bestsellerautorin Sophie von La Roche – im Schloss zu Hause gewesen, aber jetzt beherbergte es das regionale Forstamt und bot Wohnungen für einige Mitarbeiter.[18] Keiner der beiden Männer bemerkte etwas Außergewöhnliches auf dem Heimweg. Sobald sie das Schloss erreichten, stiegen sie die Treppen zu ihren Schlafzimmern hoch und machten sich zum Schlafen bereit. Schwarzwälder ging mit in Vischers Zimmer, um noch eine Weile mit ihm zu plaudern.[19]

Gegen Viertel vor zehn Uhr stand auch der arglose Stadtschultheiß aus seinem Sessel auf, zog seinen schweren blauen Rock über die schwarzen Kleider, zündete seine Laterne an und steuerte heimwärts. Sobald er aus der Tür und auf die Straße trat, roch er den schweren Traubenduft, der durch die Straßen und Gassen wehte, Nebel aus Burgunderrot und zartestem Gold, wie immer, wenn die Keltern in Betrieb waren. Bönnigheim hatte vier Keltern innerhalb der Stadtmauern, und bis in den späten Oktober 1835 waren alle damit beschäftigt, die Tagesernte an Silvaner, Elbling und Trollinger zu pressen. Das Holz knirschte bis spät in die Nacht, wenn die Kelterknechte die Spindelgriffe der massiven Baumpressen bewegten und der süße, klebrige Nektar in die hölzernen Auffangbehälter floss. Es war ein guter Jahrgang: Der Weinherbst 1835 war ertragreicher als sonst.[20]

Vom »Waldhorn« neben dem Rathaus bog Stadtschultheiß Rieber rechts auf die Hauptstraße ein. Der Stadtschultheiß wohnte neben dem Schloss im »Kavaliersbau«, welchen er mit dem Stadtarzt, Dr. Nellmann, der über Riebers Wohnung wohnte und praktizierte, und einem Unterförster namens Ernst Philipp Foettinger, der in einem hinteren Flügel wohnte, teilte.[21]

Es war dunkel und still auf Bönnigheims Hauptverkehrsader. Die weiche, feuchte Erde der ungepflasterten Straße dämpfte den Trittschall. Riebers Laterne war die einzige Lichtquelle. Noch erhellten keine Gaslaternen Bönnigheims Straßen, und es war Neumond in jener Nacht. Die einzige andere Beleuchtung kam vom trüben Licht der vereinzelten Zimmeröllampen, das durch die Vorhänge sickerte. Enge Gassen auf beiden Seiten der Straße verschwanden in die Dunkelheit. Sie schienen menschenleer. Stadtschultheiß Rieber sah niemanden auf der Hauptstraße.

Auf halbem Weg nach Hause hörte er etwas. Zwei Schüsse zerrissen knallend die Nacht. Sie klangen, als kämen sie von links, vom Kirchhof und dem Unteren Tor her. Rieber störte es, dass jemand in der Stadt schoss. Er fühlte sich aber nicht bedroht und setzte seinen Heimweg fort.[22]

In der Tat geriet Rieber in Gefahr, seit er das Lokal verlassen hatte, aber er war arglos, es drängte ihn nicht nach Hause. Als er den St.-Georgs-Brunnen passierte und den Schlosshof erreichte, öffnete sich der bedeckte Himmel. Und wenn es irgendetwas gab, was den Stadtschultheißen auf dem Heimweg ablenkte, dann war es der Himmel über ihm. Der Halleysche Komet hatte nach fast 77 Jahren den Punkt der größten Annäherung an die Erde wieder erreicht. Seit 1378 hatte er seine Bahn nicht so nah an der Nordhalbkugel gezogen. Der Kometenschweif dehnte sich über eine Länge des zwölffachen Monddurchmessers aus. Seit Anfang September verschleierten Regen und Nebel Halley in Süddeutschland. Eine Zeitung bejammerte die Bescheidenheit des Kometen und »dass er seine Reize nicht öffentlich zur Schau geben will, sondern sie beständig im Nebelgewölke hüllt«[23]. Heute aber war Neumond, der Himmel klarte auf und bot die beste Sicht seit Wochen. In Erwartung der Begegnung mit Halley blickte der Stadtschultheiß nach oben, nicht um sich.[24]

Ein großer Eisenzaun trennte den öffentlichen Schlosshof vom inneren, privaten Hof. Um sein Haus zu erreichen, musste Rieber durch ein vier Meter breites Holztor zwischen Zaun und Waschhaus schreiten, wo ein Förster namens Stölzle zu Hause war. Dieses Tor führte zum Kavaliersbau, wo Rieber wohnte. Es war geschlossen, hatte aber eine kleine Tür, die gerade groß genug war, dass eine Person hindurchgehen konnte, die normalerweise offen stand. Der Stadtschultheiß ging durch diese Tür, bog rechts ab und lief auf die Haustür zu. Nur wenige Schritte trennten ihn von seiner Wohnung.[25]

In diesem Moment trat ein Mann mit dem Gewehr im Anschlag aus dem Schatten. Er stellte sich an der Ecke des Waschhauses auf, hob den Lauf vorsichtig nach oben und zielte auf den Rücken des Laternenträgers. Hätte Stadtschultheiß Rieber sich umgeschaut, hätte er die Mündung des Gewehres vielleicht gesehen.

Plötzlich löste sich ein Schuss mit lautem Knall.

Stadtschultheiß Rieber drehte sich blitzschnell um, um den Schützen zu sehen, doch da war niemand. Der Schultheiß merkte nicht sofort, dass er angeschossen war. Nach ein paar Schritten packten ihn die Schmerzen, und er verstand, dass er das Ziel gewesen war. Der Unbekannte hatte ihm mit Schrotkugeln in den Rücken geschossen.

Riebers Kräfte schwanden. Er rief um Hilfe. Dr. Nellmann, der Stadtarzt, wohnte über Riebers Wohnung und hätte ihn möglicherweise hören können. Rieber schrie: »Doktor! Doktor!« und torkelte in den Kavaliersbau hinein. Er zog sich am Treppengeländer hoch, bis er auf dem nächsten Treppenabsatz zusammenbrach.[26]

Als das Echo seines Schusses von Schloss und Kavaliersbau widerhallte, floh der Mann mit dem Gewehr um das Waschhaus herum in eine dunkle Gasse hinein. Nach Norden abbiegend, tauchte er in einen engen Spalt zwischen zwei Häusern ab. Ab diesem Moment tickte die Uhr zur Lösung des am längsten un- aufgeklärten Mordfalls des 19. Jahrhunderts in Württemberg und des einzigen württembergischen Mordfalls, der jemals in den Vereinigten Staaten aufgeklärt wurde.

Kapitel 3

Ein Konflikt bahnt sich an: Virginia und Texas, 1835/36

Nur Stunden nach der Erschießung Riebers in Bönnigheim griff Robert E. Lee zur Feder und schrieb einen Brief voller Weh und Ach an seinen Freund und früheren Vorgesetzten Andrew Talcott. Lee war plötzlich mit Haushaltsdingen beschäftigt, und er war sehr besorgt über den Gesundheitszustand seiner Ehefrau. Mary Custis Lee hatte sich im Wochenbett eine Infektion zugezogen und war bettlägerig. Sie konnte nicht für ihre Kinder sorgen, ihr neugeborenes kleines Mädchen und einen dreijährigen Sohn, die zudem beide an Keuchhusten erkrankt waren. Am 21. Oktober 1835, dem Tag, an dem Rieber erschossen wurde, beschrieb Lee Marys Gesundheitszustand: »Sie ist immer noch so schwach & hilflos wie zuvor & und ans Bett gefesselt.«[27]

Marys Krankheit war auch der Auslöser einer Identitätskrise Robert Lees, einer Krise, die ihn die Wahl seiner beruflichen Laufbahn in Frage stellen ließ. Mit seinen 28 Jahren hatte Robert E. Lee bereits eine begehrte, hohe Position in der Armee erreicht. Sein Weg dorthin war aber geprägt gewesen von den Steinen, die schon bei seiner Geburt in seinen Weg gelegt worden waren.

Lees Vater, Henry Lee III., war zwar ein Held des Amerikanischen Unabhängigkeitskriegs (1775–1783). Er wurde »Light-Horse Harry« genannt, weil er Offizier der Leichten Kavallerie gewesen war. Er hatte den Revolutionskrieg hochdekoriert beendet, saß im Kongress und diente von 1791 bis 1794 als Gouverneur von Virginia; er verfasste am 26. Dezember 1799 die unvergesslichen Worte im Nachruf auf George

Washington: »Der Erste im Krieg, der Erste im Frieden, der Erste in den Herzen seiner Landsleute.«

»Light-Horse Harry« war aber nie im Stande gewesen, seine Fähigkeiten auch auf den Unterhalt seiner Familie zu übertragen. Er verlor viel Geld mit seiner Plantage in Stratford Hall; 1809, als Robert zwei Jahre alt war, ging der Vater bankrott und verbrachte nahezu ein Jahr im Schuldgefängnis. Drei Jahre später versuchte er, die Zeitungsdruckerei eines Freundes gegen eine aufgebrachte Menge zu verteidigen. Er wurde bewusstlos geprügelt und dann verstümmelt. Die Aufständischen stachen ihm Messer in die Seite, gossen heißes Kerzenwachs in seine Augen, um festzustellen, ob er noch am Leben war, und versuchten, seine Nase abzuschneiden. Lee überlebte, aber er blieb verkrüppelt und dienstunfähig. Er reiste mit dem Schiff nach Barbados, in der Hoffnung, dort seine Gesundheit wieder zu stabilisieren, aber er sollte nie wieder nach Virginia zurückkehren: Auf der Rückreise starb er. Henry Lees Tod hinterließ seine Familie arm und ehrlos.[28]

Roberts Mutter, Ann Carter Lee, kämpfte hart, um die Familie durchzubringen und ihren Kindern eine Ausbildung zu ermöglichen. Sie stellte die eigene Person hintan und lebte bescheiden. Zunächst unterrichtete sie Robert zuhause und schickte ihn dann auf eine Lateinschule. In einer privaten weiterbildenden Schule in Alexandra lernte er Latein und Griechisch und glänzte in Mathematik. Da für eine Hochschulausbildung das Geld fehlte, entschied die Familie, ihn nach West Point zu schicken, wo er beim Militär eine kostenlose Ausbildung erhalten konnte. Die Konkurrenz um die begehrten Plätze dort schreckte Robert nicht ab. Mit der Hilfe seiner Familie sammelte er Empfehlungsschreiben von Kongressabgeordneten und dem Kriegsminister John W. Calhoun, und erreichte so schließlich seine Zulassung. Als er 1829 von West Point abging, war er der Zweitbeste seiner Klasse und hatte nie einen Tadel erhalten. Sein Zeugnis öffnete ihm die Tür zum Ingenieur-Korps.

Lee setzte sein Ziel auch bei der Eheschließung so hoch wie bei seiner Karriereentscheidung. Mary Custis, gefeierte Schönheit von Arlington und Adoptivenkelin George Washingtons, zog seine Blicke auf sich, und er verbrachte, auf Urlaub von seinem ersten Posten in Georgia, den Sommer 1830 damit, sie zu umwerben. Sie heirateten 1831. 1832 gebar sie ihm den ersten Sohn, George Washington Custis Lee, und sah schon bald danach wieder Mutterfreuden entgegen.[29]

Während die schwangere Mary 1835 in Virginia unter der Hitze des Sommers litt, konnte Robert zu den kühlen Winden des Eriesees in der Wildnis des Nordwestens zwischen Michigan und Ohio Zuflucht nehmen. Das Armee-Ingenieur-Korps sandte ihn mit dem Auftrag dorthin, den umstrittenen Grenzverlauf zu vermessen, ehe es zu einer bewaffneten Auseinandersetzung zwischen den zwei Staaten kommen würde. Lee begab sich nach Turtle Island, das durch die Staatsgrenze geteilt wurde, und zur Insel Pelee auf der kanadischen Seite, wo er einen Leuchtturm als Vermessungspunkt bezog.[30]

Mary Lee gebar während seiner Abwesenheit im Juli 1835 ihre Tochter Mary. Sie klagte bald darauf brieflich über ihre Gesundheit und bat um seine Heimkehr. Er erhielt ihren Brief in Detroit, aber ihre Bitte irritierte ihn. Er ermahnte Mary in einem Brief, den er im August heimschickte:

»… warum drängst Du auf meine *sofortige* Rückkehr, & verleitest mich in der stärkst möglichen Art und Weise, dass ich mich bemühe, meine Pflichterfüllung, die mir mein Beruf auferlegt, erlassen zu bekommen, nur der Befriedigung meines persönlichen Empfindens wegen? Glaubst Du nicht, dass es schon ausreicht, allein mit diesen Gefühlen umzugehen,

auch ohne weitere Erschwerungen; und dass ich eher benö-
tige, gestärkt & ermutigt zu werden, die *volle* Leistung für das,
was ich durchzuführen aufgerufen bin, zu liefern, als dass ich
zu einer Amtsvernachlässigung angefeuert werde, die nicht
einmal durch unsere Zuneigung begründet oder unser Urteil
entschuldigt werden könnte?«[31]

Lee blieb auf seinem Posten. Seine Heimkehr im Oktober jedoch war nicht so, wie er erwartet hatte. Er spürte sofort, dass
er die Schwere von Marys Krankheit unterschätzt hatte. Ihre
Schmerzen waren so stark, dass sie nicht einmal gehen konnte.
Bettlägerig, wie sie war, schor sie ihr Haar, weil sie es nicht pfle-
gen konnte. Erst Anfang 1836 war sie wieder im Stande, das
Bett zu verlassen und zu gehen. Mary Custis Lee sollte Zeit ihres Lebens kränklich bleiben.[32]

Sein Schuldbewusstsein ist die ganzen folgenden Monate und
Jahre in Lees Briefwechsel spürbar. Er schrieb von den Be-
schwerden seiner Frau, ihrer langsamen Besserung und davon, sie den Sommer über in die Heilbäder Virginias zu bringen, um ihre Heilung zu beschleunigen. Robert und Mary
schlossen einen Waffenstillstand im Privaten: Sie würde in der
Zukunft nie wieder über ihre Leiden klagen. Und er würde
sie für den Rest ihres Lebens umsorgen. »Ich habe noch nie
einen Mann so verändert und betrübt gesehen«, äußerte ein
Vetter dazu.[33]

Lees Niedergeschlagenheit wirkte sich auch auf seine Karriere-
entscheidungen aus. Das Jahr 1836 verbrachte er damit, zwischen seiner Arbeit in Washington, D.C., und seinem Heim in
Arlington Villa in Virginia (dort, wo heute der Nationalfried-
hof Arlington liegt) hin- und herzureisen. Lee hätte gerne auf
einem Posten an einem anderen Ort gedient, aber er konnte
Mary nicht alleinlassen. Jetzt verzweifelte er schier daran, dass

jede Aussicht auf Beförderung davon abhing, dass er auswärtige Aufgaben übernahm. Im Februar 1837 spielte Lee mit dem Gedanken, das Militär zu verlassen und Bauingenieur zu werden.[34] Er schrieb wieder an seinen Freund Andrew Talcott: »Du fragst mich, wie meine Aussichten beim Corps stehen? Schlecht genug … Was meine Absichten angeht, ist es recht schwer, eine Antwort zu geben. Eines ist auf jeden Fall sicher. Ich muss weg von hier … Ich hatte letzten Frühling einen verzweifelten Ausbruch vor, aber Marys Gesundheit war so angegriffen, dass ich sie nicht hätte verlassen können & sie hätte nicht mit mir gehen können. Ich erwarte, suche und erhoffe irgendeine gute Gelegenheit, um meinem teuren ›Uncle Sam‹ ein herzliches Lebewohl zu sagen …«[35]

Aber es gab ein Ereignis, das Lees Lebensgeister wieder aufflammen ließ – die Revolution von Texas im Jahr 1836. In einem anderen Brief an Talcott nannte Lee die Berichte über die Revolution »großartige Nachrichten« und »wunderbar«. Einwanderer aus den Vereinigten Staaten hatten sie im Oktober 1835 begonnen, im selben Monat, in dem Rieber in Bönnigheim erschossen wurde; aber die Gründe für die Kämpfe von 1835/36 lagen weit zurück in der mexikanischen und indianischen Geschichte: Als Mexiko 1821 seine Unabhängigkeit von Spanien errang, war die Frage, was man mit dem ausgedehnten nördlichen mexikanischen Territorium in Texas, das westlich der Vereinigten Staaten lag, anfangen sollte.

Um Texas zu besiedeln und es vor den Angriffen der Indianer zu schützen, rollte Mexiko für Siedler aus den Vereinigten Staaten den roten Teppich aus und bot ihnen Land an. Aber man unterschätzte die Neuankömmlinge. Mexikos Siedlungspolitik erwies sich schließlich als ein Eigentor und sollte sowohl das Leben Lees als auch das des Mörders aus Bönnigheim verändern.[36]

Um 1835 bestand die Bevölkerung von Texas zum überwältigenden Teil aus »Texianern«, wie sich die Einwanderer aus den Vereinigten Staaten selbst nannten. Als sich deren Konflikte mit Mexiko um politische Fragen verstärkten, gründeten die Texianer eine Bewegung für einen eigenen Staat. Die Texianer begannen im Monat von Riebers Erschießung ihre Scharmützel mit dem mexikanischen Militär und waren recht erfolgreich. Bis November hatten die Texianer die mexikanischen Kräfte überall außer aus San Antonio vertrieben.

Die Führer der Texianer organisierten eine »Consultation«, eine Art provisorische Regierung. Sie stimmten für die Wiederinkraftsetzung der alten mexikanischen Verfassung. Es war keine eigentliche texianische Unabhängigkeitserklärung. Diese sollte später, erst im März 1836, erfolgen. Der mexikanische Präsident Antonio López de Santa Anna betrachtete aber all diese Aktivitäten als Akt des Verrats.[37] Branch T. Archer, der Sprecher der Consultation, war sich der Rolle sehr wohl bewusst, die die Texianer in dieser Geschichte spielten. Für seine Eröffnungsansprache lieh er starke Worte aus der Bibel: »[D]ie Geschicke von Texas liegen in unserer Hand … Mit den Worten des hebräischen Propheten möchte ich sagen: ›Ziehe deine Schuhe aus von deinen Füßen, denn der Ort, darauf du stehst, ist ein heilig Land.‹ Die Rechte und Freiheiten von Tausenden von freien Menschen liegen in euren Händen, und die von Millionen noch Ungeborener können durch eure Entscheidungen bestimmt werden.«[38]

Was Archer nicht wissen konnte, war, dass durch diese Ereignisse in Texas auch die Rechte und Freiheiten von Robert E. Lee und vom Mörder von Bönnigheim betroffen sein würden – ihre Lebenswege sollten einen Kurswechsel erfahren und aufeinander zulaufen.

Kapitel 4

Der Mord und die Stadt

Der Tatort vom Schloss aus gesehen. Stadtschultheiß Rieber war nur vier Schritte von der Tür auf der linken Seite des Fotos entfernt. Der Mörder stand an der Ecke des Waschhauses (rechts). Das beschriebene Tor existiert nicht mehr.

Als der Gewehrschuss in Riebers Hof die Stille der Nacht zerriss, sprangen einige Anwohner aus ihren Betten, öffneten ihre Fenster und lauschten angestrengt nach draußen. Stadtschultheiß Riebers nächste Nachbarn waren nicht nur als Ersthelfer vor Ort. Zu jener Zeit, in der der zuständige Ermittler mehr als eine Stunde entfernt wohnte, vor der Einrichtung eines modernen Polizeiwesens, unternahmen die Bürger auch selbst die ersten Schritte, um Beweismaterial zu sammeln und Einzelheiten des Falls zu notieren. Der Oberamtsrichter sollte ihre Bemühungen begrüßen.

Der Nachtwächter war gerade auf seiner Runde, als er den Schuss in Riebers Hof hörte. Er war nicht in der Nähe und reagierte deshalb auch nicht darauf. In Bönnigheim war zur Zeit der Traubenlese im Herbst zur Abschreckung von Vögeln das Schießen durchaus üblich; Gewehrschüsse, selbst abends und innerhalb der Stadtmauern, waren nichts Außergewöhnliches.[39]

Louise Hepperle, die 24-jährige Küferstochter, wohnte neben dem Kirchhof. Sie hatte gerade ihr Licht gelöscht und war dabei, ins Bett zu gehen, als ein seltsames, klapperndes Geräusch außerhalb des Hauses sie zum Fenster lockte. Jungfer Hepperle dachte sofort an zwei junge Männer. Einer von ihnen verehrte Katharina, das Mädchen nebenan, und wahrscheinlich führten sie etwas im Schilde. Dann hallten zwei Pistolenschüsse, sehr nah und in schneller Abfolge, von der Ecke des Kirchhofs. Hepperle riss ihr Schlafzimmerfenster auf und sah, dass Katharina auch aus ihrem Fenster starrte.

»Katharina, das hat dir gegolten«, sagte Louise.
Katharina lachte und sagte, das glaube sie nicht.
»Ach Gott!«, stöhnte eine männliche Stimme im Kirchhof auf.

Louise spürte, dass etwas Ernstes passiert sein musste. Sie konnte den Mann im Hof nicht sehen und vermutete immer noch, es sei Katharinas Verehrer. Wer auch immer es war – er verließ den Kirchhof.

Nicht lange danach schlug die Uhr zehn.[40]

Der Knall eines Schusses rüttelte auch Ernst Philipp Foettinger, den Unterförster, der im hinteren Flügel von Riebers Haus wohnte, wach. Er und seine Frau waren schon ins Bett gegangen. Die Foettingers hörten drei Schüsse, zwei in schneller Abfolge, gefolgt von einem dritten einige Minuten später. Sie vermuteten später, die Schüsse seien irgendwann zwischen neun und Viertel vor zehn Uhr gefallen.[41]

Juliane Stölzle wohnte im Waschhaus, dem kleineren Gebäude gegenüber dem Haus des Schultheißen, nur wenige Meter von seiner Eingangstür entfernt. Sie war zusammen mit ihrer Magd gerade dabei, das Geschirr zu spülen, als sie den Schuss eines Gewehrs hörte. Ihr Mann war nicht da. Er arbeitete bis spät in der Weinkelter. Juliane hatte ihm und einer Gruppe von Lesehelfern ein schnelles Abendessen zubereitet, bevor diese gegen neun Uhr zur Kelter zurückgekehrt waren.

Danach war sie zu ihrem Schwager gelaufen, um Milch zu holen. Als sie mit ihrem Milcheimer durch die hintere Eingangstür zurückkam, herrschte noch Stille. Sie bemerkte nichts Außergewöhnliches.

Frau Stölzle gab später an, dass sie den Schuss zwischen halb und drei viertel zehn Uhr gehört habe. Ihre Küche war auf der anderen Seite von Riebers Hof, und als sie den Knall hörte, ließ sie das Licht in der Küche brennen. Sie schlich sich aus dem Haus in die dunkle Gasse auf der Küchenseite und lief um ihr Haus herum in Riebers Hof. Sie hatte den Täter – auf dessen Fluchtweg sie sich gerade befand – um Sekunden verpasst. Auf dem Gehweg beim Hoftor stand Frau Stölzle dort, wo das Gewehr zuvor abgefeuert worden war. »Da sah ich im Hofe einen Mann«, sagte sie dem Ermittler später, »der mehrmals sagte, ›Ach Gott, ach Gott‹ und nachher rief ›Doktor komm doch, Doktor komm doch!‹ Ich ... dachte, es sei jemand, der sich beim Schießen verletzt hatte ...«[42] Frau Stölzle erkannte Stadtschultheiß Rieber in der Dunkelheit aber nicht. Sie beobachtete, wie der Mann zur Eingangstür des Kavaliersbaus

schwankte, diese aufriss, und sie hörte seine schweren Fuß-
tritte im Treppenhaus. Es klang, als nähme er zwei bis drei Stu-
fen auf einmal. Sie nahm an, dass er zu Dr. Nellmann in den
oberen Stock ging, um ihn um Hilfe zu bitten. Darum kehrte
sie wieder heim.[43]

Im Haus gegenüber hörte das Metzgerehepaar in seinem Bett
einen Schuss, gefolgt von Klagelauten einer wimmernden Person. Es klang, als kämen sie aus Richtung des Schlosses. Von
allen befragten Zeugen war sich der Metzger bei der Bestim-
mung der Tatzeit am sichersten: Viertel vor zehn Uhr. Er nahm
an, es habe sich um einen Betrunkenen gehandelt, der eine
Waffe abgefeuert hätte. Das Ehepaar blieb im Bett.[44]

Christoph Wenz, ein 26-jähriger Weingärtner, auf Urlaub von
seinem Kavallerie-Regiment, hatte bis spät in die Nacht bei der
Weinlese geholfen. Er setzte seine hölzernen Eimer gegen neun
Uhr bei einer Schankwirtschaft am Schlosshof ab und trat ein,
um den Feierabend einzuläuten. Als er die Kneipe eine Drei-
viertelstunde später verließ, fielen Schüsse auf dem Kirchhof.
Er ging zwei Häuser weiter nach Hause und in seine Scheune.
Drei Minuten später – er bereitete die Fütterung des Viehs
vor – hörte er noch einen Schuss aus einer anderen Richtung.
Es klang, als käme dieser vom St.-Georgs-Brunnen nördlich
des Schlosses. Was Christoph Wenz aber beunruhigte, waren
die Laute, die dem Knall folgten. Es klang, als schreie jemand:
»Ach Jesus, ach Jesus.«

Christoph Wenz ging auf die Straße vor seinem Haus, von wo
er freie Sicht auf den Schlosshof und Riebers Zuhause hatte,
aber er sah nichts. Seine Nachbarn schauten aus ihren Fenstern
und führten ein kurzes Gespräch mit ihm über den Schuss. Die
Nachbarn redeten ihm zu, er solle ins Bett gehen, es sei nichts
Ernsthaftes passiert. Christoph Wenz legte sich um zehn Uhr

schlafen. Sein Schlaf sollte ein jähes Ende finden: Eine Stunde später wurde er aus dem Bett gerissen.[45]

Ludwig Schwarzwälder und Eduard Vischer, die zwei jungen Förster, die im »Waldhorn« gespeist hatten, hatten auf dem Heimweg nichts Außergewöhnliches bemerkt. Schwarzwälder konnte sich nicht daran erinnern, überhaupt jemanden gesehen zu haben. Sie trugen eine Laterne – da war es sicher schwierig, außerhalb des Laternenscheins Details wahrzunehmen. Zehn Minuten nach Verlassen des »Waldhorns« hatten sie sich umgezogen. Vischer lag schon im Bett, als ihn Schwarzwälder besuchte und ihn erneut in ein Gespräch verwickelte. Da hörten sie einen Schuss in der Nähe des Schlosses.

»Jetzt schießen die Kerle noch in der Stadt!«, schimpfte Schwarzwälder, dann raste er die zwei Stockwerke nach unten und stieß die Eingangstür des Schlosses auf. Während er da in seinem Nachthemd stand, hörte er »Jammergeschrei« in Stadtschultheiß Riebers Hof.

»Was gibt es da?«, rief er.

Niemand antwortete. Die Jungfer Cotta, die im Schloss unter ihm wohnte, erschien und sagte ihm, der Stadtschultheiß sei angeschossen worden.

Schwarzwälder jagte die Treppen wieder hoch, um Vischer Bescheid zu sagen. Beide Förster warfen sich ihre Kleidung über und rannten zur Wohnung des Stadtschultheißen. Als die zwei Förster die Treppen im Kavaliersbau emporstiegen und in Riebers Wohnung eintraten, fanden sie Dr. Nellmann, der dabei war, den Verwundeten medizinisch zu versorgen. Schwarzwälder blieb, um dem Arzt zu helfen, aber Vischer ging, um die Lage zu erkunden.[46]

Der Knall und das Jammergeschrei hatten Dr. Nellmann aus seinem Bett und zum Fenster gerufen. Der Anblick eines Mannes mit einer Laterne im Hof rüttelte den Arzt wach. Er kleidete sich rasch an, rannte die Treppen hinab und fand Schultheiß Rieber kollabiert auf dem Treppenabsatz. Nellmann und seine Frau trugen Rieber in seine Wohnung und legten ihn auf sein Bett. Sein Hemd war blutdurchtränkt.

Nun fing Dr. Nellmanns wirkliche Arbeit an. Um den Patienten untersuchen zu können, musste der Arzt seine Kleidung entfernen. Man machte das am besten mit einer Schere. Der Arzt schnitt die Kleidung entlang der Nähte auf, zog die Stoffstücke vorsichtig erst von den unverletzten, dann den verletzten Körperteilen. Wie stark das Blut jedes Kleidungstück schon durchtränkt hatte, stellte den ersten, wichtigen Befund dar. Es zeigte dem Arzt, wo die Blutung am schlimmsten war. Erst dann untersuchte der Arzt die Wunden selbst. Welche bluteten noch? Welche Flüssigkeiten schieden sie aus? Wie viele Eintritts- und Austrittswunden gab es? Der Arzt tastete die unmittelbare Umgebung der Wunden ab, um mögliche Luftansammlungen, Luftaustritte aus den Schusskanälen oder knirschende Geräusche von zerschmetterten Knochen abzuklären.[47]

Was Dr. Nellmann herausfand, war: Der Zustand seines Patienten musste als ernst bezeichnet werden. Mehrere Schusswunden durchbohrten Stadtschultheiß Riebers oberen und unteren Rücken. Ein Projektil hatte den Brustkorb durchbohrt. Mindestens ein Knochen war gebrochen. In Riebers Kleidung fand Nellmann mehr als bloß Blut. Ein Stück Blei fiel aus der Weste. Der Arzt legte es als mögliches Beweismaterial zur Seite, um es später dem Ermittler zu geben. Dann säuberte und verband er die Wunden.[48]

Dr. Nellmann wandte sich kurz von seinem Patienten ab, um Anweisungen zu geben. Er schickte seine Magd zum »Waldhorn«, um die Verwandten des Stadschultheißen über den Vorfall zu benachrichtigen. Dann sandte er sie mit einer Mitteilung zu Christoph Wenz' Haus, damit der junge Kavallerist sie in die nahegelegene Stadt Besigheim bringen sollte. Um ein Ermittlungsverfahren zu starten, musste Nellmann das Königliche Oberamt in Kenntnis setzen. Das Oberamt Besigheim, die königliche Verwaltungsstelle, war für mehrere Städte, darunter auch Bönnigheim, zuständig. In Besigheim amtierte der am nächsten wohnende Oberamtsrichter; er nahm die folgenden Kriminalermittlungen vor.[49]

Karl Friedrich, der Bruder des Stadschultheißen, untersuchte gerade mit dem Küfer seine Weinfässer im Keller des »Waldhorns«, als Dr. Nellmanns Magd angerannt kam. Jemand rief nach unten, sein Bruder sei eben angeschossen worden. Er schickte seine Frau Rike und eine ihrer Mägde zum Haus seines Bruders, bis er seine Arbeit beendet hatte. Beide pflegten Schultheiß Rieber in dieser Nacht.[50]

Es war schon elf Uhr in der Nacht, als Dr. Nellmanns Magd an Christoph Wenz' Tür klopfte, um ihm die Anzeige des Arztes – eine Mitteilung an das Oberamt – zu übergeben:

»Königlich Hochlöblichem
  Oberamt
  Besigheim
  macht der Unterzeichnete hiermit die schleunige Anzeige, daß Herr Stadtschultheiß Rieber, diesen Abend um 10 Uhr, als er nach Haus gehen wollte, von einem bis jetzt noch Unbekannten, durch einen Schrot Schuß verwundet wurde. Da die Verlezung gefährlich zu seyn scheint, so möchte die Anwesenheit des Oberamts Arztes höchst nothwendig seyn.

Sich damit pp. [mit Hochachtung empfehlend],
Nellmann
StadtArzt
Bönnigheim
d. 21. Octbr«[51]

Obwohl die Störche, die auf Bönnigheims Schlossdach niste-
ten, bloß fünfeinhalb Kilometer fliegen mussten, um Besigheim zu erreichen, wo der Oberamtsarzt wohnte und arbeitete, war der kürzeste Weg zu Pferd fast acht Kilometer lang.
Der Weg dorthin führte Christoph Wenz nach Süden über die
Ackerfelder und dann bergab und ostwärts durch Streuobstwiesen und Weinberge. Die Route führte über die Enz. Besigheim, auf einem steilen Hügel gelegen, liegt eingerahmt von
Neckar und Enz. Christoph Wenz' Ziel, das Oberamtsgebäude,
thronte hoch über dem Neckar an der Stadtmauer. Tagsüber
dauerte die Reise eineinhalb Stunden mit Pferd und Kutsche.
Der Kavallerist musste sein Pferd durch den vom Regen auf-
geweichten Schlamm und die Dunkelheit des neuen Mon-
des lenken. Nur seine Laterne und der Komet Halley leuchteten ihm. Christoph Wenz erreichte Besigheim um Viertel
vor ein Uhr.

Der Oberamtmann las die Anzeige und schickte Wenz zum
Oberamtsrichter. Dieser war im Gerichtsbezirk des Oberam-
tes zuständig für die Ermittlungen in schweren Kriminalfällen. Er wohnte einige Straßen entfernt im Oberamtsgerichts-
gebäude, auf der anderen Seite der Stadt an der Enz. Er sandte
den Oberamtsarzt umgehend von Besigheim nach Bönnigheim. Inzwischen bereitete der Oberamtsrichter seine Reise
nach Bönnigheim am frühen Morgen vor.[52]

In der Zwischenzeit warteten die Leute in der Wohnung des
Schultheißen nicht auf den Oberamtsarzt. Ludwig Schwarz-

wälder, der Forstassistent, und ein Stadtrat verließen die Wohnung, um zusätzlich zu Dr. Nellmann auch Bönnigheims Wundarzt, Heinrich Böhringer, zu holen. Sie betraten seine Wohnung, als der Chirurgus gerade einen jungen Mann namens Christian Wachter behandelte. Er hatte seinen Daumen bei einem Schusswaffenunfall auf dem Kirchhof verloren. Seine Pistole war wahrscheinlich mit zu viel Pulver geladen gewesen und explodiert. »Wer hätte geglaubt«, jammerte Wachter, »dass das heute auf mich wartet?«

Schwarzwälder war sofort klar, dass jeder, der in jener Nacht eine Schusswaffe abgefeuert hatte, dem Oberamtsrichter vorgeführt werden musste. »Es wird noch mehr auf Sie warten«, sagte der Förster. »Nein, gewiss nicht, Herr Assistent«, erwiderte Wachter. Forstassistent Schwarzwälder befragte ihn nicht weiter. Er und der Stadtrat baten den Wundarzt, sich bei Dr. Nellmann zu melden.[53]

Wundarzt Böhringer hätte Dr. Nellmann sowieso geholt, weil er auch Christian Wachters Verletzung nicht allein hätte behandeln können. Er hatte gar nicht die medizinische Ausbildung eines Arztes. Der Wundarzt brachte Wachter zunächst nach Hause und ging dann zum Arzt. Er traf Dr. Nellmann in Schultheiß Riebers Wohnung an. Dr. Nellmann erzählte ihm, der Schultheiß sei angeschossen worden »Verbinden Sie ihren Patienten, so gut Sie können«, sagte Nellman. »Ich kann nicht weg!« Heinrich Böhringer kehrte also allein zu Wachters Haus zurück. In der Ermittlungsakte steht nicht, dass er den Stadtschultheiß mit behandelte, vielleicht weil auch der Oberamtsarzt im Lauf der Nacht Schultheiß Riebers Haus erreichte.[54]

Die Bönnigheimer Stadtbewohner warteten die Ankunft des Oberamtsrichters nicht ab. Sie beriefen mitten in der Nacht eine Versammlung im Rathaus ein. Über das, was dort gesprochen wurde, gibt es leider kein Protokoll. Noch vor Tagesanbruch schwärmten die Versammelten in der Stadt aus, um Beweismaterial zu sichern. Sie nahmen die ersten Schritte der Ermittlung selbst in die Hand.[55]

Der Stadtschreiber führte den Freund des jungen Mannes mit dem verletzten Daumen zum Rathaus und vernahm ihn. Jener bestritt, dass er irgendetwas mit den Schüssen auf Rieber zu tun habe. Vor Sonnenaufgang schickte der Schreiber einen Boten mit einer Abschrift der Fragen und Antworten zum Oberamtsrichter.[56]

Förster Vischer und der Nachtwächter durchsuchten gemeinsam Stadtschultheiß Riebers Hof. Der Förster schaute nach den Wattepfropfen, die benutzt wurden, um einen Vorderlader zu laden. Weil ein Gewehr bei einem Abschuss Pfropfen samt Projektil auswirft und weil der Pfropfen nicht so weit fliegt wie das Projektil, liefert sein Fundort einen Hinweis darauf, wo der Schütze gestanden haben könnte. In der Dunkelheit konnten die beiden Männer aber nichts finden.[57]

Ein örtlicher Polizeidiener fing an, die Stadtbewohner Bönnigheims zu befragen. Als Zeugin identifizierte er auch die Küferstochter Louise Hepperle, die am Kirchhof wohnte.[58] Ein Stadtrat durchsuchte den Kirchhof und fand acht blutbefleckte, über eine Entfernung von 30 Schritten verstreute Bruchstücke einer Pistole. Er sammelte sie auf und brachte sie zum Rathaus. Der Stadtschreiber schrieb um vier Uhr eine weitere Mitteilung an den Oberamtsrichter, um ihn über den Fund zu benachrichtigen.[59] Der Stadtrat fand auch einige Stücke eines Fingers, einschließlich der Fingerkuppe und des Fingernagels, und sammelte sie ein.[60]

In einem Häuserblock nördlich von Stadtschultheiß Riebers Haus schlief in jener Nacht ein junger Mann. Er sollte sich als der wichtigste Zeuge des Attentats auf Rieber entpuppen. Auf dem Heimweg von einer Wirtschaft hatte er nur Sekunden nach dem Schuss einen Mann gesehen, der vom Tatort floh. Der junge Mann hatte allerdings den Schuss nicht sofort mit einer Straftat in Verbindung gebracht – gelegentliche Schüsse waren in der Jagdsaison ja häufig. Einige Tage sollten vergehen, bis er die Tragweite seiner Beobachtung erkannte.

Kapitel 5

Die Sanduhr des Ermittlers

Mit dem Anschlag auf Stadtschultheiß Rieber wurde die Sanduhr der Ermittlungen umgedreht und fing an abzulaufen. Für Eduard Hammer begann der Sand um zwei Uhr morgens zu rieseln, als der Bönnigheimer Kavallerist Christoph Wenz an seine Tür hämmerte, um Dr. Nellmanns Anzeige zu übergeben. Als Oberamtsrichter wusste Hammer: Jede Minute zählt! Statistisch gesehen konnte er erwarten, den Fall innerhalb weniger Wochen zu lösen oder ihn zu den Akten legen zu müssen. Die ersten Stunden würden die Weichen für den Erfolg seiner Untersuchungen stellen. Hammer konnte das freilich zu jenem Zeitpunkt nicht wissen, aber dieser Fall sollte sich im Deutschland des 19. Jahrhunderts als Rekord erweisen – als der im 19. Jahrhundert am längsten ungelöst gebliebene Fall, der schließlich doch noch gelöst wurde.

Oberamtsrichter Hammer machte sich an die Arbeit. Seine dringendste Aufgabe war es, an medizinische Informationen zu kommen. Er schickte den Stadtboten zu Oberamtsarzt Dr. Hauff mit dem Ersuchen, sofort nach Bönnigheim zu fahren und Stadtschultheiß Rieber zu untersuchen. Dr. Hauff war so etwas wie ein Vorläufer moderner Gerichtsmediziner. Er erstellte Berichte über die Verletzungen des Opfers – medizinisches Beweismaterial für das Gericht. In Mordfällen führte er die Autopsie durch und lieferte Fachgutachten zur Todesursache.[61]

Hammer musste schon bei Tagesanbruch den Tatort in Augenschein nehmen und Zeugen verhören. Als Vorbereitung packte er das Material ein, das er für die Untersuchung eines Mordversuchs brauchte: Papier, Schreibfedern und Bleistifte, Tinte, einen Schrittzähler und ein Maßband – alles Dinge, die das führende Handbuch für Kriminalistik des 19. Jahrhunderts einem Ermittler zur Verwendung am Tatort empfahl. Hammer zog auch einen Skribenten (einen Schreiber) hinzu, der die Fragen und Antworten während der Befragungen aufzeichnete.[62]

Der 41-jährige Oberamtsrichter verband scharfen Intellekt mit Einfühlungsvermögen. Hammer konnte in der Anwendung der Gesetze streng sein, aber er verstand es auch, den Verbrecher als Menschen zu respektieren. Nach Abschluss einer juristischen Universitätsausbildung hatte Hammer in mehreren Städten Verwaltungspraxis erworben, ehe er im Alter von 28 Jahren seine erste Stelle als untersuchender Oberamtsrichter – dies der Titel für die Ermittler im 19. Jahrhundert – antrat. Er hatte bereits eine akademische Schrift über die Justizverwaltung publiziert. 1829 kam Hammer als Ermittler ans Oberamt Besigheim. Später in seinem Leben sollte Hammer zum obersten Gerichtsrat in Ulm, einer der größten Städte Württembergs, befördert und als Abgeordneter in die Ständeversammlung gewählt werden. 1841 adelte ihn König Wilhelm I. von Württemberg, verlieh ihm den Orden der Württembergischen Krone und den begehrten Namenswechsel zu »von Hammer«.[63]

Kurz vor sieben Uhr morgens klopfte ein weiterer Bote an seine Tür mit den Briefen des Oberamtsarztes und des Stadtschreibers von Bönnigheim. Die Botschaft war alarmierend: Die Wunden waren lebensgefährlich. Es handelte sich also um ein Kapitalverbrechen. Die Nachrichten enthielten auch erste Hinweise zum Fall. Die zwei Männer, die im Kirchhof mit einer Pistole geschossen hatten, hießen Christian Wachter und Philipp Häberle. Der Stadtschreiber sandte eine Abschrift von der Vernehmung Häberles.[64]

Der Morgen des 22. Oktober 1835 dämmerte. Oberamtsrichter Hammer spannte seine Pferde vor die Kutsche und machte sich auf den Weg hinauf nach Bönnigheim. Als er um halb neun ankam, ging es Stadtschultheiß Rieber wieder besser, aber Dr. Hauff war der Meinung, sein Zustand sei so kritisch, dass man eine Befragung verschieben müsse. Hammer vereidigte zwei Mitglieder des Stadtrats als *Scabiner* (Schöffen), als Helfer für die Ermittlung und als Zeugen für die Befragungen.

Dann wandte er sich an Dr. Nellmann, seinen ersten Zeugen.[65] Der Skribent des Oberamtsrichters trug die Fragen und Antworten in ein braunes, in Leder gebundenes Buch ein und nummerierte jede Frage. Er begann das Protokoll mit persönlichen Angaben zum Zeugen: »Johann Andreas Nellmann, practischer Arzt, dahier, verheirathet, 43 Jahre alt.«

»Was wissen Sie über den Vorgang, wobei Stadtschultheiß Rieber verletzt wurde, anzugeben?«, fragte Oberamtsrichter Hammer.

»Gestern Nachts nun war ich schon zu Haus und zwar im Bette liegend als ich auf einmal ohngefähr um 9 ¾ Uhr einen starken Schuß in der Nähe meiner Wohnung hörte. Sogleich auf den Schuß hörte ich einen Menschen schreien – er gebrauchte die Worte, O Jesus, O Jesus, kommt mir zu Hülfe, ich bin erschoßen. Ich stand auf, sah zum Fenster hinaus und bemerkte einen Mann mit der Laterne nahe am Hause, keine 5 Schritte entfernt und dachte nun, es habe sich einer beim Schießen verletzt.«

Dr. Nellmann erklärte, er habe sich angezogen und sei die Treppe hinuntergeeilt.

»Ich … traf dann in der unteren Etage, in der Stadtschultheiß Rieber wohnt, einen Menschen rücklings liegend an, der kaum sprechen konnte und in dem ich erst, als ich näher hinzukam, den Stadtschultheißen Rieber selbst erkannte.« Der Arzt und seine Frau fanden den Schlüssel zu Riebers Wohnung in dessen Manteltasche und brachten ihn zu Bett.

»Rieber war sehr schwach und blutete heftig; das Blut lief aus den Beinkleidern und wie man ihn ausgezogen hatte, war das Hemd ganz in Blut getränkt.«

»Haben Sie außer dem Verwundeten, als Sie aus dem Fenster sahen, niemanden gesehen?«, fragte Oberamtsrichter Hammer.

»Nein, keinen Menschen.«

»Wie weit von Ihrer Wohnung ist der Schuß gefallen?«

»Es mögen 10 bis 12 Schritte vom Hause gewesen sein, weiter ist es nicht gewesen, es hat furchtbar geknallt.«

Als Dr. Nellmann seine Aussage unterschrieb, unterbrach der Stadtschreiber und sagte, der Stadtschultheiß fühle sich schwach, und es dauere noch, bis man ihn befragen könne.

Der Oberamtsrichter und seine Helfer begaben sich nun zum Kirchhof hinüber, wo der Stadtrat die Bruchstücke der Pistole gefunden hatte. Beide Stadträte kannten die zwei jungen Männer, die im Kirchhof geschossen hatten; doch keiner war der Meinung, dass einer von ihnen so weit gehen würde, den Stadtschultheißen anzuschießen. Aber sie stellten fest, dass Philipp Häberle auch eine Pistole besaß. Die jungen Männer hätten ja eine weitere Waffe gebraucht, wenn sie auch Rieber angeschossen hätten. Die Explosion hatte die erste Pistole zerstört, bevor Stadtschultheiß Rieber erschossen worden war. Benutzten die zwei Männer also Philipp Häberles Pistole, um den Stadtschultheißen anzuschießen? Hammer nahm Häberle fest und brachte ihn zum Verhör in den Ortsarrest. Dann durchsuchte er Häberles Haus. Der Oberamtsrichter hielt insbesondere nach blutbeschmierten Gegenständen Ausschau, nach Gewehren und Schießgerätschaften. Hammer beschlagnahmte die Pistole, konnte aber weiter nichts Verdächtiges entdecken.

Dann ging die Gruppe zu Louise Hepperles Haus, wo Hammer auch diese befragte. Sie bestätigte, dass Christian Wachter für ihre Nachbarin Katharina Mayer schwärmte. Louise war sich sicher, dass Christian Wachter und sein Freund Philipp Häberle im Kirchhof gewesen seien. Wahrscheinlich hätten sie die Pistole abgefeuert, um Katharinas Aufmerksamkeit zu erregen.

»Warum seid Ihr, wenn Wachter der Mayerin nachgeht, auch auf den Häberle verfallen?«, fragte Hammer.

Sie lachte. »Weil sie schon lange beieinander sind und immer miteinander gehen.« Der Oberamtsrichter glaubte ihr und vermerkte in seinem Protokoll: »Das Mädchen äußert sich unbefangen und völlig unverdächtig.«[66]

Der Sonnenaufgang bot die erste gute Gelegenheit, Stadtschultheiß Riebers Hof abzusuchen. Es wäre eine Arbeit auf Händen und Knien geworden. Jetzt, bei besserem Licht, hatte der Oberamtsrichter mehr Glück als der Förster, der nachts gesucht hatte. Nahe der Tür zu Riebers Hof fand Hammer die Wattierung, die zwischen Schießpulver und Schrotkugeln eingelegt wird. Der Pfropfen schien aus Rehhaar gefertigt zu sein. Eine nähere Besichtigung von Riebers Tor enthüllte zwei frische, abgesplitterte Einschüsse im Holz. Hammer maß sie aus. Der erste sah aus, als stamme er von sogenanntem Rehposten, sehr großem Schrot also, der zweite von Kugeln der Größe 0 oder 1, wie sie bei der Jagd auf Füchse und Dachse verwendet werden.[67] Auf der Tür im Tor fand er eine ähnliche Spur; es sah aus, als hätte eine Kugel die offene Tür gestreift, bevor sie sich ins Tor eingrub. Hammer konnte kein Blei im Holz finden, aber er maß die Schäden.[68]

Die Fußabdrücke des Mörders auf dem vom Regen durchnässten Erdboden wären um Viertel vor zehn Uhr noch sichtbar gewesen, aber alle, die während der Nacht dem Stadtschultheißen zu Hilfe eilten – die Förster, die Mägde, der Oberamtsphysikus und die Verwandten des Stadtschultheißen – kamen durch die gleiche Tür im Hoftor, die der Mörder benutzt hatte, und hatten die Spuren zertrampelt.

Jetzt ging der Ermittler hinein, um Stadtschultheiß Rieber zu befragen. Zuerst untersuchte er dessen Kleider. Riebers Hemd, insbesondere die rechte Seite, war vollständig mit Blut durchtränkt. Hammer zählte und vermaß 28 Löcher allein im Hemd. Das größte maß 0,6 x 0,3 Zoll, was auf Rehposten hindeutete, und das kleinste 0,1 Zoll im Durchmesser, was auf Vogelschrot hindeutete. An der rechten Seite des Bundes und des Sitzes von Riebers Hose fand er weitere fünf sowohl kleine als auch große Öffnungen. Hammer diktierte seinem Schreiber, Rehposten habe ein großes Loch und Vogelschrot die vier kleineren Löcher verursacht.[69]

Riebers schwerer Mantel war aus grobem, blauem Zeug hergestellt und dick gepolstert. Hammer machte 20 runde Löcher ausfindig. Zwei, schrieb Hammer, »waren eindeutig von Blei[kugeln] größer als Vogelschrot, also von Rehposten«. Vogelschrot hatte auch ein Loch durch die Hosenträger des Schultheißen gebohrt. Das Unterhemd des Schultheißen, das Hammer tags darauf untersuchte, enthielt elf Löcher verschiedener Größe.

Dann nahm Oberamtsrichter Hammer eine oberflächliche Untersuchung von Riebers Verletzungen vor und diktierte den Befund seinem Schreiber. Um das Opfer nicht bewegen zu müssen, vermied er die Untersuchung aller Wunden. Hammer diktierte eine Ausschusswunde in der Brust unterhalb der rechten Brustwarze, eine zweite darunter, die von einer eingedrungenen Kugel verursacht war, die Haut nicht verlassen hatte, jedoch sichtbare Verletzungen darunter hinterließ, und Einschusswunden im unteren Rücken und rechten Oberarm.[70]

Nun erst versuchte der Oberamtsrichter, Stadtschultheiß Rieber zu befragen. Rieber atmete unter Schwierigkeiten und gab seine Antworten in kurzen, von Pausen unterbrochenen Sätzen. Aber er begann zu reden, ehe Hammer auch nur eine einzige Frage gestellt hatte, wie Hammers Skribent, ausgerüstet mit Schreibfeder und Protokollbuch, notierte:[71] »So etwa um

10 Uhr ging ich gestern mit meinem Laternle vom Waldhorn nach dem Essen heim und, wie ich zum Thore, das in den Hof führt, und etwa 3 bis 4 Schritte vor dem Haus gegangen war, fiel auf einmal ein Schuß. Ich dachte nicht sogleich, daß das mir gegolten habe, und glaubte es sei so ein Schuß, wie sie im Herbst vorkommen; ich sprang auch 3–4 Schritte zurück, um den Schießenden zu fangen, allein da spürte ich, daß ich geschoßen bin. Ich rief, Ach Jesus, ich bin geschossen, zur Hülfe, Doctor, Doctor. So kam ich noch der Treppe herauf bis etwa meine Wohnstube, da konnte ich mich nicht mehr halten und sank zusammen. Es kamen indessen der Doctor und seine Frau, die mich zuerst in ihre Wohnung bringen wollten, auf mein Verlangen aber in mein Zimmer und mein Bett brachten.«

»Wie weit von Ihnen mag der Schießende gestanden sein, als der Schuß fiel?«, fragte Oberamtsrichter Hammer.

»Etwa am Waschhaus des Stölzle muss er gestanden sein.«

»Haben Sie vor oder nach dem Schuß Niemanden gesehen?«

»Nein, überhaupt niemand. Ich hörte nach dem Schuss nicht einmal jemand wegrennen.«

Der Oberamtsrichter diktierte eine erklärende Notiz in die Akte: »Von der Ecke des Waschhauses des Forstamtsdieners Stölzle führt der Weg in schiefer Richtung zu dem Thore des Rieber'schen Hauses und von dieser Ecke aber zum Thore sind es 26 Schritte.«

Oberamtsrichter Hammer fuhr fort: »Wissen Sie die Zeit nicht ganz genau zu bestimmen zu welcher der Schuss auf Sie fiel?«

»Es war 10 Uhr vorbei, aber keine halbe Viertelstunde nach 10 Uhr«, sagte Stadtschultheiß Rieber.

»Haben Sie auf irgendjemand Verdacht wegen der Ihnen zugefügten Verlezung?«

»Da kann ich nichts sagen; ich habe freilich einen sehr schlechten Kerl hier, Carl Gartmann, der schon zweimal viel gestohlen hat, und kürzlich als Aichträger [Eichträger, ein Keltermitarbeiter], wozu er sich meldete, abgewiesen wurde, auch habe ich ihn sehr gepezt [barsch angeredet]: Der kann es sein, aber weiter gehenden Verdacht habe ich nicht.«

Das war eine weitere Spur.

Stadtschultheiß Rieber sagte weiter: »Das bemerke ich noch daß, als ich heim ging, 2 Schüße seitwärts der eine links von mir, der andere dann am unteren Thor gefallen sind, ich dachte noch, jezt schießen die Schlingel noch Nachts 10 Uhr.«

Hier diktierte Hammer seinem Schreiber eine Notiz: »Auf eine Bemerkung eines umstehenden, daß die Herren im Forstamt welche kurz vor Rieber aus dem Waldhorn weggegangen, angeben, es habe erst 10 Uhr geschlagen als Stadtschultheiß Rieber schon zu Haus gewesen sei, äußert derselbe: ›Ich kann das nicht bestimmt sagen.‹«

»War der Knall des Schußes heftig?«, fragte Oberamtsrichter Hammer.

»Ja.«

»Was haben Sie etwa von dem Feuer des losgehenden Gewehrs gesehen?«

»Gar nichts, es ist in meinem Rücken geschehen, da habe ich nichts bemerken können.«

»Haben Sie für jezt, sonst etwas anzugeben?«

»Nein.«

Dann fuhr Stadtschultheiß Rieber fort: »Es können auch ledige Burschen, insbesondere beurlaubte Soldaten gewesen sein; wir haben kürzlich, weil in der Nacht Fenster eingeworfen wurden, bei dem Stadtrath beschlossen, daß kein solcher Bursche nach 10 Uhr noch auf der Straße sein darf und die Übertretung mit Gefängnis bedroht, auch haben wir eine Erkenntnis gegen mehrere Soldaten wegen einer Schlägerei in Lauffen der Bürgerschaft bekannt gemacht. Davon kann es einer gewesen sein, aber ich kann natürlich gar nichts sagen.«[72]

Rieber war zu schwach, seinen Arm zur Unterschrift seiner Aussage zu heben. Der Oberamtsrichter notierte das und beendete die Befragung.[73]

Am Nachmittag befragte Oberamtsrichter Hammer weitere Zeugen. Die Förster, der Schulmeister und Katharina Mayer, der zu Ehren die Burschen ihre Pistolen abgefeuert hatten, bestätigten Louises Zeugnis über den Zeitpunkt der zwei Schüsse im Hof. Er sprach mit dem Bruder des Stadtschultheißen im Gasthaus »Waldhorn«, aber der hatte keine Ahnung, wer seinen Bruder angeschossen und welchen Hintergrund die Tat haben könnte.

Hammer bat einen der Stadträte, den Hof des Stadtschultheißen zu fegen und den Schmutz durchzusieben. Dies brachte ein übersehenes Stück Blei zutage. Es war deformiert – wie gewöhnlich nach einem Schuss –, aber es war eindeutig Rehposten. Wichtiger noch: Das Stück wog 3,65 g[74], mehr, als es für seine Größe hätte haben dürfen. Das bedeutete, es enthielt mehr Blei als üblich. Stellte der Mörder seine eigene Munition her? Hammer hielt diese Tatsache fest, denn der Besitz von Werkzeugen wie Gusslöffeln und Kugelformen könnte ein Indiz sein.[75]

Obwohl seine Wunden fast aufgehört hatten zu bluten, verschlechterte sich Riebers Zustand. Allem Anschein nach hatte mindestens ein Schusskanal den rechten Lungenflügel durchbohrt. Angesichts weiterer Rückenverletzungen konnte der Physikus einen zweiten Durchschuss der Lunge nicht ausschließen.[76]

Schon im 19. Jahrhundert wussten die Ärzte, dass ein Pneumothorax, eine kollabierende Lunge, zu erwarten war. Sie wussten, dass die Luft aus den Lungen entwich, wenn einmal eine Kugel das Lungengewebe durchlöchert hatte. Nur selten sickerte die Luft mit einem verräterischen Zischen durch den

Schusskanal. Viel öfter wurde die Luft, die von den Lungen oder von außen her durch den Schusskanal kam, in den engen Pleuraspalt zwischen Lungenfell und Brustfell gepresst, und das konnte, wenn sich der Druck erhöhte, die Lungen zum Kollabieren bringen und den Patienten ersticken.[77] Heutzutage kann man Pneumothorax leicht diagnostizieren und behandeln. Aber 1835, ohne diagnostische Hilfsmittel wie Röntgenstrahlen oder Computertomografie, konnten die Ärzte nur eine Lungenperforation vermuten, indem sie ihre Diagnose der zeitlichen Entwicklung des Patienten anpassten.[78] Schweres Atmen war das Hauptsymptom; und darunter litt Stadtschultheiß Rieber bereits.[79]

Es gab im »medizinischen Werkzeugkasten« des 19. Jahrhunderts nicht viele Behandlungsmöglichkeiten für einen deutschen Landarzt. Mögliche Ansätze waren die Einführung einer Röhre in die Brust oder die Wiedereröffnung der Wunde, um die überschüssige Luft abzuziehen.[80] Wenn aber zu viele Wunden die Lunge perforierten, komplizierte sich die Lage. Wenn Geschosse eine Öffnung zwischen den Lungen und dem Pleuraspalt gelassen hatten, bedeutete der Abzug der Luft aus dem Pleuraspalt, dass noch mehr Luft aus der Lunge abgezogen und dadurch das Behandlungsziel erst recht verfehlt würde.

Die Doktoren Hauff und Nellmann wagten eine abwartende Behandlung und hielten Besucher fern. Nur einige wenige Gäste sind dokumentiert. Einer davon war der junge Vikar Dr. Christoph Ulrich Hahn. Die Unterhaltung zwischen Stadtschultheiß und Pfarrer wurde Thema in Hahns Nachruf zwei Tage später. Rieber vertraute Hahn an, er habe eine Vorahnung, dass seine Wunden sich als tödlich erweisen würden. Dr. Hahn gewann den Eindruck, dass der Tod seines Freundes ein Jahr zuvor den 41-jährigen Rieber auf seinen eigenen vorbereitet hatte. Rieber sprach auch Worte der Vergebung für den unbekannten Mörder und fand Trost darin, den Kehrreim des damals volkstümlichen Sterbelieds keuchend aufzusagen: »Mein Jesus ist mein Trost allein, / Auf Jesum schlafe ich selig ein.«[81]

Stadtschultheiß Riebers Halbbruder, sein jüngerer Bruder Louis, war der letzte Besucher. Louis (getauft 1801 als Ludwig Benedikt, 1830 bis 1849 Pfarrer im Nachbarort Hausen an der Zaber), war während des ganzen Tags bei der Beerdigung seines Schwagers gewesen, und als ihn der Bescheid über die Schießerei erreichte, konnte er nur noch nach Bönnigheim eilen und seinem Bruder ein letztes Lebewohl sagen.[82]

In den frühen Morgenstunden des 23. Oktober, um die Zeit, als Bönnigheims Glocken in gedämpften Tönen die Viertelstunde nach vier Uhr morgens einläuteten, verwandelte sich das Verbrechen, das Oberamtsrichter Hammer untersuchte, vom Mordversuch zum vollendeten Mord. Der nächste Tag würde eine Autopsie und neues, handfestes Beweismaterial erbringen.[83]

Kapitel 6

Die »Carolina«

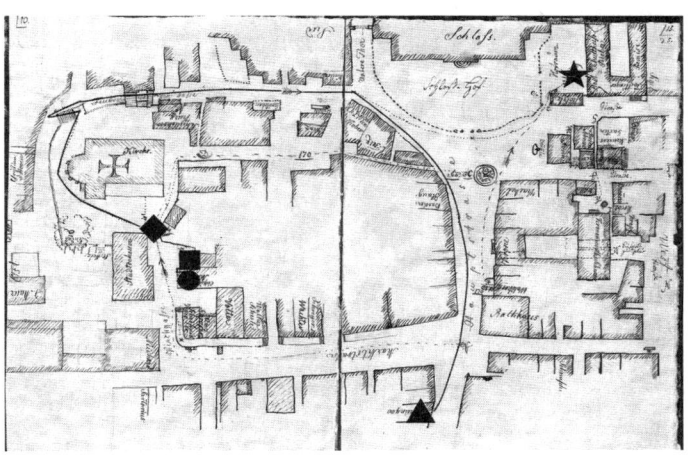

*Die Schießerei auf dem Kirchhof laut Oberamtsrichter Hammers Tatort-
skizze. Die Linien und Zeichen wurden von der Autorin eingefügt, um
Hammers Zeichen lesbarer zu machen. Die Raute zeigt an, wo Wachter
und Häberle ihre Pistolen abgefeuert haben; der Kreis Katharina Mayers
Haus, das Quadrat Louise Hepperles Haus, der Stern den Ort, an dem Rieber erschossen wurde, und das Dreieck Chirurg Böhringers Haus. Die Linie gibt den von Hammer notierten Umweg an, den Wachter und Häberle
zu Chirurg Böhringer machten.*

Vom Standpunkt eines Ermittlers aus gesehen gab es keine un-
günstigere Zeit für Morduntersuchungen. Kriminalgesetzgebung und Rechtsprechung in Württemberg befanden sich in
einer Übergangsphase, und die hielt die Untersuchungsbeamten an so kurzer Leine, dass ihre Aufklärungsquote rapide sank.
Württemberg hielt sich an eine 300-jährige Rechtstradition, die
»Constitutio Criminalis Carolina«. Als Karl V., Kaiser des Heiligen Römischen Reichs, sie 1532 in Kraft setzte, wurde sie als

Meilenstein der europäischen Kriminalgesetzgebung begrüßt. Die »Carolina«, wie sie genannt wurde, fasste die Kriminalgesetzgebung in den deutschsprachigen Ländern zusammen. Indem sie den Ermessensspielraum des Gerichts auf das Sammeln und die Auswertung von Beweisen beschränkte, schuf sie die deutsche Strafprozessordnung. Sie enthielt z. B. die moderne Auffassung der Unterscheidung zwischen Mord und Totschlag. Und da sie die Untersuchung der Leiche im Mordfall und medizinische Gutachten bei Verbrechen, die Tod oder Verletzung einschlossen, verlangte, schuf sie die Gerichtsmedizin.[84]

Unter dem fortschrittlichen Deckmantel der Carolina gab es einen rückwärtsgewandten Kern: Sie erkannte Hexerei als Kapitalverbrechen an und trug dadurch zu der Welle an Hexenprozessen bei, die Europa in der frühen Neuzeit überschwemmte.

Und sie entlehnte ihre Beweisregeln dem Römischen Recht, in dem Zeugenaussagen und besonders das Geständnis die Hauptrolle spielten. Indizienbeweise – ein blutiger Handabdruck an der Wand, gestohlene Beute in der Truhe des Verdächtigen, Schlamm an seinen Schuhen und dergleichen – wurden als so unzuverlässig angesehen, dass das Gesetz sie kaum zuließ. Sie konnten angeführt werden, um eine Zeugenaussage zu bekräftigen. Doch unter der Carolina konnte ein Richter sein Urteil nie ausschließlich auf Indizienbeweise gründen. Der Schuldspruch in einem Mordfall musste auf einem von zwei Beweisen beruhen: Aussage zweier Zeugen oder Geständnis. Zwei Augenzeugen bei einem heimlich vorbereiteten Mord mochten dabei in der Berufslaufbahn eines Ermittlers vielleicht ein Mal vorkommen. Also war das Geständnis das Hauptziel einer Untersuchung. »Confessio est regina probationum«, sagten die Richter. »Das Geständnis ist die Königin der Beweisführung.«[85]

Um Geständnisse zu erreichen, erlaubte die Carolina die Folter. Dieses Verfahren verlangte zunächst die *territio*, die Androhung mit der Folter, gelegentlich verbunden mit einem Gang durch die Folterkammer mit ihren Instrumenten. Oft genügte dies, einem Verdächtigen ein Geständnis abzuringen. Sollte die *territio* keine Wirkung zeigen, schritt der Untersuchungsrichter weiter zur *tortura*, der Anwendung dieser Instrumente. Dies geschah in fünf sich steigernden Graden. Die Maßnahmen schlossen ein: Daumenschrauben (Geräte, die die Daumen zerquetschten), Spanische Stiefel (Schraubgeräte für die Füße, oft mit Dornen auf der Innenseite), die Streckbank (ein Rahmen mit Holzwalzen, auf den der Verdächtige geschnallt und dann gestreckt wurde), Nagelstühle und das *strappado*, das Aufziehen des Verdächtigen an den auf dem Rücken zusammengefesselten Händen.[86]

Um das Jahr 1835, in dem Rieber ermordet wurde, war ausgelöst durch die Aufklärung eine Woge von Reformen durch das europäische Kriminalrecht geschwappt. Die Folter verschwand als eines der ersten Relikte. Württemberg hatte sie 1809 abgeschafft.[87] Gleichzeitig hatten die deutschsprachigen Länder die Notwendigkeit einer neuen Strafprozessordnung erkannt, die zuließ, dass der Untersuchungsrichter einen Fall auf Indizienbeweisen aufbauen konnte.[88] Doch Württembergs neue Strafprozessordnung blieb im Gesetzgebungsverfahren hängen; sie trat erst 1843 in Kraft, acht Jahre nach der Ermordung Riebers.[89]

Die Zeit zwischen dem Verbot der Folter 1809 und der Anerkennung von Indizienbeweisen 1843, kombiniert mit den Beweisregeln des Römischen Rechts, schlug viele Türen vor Eduard Hammers Nase zu. Im Nachbarstaat Baden, wo ähnliche Gesetzesreformen stattgefunden hatten, zeichneten die vom Obersten Gericht während des Vormärz (1830–1848) gesammelten Statistiken ein Bild davon, wie die Verbrecher den Untersuchungsbeamten durch die Finger schlüpften. Als Baden die Folter abschaffte, erreichte die Zahl der Freisprüche die schwindelerregende Höhe von 43 Prozent. Erst als Baden Rechtsreformen einleitete, die Verurteilungen aufgrund von Indizienbeweisen erlaubten, sank sie wieder auf unter zehn Prozent.[90]

Die Hürden waren hoch. Um einen Schuldspruch zu erreichen, hätte Eduard Hammer zwei Zeugen zur Identifizierung eines Verdächtigen oder einen geständigen Verdächtigen finden müssen. Und selbst wenn er einen Verdächtigen gefunden hätte, waren die Chancen des Gerichts, ein freiwilliges Geständnis zu erreichen, sehr gering. Die Carolina bedrohte Mörder mit der Todesstrafe. Warum sollte jemand freiwillig gestehen? Dennoch würde Oberamtsrichter Hammer es versuchen müssen.

Indizienbeweismaterial spielte trotzdem eine wichtige Rolle, zumindest bei der Ermittlung. Selbst wenn er den Fall nicht darauf aufbauen konnte, so konnte Hammer es doch als Hinweis benutzen. Gutes Indizienbeweismaterial konnte ihn zu einem Verdächtigen führen oder einen Zeugen zur Aussage zwingen.

Hammers erste Spur war ungewöhnlich, denn *zwei* Männer hatten im Kirchhof unmittelbar vor der Ermordung des Stadtschultheißen Schüsse abgegeben. Waren sie schuldig? Konnte er sie zu einem Geständnis bringen?

Am Morgen des 23. Oktober tat Hammer drei Dinge. Zuerst durchsuchte er die Wohnungen aller in Frage kommenden Verdächtigen, die Stadtschultheiß Rieber erwähnt hatte, um nach Feuerwaffen und Munition zu suchen. Wer hatte Rehposten und Vogelschrot? Wer stellte seine Munition selbst her? Die Durchsuchung führte immerhin zu *einer* guten Spur.[91]

Friedrich Bleil, ein junger Mann, der sich oft auf Streitigkeiten mit Stadtschultheiß Rieber eingelassen hatte, hatte gerade einige Tage zuvor einen Pass erhalten. Am Tage vor dem Mord war er nach Heilbronn, eine Hafenstadt am Neckar, gereist. Der Stadtbote berichtete Hammer, Bleil habe ihm früh am Morgen des Tags vor dem Mord seinen Reisekoffer übergeben und ihn für dessen Transport nach Heilbronn bezahlt. Seine Absicht sei es gewesen, von Heilbronn nach Mannheim zu fahren, doch habe er zuvor noch nach Besigheim gemusst. Anscheinend hatte er in Mannheim Arbeit gefunden. Mannheim, die Stadt an der Mündung des Neckars in den Rhein, lag im Großherzogtum Baden. Könnte der junge Mensch heimlich nach Bönnigheim zurückgekommen sein, den Mord verübt haben und neckarabwärts in ein anderes Land geflüchtet sein?[92]

Bleil hatte bei seinem Vater, einem betagten Weingärtner, gelebt. Als Hammer die Wohnung des Vaters durchsuchte, fand er einige Stücke Blei und einen Gusslöffel. Fertigte Bleil seine Munition etwa selbst an?

Auf diese Frage Antworten zu erhalten, war Hammers zweite Aufgabe für diesen Tag. Er befragte mehrere Zeugen. Zuerst lud er Bleils 18-jährige Schwester Juliane zur Befragung im Rathaus vor.

»In Eueres Vaters [Haus] ist verschiedenes Blei gefunden worden, wie kommt daß dahin?«, fragte Hammer.

»Ich weiß es nicht.«

Der Schreiber machte einen Aktenvermerk: Die Zeugin habe eine Zeitlang nachgedacht und es sich dann anders überlegt. Ihre Aussage deutete auf einen kindlichen Zeitvertreib hin, nicht auf ein Verbrechen: »So kleine Bröckele Blei habe ich einmal schon lange vor einigen Jahren von des Weingärtners Siegels Mädle bekommen, die hat Ringle, Ohrenringle damit gegossen und ich habe sie gefragt, sie solle mir auch ein paar Stücke geben.«

»Bei dem Blei befand sich auch ein Löffel und eine bleierne Kugel, woher kommen diese Gegenstände?«, fragte Hammer.

»So alte Löffel haben wir wohl als herum fahren [einfach so herumliegen] gehabt, von einer Bleikugel weiß ich nichts«, sagte Juliane.[93]

Hammer wollte nichts erzwingen. Aber sagte sie die Wahrheit?

Jetzt ließ Hammer Juliane Bleils 62-jährigen Vater ins Rathaus herüberholen, um zu hören, was er zu sagen hatte.

»Wann ist Euer Sohn Friedrich von hier abgereist?«, fragte Hammer.

Caspar Bleil sagte aus, sein Sohn sei am frühen Dienstagmorgen – am Tag vor dem Mord – weggegangen, um seinen Pass in Besigheim abzuholen. Dann sei er nach Heilbronn gegangen und von dort aus neckarabwärts nach Mannheim, wo er eine Arbeitsstelle habe. Der Vater hatte den Sohn seitdem nicht mehr gesehen; Friedrich war nicht nach Bönnigheim zurückgekommen.

Die Aussage des Vaters bestätigte die des städtischen Boten.

»Woher ist das Blei, welches sich heute in Eurem Haus fand?«, fragte Hammer.

»Damit haben sie vor langer Zeit Ohrringe gießen wollen, die Nachbars Kinder und die meinigen.«

»Es ist auch eine Bleikugel dabei?«

»Ja, ich habe noch mehrere zu Haus gehabt; ich habe sie einmal in der Erde gefunden; sie liegen schon lange daheim.«[94]

Er bestätigte also Julianes Zeugenaussage. Die Bleistücke konnten nicht mehr als Teil eines kindlichen Versuchs sein, Schmuck zu gießen. Um sich zu vergewissern, fragte er Bleils Nachbarn, die Siegels. Frau Siegel bestätigte, dass ihre Tochter Martha versucht hätte, Ohrringe aus Blei herzustellen.[95]

Um auszuschließen, dass Bleil die Bleikugeln als Munition gegen Stadtschultheiß Rieber benutzt hatte, beauftragte Hammer den örtlichen Gendarmeriekommandanten, mit einem der Bönnigheimer Stadträte nach Baden zu reisen und Friedrich Bleil zu befragen.[96]

Dann wandte sich Hammer seiner Hauptaufgabe für diesen Morgen zu: Die Schießerei auf dem Kirchhof aufzuklären. Er ging zu Christian Wachter und nahm ihn in die Zange. Wachter lag wegen seiner Daumenverletzung zu Bett, aber er konnte sprechen.

Die explodierte Pistole habe ihm gehört, erklärte Wachter. Jeder von ihnen hatte in jener Nacht seine eigene Pistole bei sich.

Hammer bohrte weiter nach dem Motiv dafür, warum sie ihre Pistolen abgeschossen hatten. Schießen innerhalb der Stadtgrenzen war ungesetzlich, warum also hatten sie es getan?

»Wie wir nun an der Kirche vorbei kamen, sagte mein Camerad, wir sollten dort schießen.« Wachter erklärte, Philipp Häberles Schwester habe ihm gesagt, Katharina Mayer, die gewöhnlich in Stuttgart in Stellung war, sei in jener Nacht nach Bönnigheim zurückgekommen.

Der Weg, den die zwei Männer nach der Explosion zum Haus des Wundarztes genommen hatten, irritierte Hammer. Statt den direkten Weg die Straße hinunter westwärts zu nehmen, hatten sie einen Umweg um den Block, zuerst nach Süden, dann nach Westen und schließlich nach Norden zur Hauptstraße genommen. Auf diesem Weg waren sie am St.-Georgs-Brunnen vorbei in die Nähe von Stadtschultheiß Riebers Haus gekommen, genau zu der Zeit, als er erschossen wurde. Wozu der Umweg?

»Wir haben nicht gewußt, wohin wir springen [rennen]«, sagte Wachter. »Ich bin bestürzt gewesen und keiner hat mehr gewußt, was er that und von einander sind wir nicht gekommen.«

Die Tatortskizze lässt einen anderen Grund vermuten. Der nächste Weg vom Kirchhof zum Wundarzthaus führte genau an Katharinas Haus vorbei. Verletzt, wie er war, wollte Wachter vermutlich nicht unter ihrem Schlafzimmerfenster vorbeilaufen.

Aber Christian Wachter hatte auf seinem umständlichen Weg zum Wundarzt Böhringer etwas Ungewöhnliches wahrgenommen. Als er und sein Freund die Feuerwehrgasse zum Schloss hinabrannten, hörten sie einen Schuss. Als sie nördlich des Schlosses auf die Hauptstraße einbogen, stand da ein Mann am St.-Georgs-Brunnen. Er stand nur herum, sonst tat er nichts. Wachter wusste nicht, wer es war.

»Nach welcher Richtung ist dieser Schuß gefallen?«, fragte Hammer.

»Das habe ich nicht behaupten können vor Schmerzen; ich kann nicht sagen, wo er gefallen ist. Wie ich geschossen gehabt habe, so bin ich dort heruntergesprungen, ich habe nicht gewußt, wohin, und bin die vordere Gaße hinauß und zum Böhringer gesprungen.«

»Beschreibt die Person, die Ihr gesehen habet?«

»Es war ein Mannesbild, aber was für eine Mundur [Kleidung] der hatte, weiß ich nicht; ich habe ihn wegen meiner Hand nicht recht angesehen; ich meine, er habe einen Wamms angehabt; ich habe ihn nicht gesehen, wie dick oder dünn er ist und welche Größe er hatte.«

Konnte dies der Mörder gewesen sein? Wenn ja, dann könnte er eine Waffe dabeigehabt haben.

»Habt Ihr den Menschen etwas halten oder tragen gesehen?«, fragte Hammer.

»Auf die Hände habe ich nicht gesehen, auf dem Buckel oder auf dem Kopf hat er nichts gehabt, ich bin eben wegen meiner Hand gesprungen.«

Der Mann sei einfach ruhig in der Straßenmitte gestanden, erklärte Wachter. Er habe nichts gesagt, als sie an ihm vorbeiliefen. Wachter konnte sich nicht erinnern, in welche Richtung der Mann schaute.[97]

Christian Wachters Erklärung für den Umweg klang logisch, und vor allem stützte sie Philipp Häberles Aussage, obwohl die beiden getrennt vernommen worden waren. So verlief diese Spur im Sand.

Hammer brauchte eine neue Spur. Die Ärzte, die Stadtschultheiß Riebers Autopsie am folgenden Tag durchführten, sollten eine finden.

Kapitel 7

Munition in der Waagschale der Justiz

Um acht Uhr am nächsten Morgen nahm Dr. Jung, der Oberamtswundarzt, sein Skalpell zur Hand und begann mit der Autopsie. Tags zuvor hatte Oberamtsrichter Hammer den Leichnam des Stadtschultheißen Rieber in dessen Wohnung aufgebahrt und ihn unter Bewachung gestellt, wie das Gesetz es anordnete, um sicherzustellen, dass der Schultheiß wirklich tot war. Erst nachdem ein Tag vergangen war, ohne dass der Körper wieder aus dem Tod erwachte, konnte man mit der Autopsie beginnen.[98]

Die Carolina forderte eine Autopsie im Fall eines unnatürlichen Todes. Obwohl die Regelung vorsah, dass qualifizierte Personen wie Chirurgen, wenn sie zur Verfügung standen, die Autopsie vornahmen, regelte sie nur die äußere Untersuchung der Leiche. Um 1835 war die Medizin fortgeschritten, und Oberamtsärzte führten auch innere Untersuchungen durch, um in Kriminalfällen die Todesursache zu klären, obwohl das Gesetz keine dieser Prozeduren zum Standard erhoben hatte.[99]

Das Untersuchungsteam versammelte sich am Samstagmorgen, einen Tag nach Riebers Tod, in seiner Wohnung. Dr. Hauff, der Oberamtsarzt, assistierte Oberamtschirurg Dr. Jung bei der Autopsie. Hammer diente als Zeuge des Vorgangs, während sein Schreiber das Diktat des Oberamtsrichters über den Befund aufnahm.

Die Autopsie begann mit einer äußerlichen Prüfung der Leiche. Sie zeigte einen Mann von stämmiger Statur und durchschnittlicher Größe. Der Körper war wohlgestaltet und gut ernährt und hatte keine Abnormalitäten oder Brüche, außer den verschiedenen Wunden, die der Arzt beschrieb.

Die Ärzte fanden zehn Eintrittswunden. Neun waren auf Riebers oberem Rücken, alle innerhalb des Radius eines »Dessertellers«, und breiteten sich gleichmäßig zwischen der linken und rechten Seite des Rückgrats aus. Die meisten Wunden waren klein, doch maß eine davon 0,7 Zoll, ungefähr 18 Millimeter, im Durchmesser, war also etwa 1,25 Millimeter größer als eine heutige Ein-Cent-Münze. Die zehnte Eintrittswunde befand sich im rechten Arm. Die Ärzte fanden auch eine Austrittswunde unter der rechten Brustwarze.

Die innere Untersuchung offenbarte größten Schaden. Nachdem die Ärzte die Brusthöhle des Stadtschultheißen geöffnet hatten, stellten sie drei Rippenbrüche fest. Eine Rippe hatte sich in den Rückenmarkskanal gebohrt. Dr. Jung entfernte zwei Rehpostengeschosse, das eine war in eine Rippe eingedrungen, das andere ins Brustbein. Sie waren von innen her durch den Rücken eingetreten.

Das Herz selbst war unverletzt, aber der Herzbeutel wies ein Loch vom Durchmesser einer Erbse und mehrere kleinere von der Größe eines großen Senfkorns auf. Zwei Schusskanäle zogen sich durch die Lunge von hinten nach vorne. Die Lunge war kollabiert, das ließ einen Pneumothorax vermuten.

Als sie die Unterleibshöhle eröffneten, fanden die Ärzte zwei weitere Schusskanäle. Einer, mit einem Durchmesser zwischen dem einer Ein- und einer Zwei-Cent-Münze, hatte sich durch einen unteren Lappen des Zwerchfells gebohrt. Ein zweiter Kanal, etwa vom Durchmesser eines Federkiels, ging durch die Leber und hatte auf seiner ganzen Länge Gewebe zerrissen. Dr. Jung sezierte die Leber, fand das Projektil aber nicht.

Der Chirurg schnitt den Schusskanal in Riebers rechtem Oberarm auf. Dort stellte er zwei weitere Stücke Blei im Knochengewebe fest und entfernte sie.

Im seinem Autopsiebericht kam Dr. Jung zu dem Schluss, dass die Verletzungen der Lunge, des Herzbeutels, des Zwerchfells und der Leber todesursächlich waren; sie hatten

zur Lähmung sowohl der Lunge als auch des Herzens beigetragen.[100]

Eduard Hammer wusste instinktiv: Die Geschosse in Riebers
Körper waren eine hochbedeutende Spur. Jetzt war es an der
Zeit, sie zu untersuchen.

Er besaß nun mehrere Kugeln aus der Autopsie. Er hatte
auch die Kugel, die Dr. Nellmann gefunden hatte, als er Rieber
entkleidete, und die Kugeln, die aus dem Schmutz vom Boden vor Riebers Hoftor herausgesiebt worden waren. Hammer
fand aber noch eine weitere Bleikugel, die in den Rahmen von
Riebers Hoftor eingedrungen war, ein Fehlschuss. Sie war gut
einen Meter oberhalb des Bodens eingedrungen. Auch wenn er
keine Munition finden konnte, so schätzte Hammer die Kugel-
größen nach den Löchern im Tor und Stadtschultheiß Riebers
Organen.[101]

Alle diese Befunde deuteten auf eines hin: Der Mörder hatte
unterschiedliche Geschossgrößen benutzt, eine Mischung aus
Rehposten und Vogelschrot. Rehposten kommt in verschiedenen Größen vor, und wenn man die genaue Größe feststellte,
konnte dies helfen, die Herkunft der Munition herauszufinden. Wenn der Mörder die Munition in Bönnigheim erworben
hatte, wäre das eine brauchbare Spur.

Hammer bat einen der Stadträte, die »ballistische Bein-
arbeit« zu übernehmen. Er sollte alle Läden in Bönnigheim
abklappern. Hammer musste unbedingt wissen, welche Größe
Rehposten sie auf Lager hatten und ob einer in letzter Zeit
Geschosse an jemanden verkauft hatte, der kein Jäger war.
Falls dies der Fall war, verlangte Hammer die Beschreibung
des Käufers.[102]

Inzwischen hatte der Oberamtsrichter Philipp Häberle aus
dem Arrest entlassen. Er hielt keinen der beiden jungen Männer, die im Kirchhof geschossen hatten, für schuldig und gab

dafür eine Reihe von Gründen an. Obwohl Waffengebrauch in der Stadt ungesetzlich war, war er eben doch ein Brauch in Bönnigheim. Häberle und Wachter hatten ihre Waffen abgeschossen, um die Aufmerksamkeit eines jungen Mädchens zu erregen, nicht um jemanden zu verletzen. Wachter litt verständlicherweise unter heftigen Schmerzen, nachdem er den Daumen verloren hatte, und es war unwahrscheinlich, dass jemand auf den Gedanken kommen könnte, einen Mord zu begehen, wenn er gerade ein Anhängsel verloren hatte, das er zum Halten und Zielen einer Waffe brauchte. Und sicher war beiden Männern klar gewesen, dass sie unter Verdacht geraten würden, wenn sie wenige Minuten, nachdem der Stadtschultheiß erschossen worden war, mit einer Pistolenschussverletzung im Haus des Wundarztes aufgetaucht wären. Kein Mensch konnte so dumm sein!

Hammers Schlussfolgerung war richtig. Es sollte noch weitere 37 Jahre dauern, sie zu beweisen, denn tatsächlich hatten weder Philipp Häberle noch Christian Wachter den Stadtschultheißen erschossen.[103]

Der Stadtrat kam von seinem Botengang zurück. Er hatte drei Läden ausgemacht, die Rehposten führten, aber sie hatten in der letzten Zeit niemandem davon verkauft außer örtlichen Jägern. Ein viertes Geschäft hatte kürzlich Munition verkauft, aber es führte nur Vogelschrot.

Nun schränkte das Vorhandensein von Rehposten in Riebers Leiche und dem Hoftor das Suchgebiet noch mehr ein. Die Kaufleute führten weniger Rehposten als Vogelschrot und würden sich an jemanden erinnern, dem sie Rehposten verkauft hatten. Hammer schickte beide Stadträte zurück, sie sollten die Ladenbesitzer gründlicher über den Verkauf sowohl von Rehposten als auch von Vogelschrot ausfragen. Er bat sie auch, Proben von Rehposten aus jedem Laden mitzubringen.[104]

Die Proben aus den Geschäften ergaben einen weiteren Hinweis. Hammer wog sie, und keine von ihnen passte in Gewicht und Größe zu dem Rehposten, den man in Riebers Körper gefunden hatte. Der Rehposten von Riebers Leiche wog 3,721 Gramm. Die Geschosse aus den Läden waren größer und schwerer. Sie wogen zwischen 5,606 Gramm und 5,728 Gramm. Weder die Kugeln, die im Hof gefunden worden waren, noch die aus der Leiche des Stadtschultheißen passten zu den Standardgewichten und -größen.[105]

Das konnte zweierlei bedeuten: Entweder hatte der Mörder seinen Rehposten außerhalb Bönnigheims erworben, oder er fertigte sein Schussmaterial selbst an. Jäger sparten oft an Geld, indem sie ihre Geschosse selbst herstellten, entweder indem sie heißes Blei in kaltes Wasser tropfen ließen – dieser Vorgang formt runde Kugeln – oder indem sie Blei in eine Form gossen.

Pfropfen wurden gewöhnlich aus Filz oder Tuch gemacht. Könnte der Rehposten zusammen mit dem Pfropfen aus Rehhaar, den man an der Ecke des Waschhauses gefunden hatte, auf einen Jäger hindeuten?[106]

Dann erhielt Oberamtsrichter Hammer einen Hinweis, dass tatsächlich jemand den Mörder vom Platz des Mordgeschehens hatte fliehen sehen.

Kapitel 8

Wie Kain wirst du einhergehen

Pfarrer Christoph Ulrich Hahn hat Riebers Grabrede gehalten.

Stadtschultheiß Riebers Grab, ca. 1935.

Jeder kann einen Federkiel mit einer scharfen Spitze versehen und ihn in ein Tintenfass tauchen. Was danach geschieht, ist das, was den Dichter vom Schreiberling, den Komponisten vom Bänkelsänger und den Prediger von seiner Herde unterscheidet.

Die Aufgabe, den Trauergottesdienst für Stadtschultheiß Rieber am Sonntag abzuhalten, fiel dem Vikar in Bönnigheims einziger evangelischer Kirche zu. Christoph Ulrich Hahn war derselbe Geistliche, der den Stadtschultheißen an seinem Totenbett besucht hatte.

Ein solcher Gottesdienst wäre für jeden Pfarrer außergewöhnlich gewesen. Der Tod eines Schultheißen allein würde genügen, um eine Trauerfeier zu etwas Besonderem zu machen: Ein

Kirchenmann konnte vielleicht ein Mal im Laufe seines Lebens das Begräbnis eines Stadtschultheißen gestalten. Hinzu kam aber noch der Mord. Die Gemeinde würde sich wahrscheinlich aufgewühlter zeigen als gewöhnlich. Was dem Pfarrer wohl am meisten zu schaffen machte, war sein Verdacht, dass in Bönnigheim ein Mörder wohnte. Tat er das, so war die Wahrscheinlichkeit groß, dass er Mitglied in Hahns Gemeinde war. Von Bönnigheims 2.244 Seelen waren alle außer sechs Protestanten. Hahns Gedenkrede zeigte, dass er die Möglichkeit in Betracht zog, dass der Mörder den Gottesdienst besuchen und seinen Nachruf hören würde.[107] Wie sollte ein Pfarrer mit einem Wolf in seiner Herde umgehen?

Die Predigt von der Kanzel war die einzige Gelegenheit für Hahn, den Mörder anzusprechen. Sein Nachruf hatte also zwei Zielgruppen: die Trauernden und den Mörder. Und wenn er erst seinen Federkiel in die Tinte getaucht hätte, würde der Vikar die richtigen Worte für beide finden müssen.

Hahn war auf diese Aufgabe sehr gut vorbereitet. Er stammte aus einer langen Ahnenreihe von Geistlichen, die einen gewissen Grad an Bekanntheit genossen. Einer seiner Onkel war regionaler Mitbegründer einer lutheranischen Reformbewegung, des Pietismus. Ein anderer war Professor der Theologie an der Universität Heidelberg. Vikar Dr. Hahn besaß eine akademische Vorbildung: Er hatte einen Doktortitel erworben und betrieb Forschung und Veröffentlichungen. Später in seinem Leben sollten die Könige von Preußen und Württemberg ihn mit Goldmedaillen für seine Beiträge zu Kunst und Wissenschaft würdigen. Hahn führte die Gründung des Roten Kreuzes weiter und unterzeichnete die erste Genfer Konvention für Württemberg.[108]

Zur Zeit von Riebers Beerdigung war Pfarrer Hahn nicht ganz 30 Jahre alt. Er war bereits zwei Jahre in Bönnigheim und hatte

in jener Zeit mit dem Stadtschultheiß die dortige Knabenschule gegründet.[109] Fotografien von Hahn aus seinen späteren
Jahren zeigen einen Mann mit schweren Augenlidern und dün-
nen Lippen, mit einer runden Brille aus Drahtgestell. Er hatte
dunkle Augenbrauen und volles Haar, das er zurückkämmte.
Zur Trauerfeier trug Pfarrer Hahn einen schwarzen Talar mit
dem gebräuchlichen Beffchen.[110]

Stadtschultheiß Riebers Beerdigung fand vor der Trauerfeier statt. Der Nachmittag des Sonntags, des 25. Oktober 1835,
war sonnig mit einer Höchsttemperatur von 9 Grad Celsius[111],
aber die Erde war noch matschig nach den vergangenen drei
Wochen Regenwetter. Ein Chor sang auf dem Friedhof.

Danach zog die Gemeinde zurück durch die Stadttore und
versammelte sich wieder in der Kirche, wo die Trauergemeinde
zuerst das Lied sang, das Hahn ausgewählt hatte – das gleiche
Kirchenlied, das Stadtschultheiß Rieber auf seinem Totenbett
rezitiert hatte.[112]

Von der Kanzel aus sprach Dr. Hahn die Trauernden an:

»Es ist ein höchst schmerzliches, ein höchst betrübliches
Ereigniß, theuerste, verehrte Leidtragende, das uns hierzu-
sammenführt.

Eine freche Mörderhand hat einen theuren Freund uns
mitten in seinem Wirken, in den besten Jahren seines Lebens,
in voller Kraft seiner Gesundheit, uns plötzlich entrissen, und
uns eine Wunde geschlagen, die so bald nicht heilen wird.

Menschliche Trostgründe vermögen unsern Schmerz nicht
zu stillen; wir müssen hineilen zu jener Quelle alles [sic!] Tros-
tes und aller Beruhigung, die uns im Worte Gottes selbst so klar
und rein entgegenquillt. Und welch ein tröstlicher, beruhigen-
der Gedanke tritt uns in der so oft wiederholten Versicherung
der heiligen Schrift entgegen, daß nichts ohne den Willen und
die Zulassung Gottes geschieht. … Er hat schon den Balsam
bereit, um die Wunde zu heilen.«[113]

Nach der Schriftlesung, aber ehe er sich an den Mörder wandte, sprach Hahn den Toten an, wobei er zum Du überging: »Habe Dank für alle Liebe und Freundschaft, die du uns so gerne, auch mit Opfern, erzeigt hast; habe Dank für die Mühe und Arbeit, die du für das Beste dieser Stadt nie gescheut hast; habe Dank für die Freuden, wie wir in deinem Umgang mit uns erfahren haben.«[114]

Jetzt musste Hahn ein rhetorisches Kunststück vollbringen. Sein Ziel war, eine Seele zu retten. Vermutlich wollte er den Mörder erreichen und ihn davon überzeugen, die pastorale Schweigepflicht auszunutzen und sich Rat zu holen. Schreck-einflößende Rhetorik über den Seelenzustand des Mörders hätte dem Zorn der Gemeinde Luft machen und den Sünder dazu bringen können, seinen geistigen Zustand zu überprü-fen, aber wenn der Pfarrer wollte, dass der Sünder in seiner Studierstube Sühne suchen würde, musste er auch ein Bild der offenen Türe zeichnen. Schließlich wählte Hahn die fol-genden Worte:

»Aber was uns tröstlich ist, bei der schweren Prüfung, die der Herr über uns verhängt hat, das muß dem, durch welchen die schwarze That verübt worden ist, fürchterlich seyn. Der Herr weiß Alles; siehe Er weiß auch, was du in finstrer Nacht begangen hast; Er kennet Alle, siehe Er kennet auch dich. Und ob du dich verbergest in dem Dunkel der Nacht; vor Ihm ist die Nacht Tag, und die Finsterniß Licht; und ob du flöhest gen Morgen oder gen Abend, gen Mitternacht oder gen Mittag; Er weiß dich zu finden; und ob du deine That noch so klug begangen habest, Er kann der Gottlosen Klugheit zu Schan-den machen. Der Friede wird dir nimmer zu Theil werden, so lange du deine That mit dir herumträgst; dein eignes Gewissen wird dich anklagen und dir keine Ruhe lassen; die blutige Gestalt des Ermordeten wird dich verfolgen bei Tag und bei Nacht, wohin du gehest. Die tiefen, herzzerreissenden Seufzer, welche das Opfer deiner Rache ausgestossen hat, die Thränen der Seinigen, ja selbst das Wort der Verzeihung, das er mehr als einmal auf seinem Sterbebett für dich ausgesprochen hat, werden als eine Centnerlast auf deinem Herzen liegen; deine eigene Unruhe wird dich verrathen und wider dich zeugen. Unstät und flüchtig, wie Cain, wirst du einhergehen, ... Doch sollte auch deine That unbekannt bleiben, wie vielmehr [sic!] bist du dann zu beklagen, wenn auch für dich das letzte Stündlein schlägt und du mit der ungebüßten Sünde vor den Thron des Richters trittst, der da Augen hat, wie Feuerflammen und von welchem kein Ansehen der Person gilt. Ja Herr, laß diese Sünde nicht auf ihm liegen bis auf jenen großen Tag; führe ihn hienieden, noch zur Erkenntniß seine Missethat, daß er Gnade suche, solange es Tag ist, ehe die Nacht kommt, da Niemand wirken kann.«[115]

In den Tagen und Monaten darauf wartete Christoph Ulrich Hahn vergeblich, wenn er je darauf gewartet haben sollte, dass jemand an seine Tür klopfte und seine Seele auftun würde. Er irrte in seiner Annahme: Der Mörder lebte nicht in Bönnigheim. Sein Wohnort war mit Pferd und Wagen drei Wegstunden entfernt.[116] Aller Wahrscheinlichkeit nach kam er nie wieder nach Bönnigheim, um den Nachruf zu hören.

In einer Hinsicht war Pfarrer Hahns Nachruf prophetisch. Der Mörder sollte unstet und flüchtig wandern, weiter als die meisten bekannten Mörder des 19. Jahrhunderts. Und es hätte ihm gefallen, dass ein neuer Verdacht in den Herzen von Hahns Gemeinde aufkeimte, der weg von ihm wies. Vielleicht ließen Hahns Worte »Dein eigenes Unbehagen wird dich verraten und wider Dich Zeugnis ablegen« die Menschen in Bönnigheim ihr Augenmerk auf alles um sich herum richten. Und sie richteten sich auf einen jungen Mann. Ein 25-jähriger Kammmacher, Friedrich Rupp, wurde der Verdächtige in Bönnigheims Gerüchteküche. Das Tagebuch eines Försters zeichnet die Geschichte des Geschwätzes auf.[117] Die Stadt konnte das noch nicht wissen, aber ihre Gerüchteküche war doppelsinnig: Die Leute in der Stadt irrten sich zwar, aber ohne ihre falschen Anschuldigungen gegen den Kammmacher Rupp wäre der Fall nie gelöst worden.

Kapitel 9

Ein Zeuge!

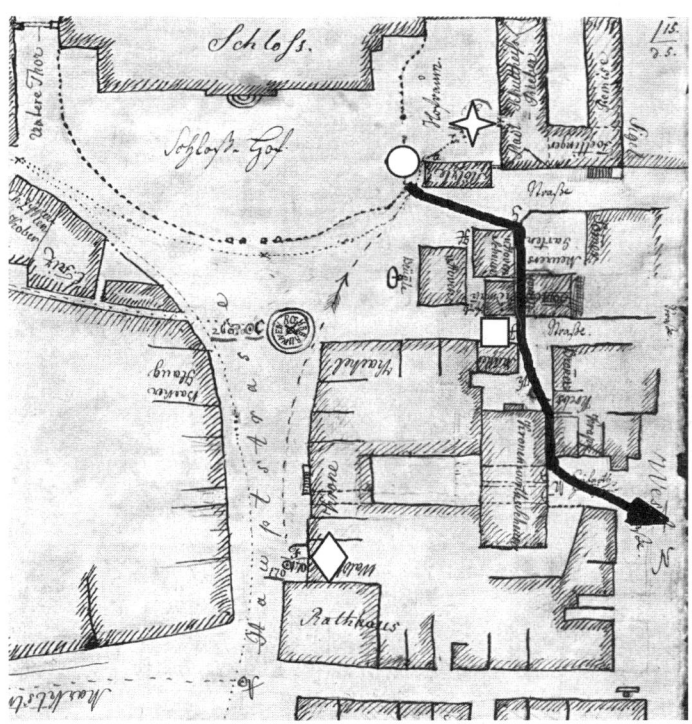

Der Fluchtweg des Mörders laut Oberamtsrichter Hammers Tatortskizze.
Die Linien und Zeichen wurden von der Autorin eingefügt, um Hammers Zeichen besser lesbar zu gestalten. Die Linie gibt die von Hammer
notierte Fluchtrichtung an. Die Raute zeigt an, wo Stadtschultheiß Rieber zu Nacht gegessen hatte; der Stern den Ort, an dem Rieber erschossen
wurde, der Kreis den ungefähren Standort des Mörders bei der Tatausführung und das Quadrat in etwa den Aufenthaltsort Jacob Wiedmanns, als
der den Mann erblickte.

Es war Zeit, die Strategie zu ändern. Hammers Verfolgung der ersten Hinweise auf den jungen Mann, der im Hof geschossen hatte, war wie ein Karrenrad im Sumpf steckengeblieben. Er verbrachte den Dienstag nach Stadtschultheiß Riegers Beerdigung damit, sich auf andere Zeugen und die Mordwaffe zu konzentrieren.

Christian Wachter hatte in der Nähe des St.-Georgs-Brunnens gleich nach dem Schuss auf Stadtschultheiß Rieber einen Mann gesehen. Aber er hatte nicht gesehen, ob der Mann etwas bei sich trug. Obwohl der Oberamtsrichter die Wohnungen verschiedener Verdächtiger durchsuchen ließ, hatte er noch keine Tatwaffe gefunden. Jetzt ließ er den St.-Georgs-Brunnen trockenlegen, um herauszufinden, ob der Mörder etwas hineingeworfen hatte. Er fand nichts.[118]

Schultheiß Rieber hatte einen Dieb erwähnt und einige Soldaten, die in der Nachbarstadt Lauffen in eine Schlägerei verwickelt worden waren. Hammer hatte sie streng befragt, konnte aber keine dieser Personen mit dem Tatort in Verbindung bringen. Als der Schuss abgegeben worden war, hatte sich der Dieb daheim bei seiner Familie befunden, und das bestätigte diese ihm auch.

Auch die Soldaten hatte Alibis. Einer von ihnen hatte seine Angebetete in der Nähe des städtischen Oberen Tors besucht. Dort hatte er ihrer Familie bei häuslichen Arbeiten geholfen, als sie die Schüsse hörten.[119]

Aber ein anderer Soldat, Jakob Hofmann, hatte etwas Bedeutendes zu sagen. Er war in jener Nacht nicht in Riebers Hof gewesen, sein Kommandeur hatte ihm einen wichtigen Auftrag erteilt; danach war er ins Bett gegangen.

Einige Tage später hatte ein Dritter, der mit ihm zusammen in der Kelter arbeitete, ihm gegenüber behauptet, er habe den Mörder vom Tatort fliehen sehen. Der Name dieses Soldaten war Jacob Wiedmann, und er wohnte nur einen Häuserblock nördlich vom Stadtschultheißenhaus.[120]

Hammer lud Wiedmann zu einer Befragung aufs Rathaus vor. Der Skribent schrieb jede Frage und jede Antwort ins Protokoll, tauchte seinen Federkiel ein und krakelte die Worte: »27 October 1835. … Jacob Wiedmann, Sohn des Drehers Philipp Jacob Wiedmann, vorher Soldat bei dem 6. Infantrie Regiment, ledig, 26 Jahre alt.«

Oberamtsrichter Hammer verknüpfte seine erste Frage mit einer ernsten Warnung: »Es ist in dieser wichtigen Sache … jeden Unterthanen … zu Pflicht gewissenhaft sein Zeugniß zu geben, und Ihr werdet aufgefordert um so mehr genau bei der Wahrheit zu bleiben, als Ihr auf Eure Aussage einen körperlichen Eid werdet ablegen müssen!«

»Ich bin 9 ¾ Uhr von des Carl Frizen Haus heim«, sagte Wiedmann, »gieng am Rohrbrunnen [St.-Georgs-Brunnen] vorbei in eine Gasse. Wie ich vor meinem Gärtle gelaufen bin, fiel ein Schuß, ich glaubte, es wäre vorne am Rohrbrunnen, vorher sind 2 andere Schüsse gefallen und wo ich an meiner Stege [kurz für Treppe] war kam in dem Gängle zwischen meines Vaters und Christian Altmanns Haus ein Mann, der eine Stilpkappe [Tuchmütze mit Krempe] aufhatte.«

Hammer vermerkte in der Akte, der Gang sei so eng, dass eine schwergewichtige Person seitlich gehen musste, um durchzukommen.[121]

»Wie lange nach dem Schuß war das?«, wollte Hammer wissen.

»Gleich nach dem Schuß, plötzlich. Ich bin kaum an den Stegentritt hingekommen; ich kann von dem Schuß bis der Mann gekommen ist noch etwa 50 Schritte gelaufen sein.«

»50 Schritte« machte keinen richtigen Sinn. Der Garten der Wiedmanns lag bei ihrem Haus; die Entfernung wäre höchstens 20 Schritte gewesen. 50 Schritte entsprach der Entfernung vom Brunnen zum Haus, nicht vom Garten zur Treppe. Es war aber ja kein ungewöhnliches Ereignis, in der Lesezeit in Bönnigheim Schüsse zu vernehmen, so konnte es wohl geschehen, dass der Zeuge sich nicht merkte, wo genau er sie gehört hatte. Hatte er einfach Schwierigkeiten damit, sich genau zu erinnern, wo er da gewesen war?

»Beschreibt noch genauer den Mann, den Ihr gesehen habt!«, bohrte Hammer nach.

»Im Gesicht habe ich ihn nicht gesehen; ich habe nur gesehen, daß er einen Ueberrock und eine Stilpleskappe getragen hat.«

»Wohin ist der Mann von dem Gängle weiter gegangen?«

»Er ist dann gleich herauf [über die Gasse] an das Müllers Haus; dort sah ich ihn hingehen, es geht dort wieder so ein Gäßle hinaus.«

»Habt Ihr nicht gesehen, ob der Mann etwas getragen hat?«

»Nein, da habe ich nichts gesehen«, sagte Wiedmann.

»Habt Ihr kein Gewehr bei demselben gesehen?«

»Nein, das habe ich nicht gesehen.«

»Wie ist der Mann gelaufen?«

»Recht schnell; gesprungen [gerannt] ist er nicht, aber so schnell, als er dorther hat laufen können, ist er gegangen.«

»Wie groß ist der Mensch Euch erschienen?«

»Er ist noch um einen halben Kopf größer gewesen, als ich.«

Wiedmann maß 5 Fuß, 8 Zoll oder 1,66 Meter. Demnach hätte der Mann eine Körpergröße von ungefähr 1,73 Meter gehabt.[122]

Aufenthaltsort und Betragen des Mannes erregten Verdacht; und Hammer versuchte, sich auf das Vorhandensein einer Waffe zu konzentrieren. »Wie hatte der Mann seine Arme und Hände?«

»Er ist schnell gelaufen und hat nichts als geschlenkert mit den Händen.«

»War der Mann dick oder mager?«

»Er ist von mittlerer Stärke.«

Es ist nicht schwer, die Gedanken des Oberamtsrichters bei seiner Art der Vernehmung zu erkennen. Konnte es sein, dass der Zeuge die Waffe einfach nicht gesehen hatte?

»War es finster, als Ihr den Menschen sahet?«, fragte Hammer.

»Ja, recht finster ist es gewesen«, erwiderte Wiedmann.

»Wie weit von Euch lief derselbe?«

»Etwa 6 Schritt.«

»Wie lange habt Ihr ihn laufen sehen?«

»Gerade über die Gasse hinüber, etwa 20 Schritte.«

»Von welcher Farbe schien sich der Ueberrock und die Kappe zu sein?«, fragte Hammer.

»Das kann ich nicht sagen.«

»Wem habt Ihr Eure Wahrnehmung zuerst mitgetheilt?«

Jacob hatte mit seinem Vater und einer weiteren Person am Tag nach der Schießerei darüber gesprochen.

Hammer war enttäuscht. Die Spur war gut, aber sie kam einfach fünf Tage zu spät. Nahezu zwei Jahrhunderte später steigt die Eindringlichkeit seiner nächsten Frage aus den vergilbenden, abgelagerten Seiten des Protokollbuchs auf wie ein stechender Geruch von Salz und Essig: »Warum habt Ihr unterlassen es sogleich anzuzeigen?«.

»Ich habe nicht gewusst, was das ist; es sind schon viele solche Schüsse gefallen und das Winkele wird viel passiert bei Nacht«, sagte Wiedmann darauf.

»Wohin führt dann zunächst der Weg, den der Mann, den Ihr in jener Nacht gesehen, gemacht hat?«

»Da kommt man auf einen freien Platz und da führt wieder eine Strasse hin.«

»Wisst Ihr, ob jemand ausser Euch noch den Mann gesehen hat?«, fragte Hammer.

»Nein, das kann ich nicht sagen.«

»Für wen haltet Ihr den Mann seinem Aussehen, seinem Gange und seiner Kleidung nach?«

»Ich habe keine Vermuthung gehabt, nur das ist, das Gesicht habe ich nicht gesehen und er ist schnell gelaufen, laut gelaufen.«

Oberamtsrichter Hammer fragte Wiedmann, ob er gewillt sei, dies unter Eid zu sagen. Der gab seine Zustimmung. Dann änderte der Ermittler seine Taktik. Er begann, sich auf den Zeitraum zwischen den Schüssen und dem Auftauchen des Mannes aus dem Gängle zu konzentrieren.

»Wie lange vor dem lezten Schuß fielen die zwei Schüße, von denen Ihr oben spracht?«, wollte Hammer wissen.

»Wie ich von des Frizen Haus weg bin, fielen die 2 Schüsse, keine halbe Viertelstunde vor dem lezten Schuß.«

Es hätte auf keinen Fall auch nur annähernd eine Viertelstunde dauern können heimzukommen. Das Haus Fritz stand nur ungefähr 100 Schritte von Wiedmanns Heim. Jacob war auf dem Heimweg wohl umhergeschlendert. Wahrscheinlicher noch hatte er eine Pause gemacht, um den Halleyschen Kometen anzuschauen. Die Zeit lässt vermuten, dass er der Mann war, den Christian Wachter mitten auf der Straße beim St.-Georgs-Brunnen herumstehen gesehen hatte. Hammer fragte ihn nicht über Halley aus, aber die Straße geht von hier aus nach Norden und war die einzige Stelle, die Jacob Wiedmann auf seinem Heimweg einen Blick auf den Nordhimmel und den Kometen geboten haben könnte. Jeder Beliebige konnte hier verweilt haben, um sich in den Anblick zu versenken.

»In welcher Richtung fielen die zwei Schüße?«

»Sie müssen da hinten auf dem Kirchhof gewesen sein«, sagte Wiedmann.

»Habt Ihr im Heimgehen auf der Hauptstraße nichts gesehen oder gehört?«

»Nein, gar nichts; es ist ganz still gewesen.«[123]

Hammer beendete die Befragung und hielt fest, dass der Gang, in welchem der Mann verschwunden war, zur Westseite der Stadt führte. Das war wahrscheinlich der Fluchtweg.

Oberamtsrichter Hammer versuchte nun verstärkt, Zeugen entlang dieses Wegs zu finden. Während der nächsten paar Tage befragte er alle Nachbarn Wiedmanns. Einige hatten den Schuss gehört, aber waren schon im Bett gelegen. Den Fliehenden hatten sie nicht bemerkt. Hammer fragte auch Bönnigheimer Bürger, ob sie den Verdächtigen anhand seiner Kleidung bestimmt bezeichnen könnten; aber Jacobs Beschreibung war nicht genau genug. Viele Männer trugen Übermäntel und hatten Hüte mit Krempe. Dennoch war Jacob Wiedmann Oberamtsrichter Hammers beste Spur. Sie war tatsächlich so gut, dass Hammer am Tag darauf Wiedmann wieder vorlud, ihn vereidigte und ihn aufforderte, die Wahrheit seiner Zeugenaussage zu beschwören. Das hatte Hammer noch bei keinem anderen Zeugen gemacht.[124]

Umso verwirrender, dass Hammer diese Spur nicht weiterverfolgte. Vielleicht, weil er davon ausging, dass wenn Wiedmann kein Gewehr gesehen hätte, der Mann kein brauchbarer Verdächtiger sei? Sollte das so gewesen sein, beging er einen riesigen Fehler. Hanns Gross, österreichischer Professor des 19. Jahrhunderts und Vater der Kriminalistik, hämmerte diesen Punkt in seinem grundlegenden Lehrbuch über Kriminalermittlung ins Gedächtnis seiner Leser: »Niemals«, schrieb Gross, »darf man sich dadurch irre machen lassen, dass mehrere Zeugen versichern, der vorübergehende Verdächtige habe ›ganz gewiss kein Gewehr bei sich gehabt‹.« Das schrieb er, weil zerlegbare »Abschraubgewehre« im 19. Jahrhundert eine sehr gebräuchliche Mordwaffe waren.[125]

Abschraubgewehre konnten schnell in ihre Einzelteile zerlegt werden, manchmal in Sekunden. Und da sie ungesetzlich waren, wurden sie häufig selbst von Hand gefertigt. Besonders bei Wilderern waren sie beliebt. Gross erklärte in seinem Lehrbuch: »Angesichts der oft erstaunlich compendiösen Bauart dieser Gewehre finde ich es nicht unbegreiflich, dass einmal ein alter Jäger halb im Ernste sagte: Ein geschickter Wildschütze trage sein Gewehr zusammengelegt in der Westentasche. [Es ist merkwürdig,] wie rasch, sicher und fest sich ein ganz brauchbares Gewehr aus zahlreichen Stücken und Stückelchen zusammenfügen und wieder auseinandernehmen lässt. Diese Umstände mögen es aber auch erklären, dass solche Waffen bei zahlreichen Wilddiebs- und Mordsfacten ›absolut unfindbar‹ geblieben sind. … [Wenn Zeugen meinen, dass sie keine Waffe beobachteten, kann das Gewehr] in verschiedenen Taschen, wenn auch nicht in einer Westentasche, verteilt oder im oberen Teile des Beinkleides [an den Oberschenkeln] versteckt gewesen sein, ohne dass es von außen auffallen musste.«[126]

Verbrecher benutzten Abschraubgewehre damals so häufig, dass Württemberg sie 1821, 14 Jahre vor dem Mord, von der Erlaubnis zum Waffenbesitz ausdrücklich ausgenommen hatte.[127]

Wenn Oberamtsrichter Hammer es für möglich hielt, dass so eine Wildererwaffe in Frage gekommen wäre, so erwähnte er das nicht in der Akte. Aber wo wäre ein besserer Platz zum Auseinandernehmen des Gewehrs und zum Verbergen der Einzelstücke als in einem dunklen Gang zwischen zwei Häusern? Was Hammer nicht wusste, war, dass der Mörder beruflich mit dieser Waffenart vertraut war.

Stattdessen konzentrierten Ermittler und Stadtverwaltung ihre Bemühungen auf einen anderen Teilaspekt der Untersuchung. Hammer hatte eine Biografie des Mordopfers zusammengestellt, eine Strategie, die oft das Motiv für ein Verbrechen offenbart. Aber die Suche nach Motiven im Leben dieses Opfers glich einem Blindekuh-Spiel. Weil Johann Heinrich Rieber nie verheiratet gewesen war und keine Kinder hatte, konnte Hammer einen Familienstreit ausschließen. Schultheiß Riebers Lebenslauf wies nichts Bemerkenswertes auf. Nachdem er im Alter von 15 Jahren Waise geworden war, begann er eine Lehre als Skribent bei einem der Bönnigheimer Stadtoberen. Das führte zu Stellungen von ansteigender Verantwortlichkeit in anderen Städten, und als Bönnigheims höchste Verwaltungsstelle frei wurde, hatten ihn seine Freunde ermutigt, sich als Stadtschultheiß in seiner Heimatstadt zu bewerben. Da Hammer keine erkennbaren Motive im Leben des Schultheißen fand, wandte er sich neuen Zeugen zu.[128]

Er vernahm Schultheiß Riebers Verwandte und sammelte Angaben über Bürger, die mit der Verwaltungsarbeit des Schultheißen unzufrieden gewesen sein könnten. Riebers Verwandte konnten sich an keine neuere Unstimmigkeit in seinem Privatleben erinnern.[129]

Hammer erinnerte sich an einen Beschuldigten vom Jahr zuvor, an den Metzger Ferdinand Krafft. Er war der Beleidigung des Stadtschultheißen Rieber überführt und zu 33 Tagen Hausarrest verurteilt worden. Der Schultheiß des Nachbarorts Hofen sagte, er habe ein beunruhigendes Gerücht über Krafft gehört. Beim Besuch eines Gasthauses im benachbarten Walheim hatte er offenbar gedroht, den Schultheißen zu erschießen.[130]

Als Hammer den Metzger vernahm, hatte der ein wasserdichtes Alibi. Genau zu dem Zeitpunkt, als der Schuss im Hof des Schultheißen fiel, saß Krafft in Bönnigheims größtem Gasthaus und verhandelte mit einem Gerber, der von seiner Metzgerei Tierhäute erwerben wollte. Um zehn Uhr abends stürmte ein Mann durch die Gasthaustür und verkündete, der Schultheiß sei erschossen worden. Ein Wirtsgast berichtete Hammer, er habe mit Krafft an einem Tisch gesessen, und zwischen halb zehn und zehn Uhr habe Krafft nie den Tisch verlassen. Der Wirt und ein Gast bestätigten das.[131]

Als Hammer der Quelle des Gerüchts nachging, fand er heraus, dass es falsch war. Der Gastwirt in Walheim war bereit, unter Eid auszusagen, dass Krafft zwar gelegentlich zum Fleischverkauf in seine Schenke gekommen sei, aber niemals eine Drohung gegen den Schultheißen von Bönnigheim ausgestoßen hatte. Der Oberamtsrichter strich den Metzger von seiner Verdächtigenliste.[132]

Wie aufgestörte Dachse aus den unendlich vielen Öffnungen ihres Baulabyrinths herausflitzen, so tauchten neue Gerüchte auf, als Eduard Hammer die Jagd nach Krafft aufgegeben hatte. Jetzt verdächtigten die Leute in der Stadt den Unterförster Ernst Philipp Foettinger. Aber, so vermerkte Oberamtsrichter Hammer in seiner Akte, auch dieses Gerücht war unbegründet. Hammer hatte ihn schon vernommen. Foettinger war zur Zeit der Schießerei daheim, und seine Familie konnte das bestätigen.[133]

Dann geriet ein Weingärtner namens Gottfried Kölle in die Gerüchteküche. Eines Tages, nachdem er zu viel Wein getrunken hatte, gab er im Gasthaus eine so dahingelallte Bemerkung von sich, er habe den Schultheißen erschossen. Einer der Gäste berichtete dieses Geschwätz dem Rathaus, welches den untersuchenden Oberamtsrichter am 28. Oktober davon in Kenntnis setzte. Sofort ließ Hammer den Weingärtner festnehmen und behielt ihn zur Befragung im Stadtgefängnis.[134]

Als Hammer Kölle am nächsten Tag befragte, erklärte der Arrestant, er habe keine Erinnerung an das, was er im Rausch gesagt hätte, aber eines wüsste er ganz sicher: Er habe den Schultheißen nicht erschossen. Die ganze Stadt kannte ihn und wusste, dass er so etwas nie tun würde. Tatsächlich war er zu der Zeit, als Rieber erschossen wurde, im Bett gewesen. Bei ihrer Vernehmung bestätigte Kölles Frau dies auch. Er war am 21. Oktober um sieben Uhr abends ins Bett gegangen. Sie hatte auch das Gerücht vom betrunkenen Gerede ihres Mannes in der Kneipe gehört, »aber«, so sagte sie, »daß mein Mann den

Stadtschultheißen erschossen hat, glaubt kein Mensch in ganz Bönnigheim!«[135]

Die zwei Stadträte, die Hammer bei der Ermittlung halfen, trugen zu Kölles Verteidigung bei: Sie meinten, er habe einen guten Ruf, aber er mache eben seine Scherze, wenn er voll sei. Sie glaubten auch nicht, dass er Schultheiß Rieber getötet hätte. Am 31. Oktober vernahm Hammer den Mann, der ihm das Gerede zugetragen hatte. Der kannte Kölle gut und glaubte ihm sein Geschwätz auch nicht. Andere Zeugen hatten die Äußerung ebenfalls vernommen, meinten aber, Kölle sei es nicht ernst gewesen.[136]

Hammer beobachtete aufmerksam, wie Kölle sich während seines Arrests aufführte, konnte aber keine Anzeichen von Schuld an ihm entdecken. Er ließ den Weingärtner frei und fasste seine Erkenntnisse in einem Memorandum für das Kriminalgericht zusammen. Er merkte aber an, dass er – falls der Gerichtshof es für notwendig befinde – seine Untersuchung gegen den Weingärtner als Verdächtigen wieder aufnehmen würde. Das Gericht verlangte dies nicht.[137]

Nachdem Hammer seine Untersuchung gegen Gottfried Kölle eingestellt hatte, wechselte er die Taktik. Als die Stadt Bönnigheim Belohnungen für Angaben, die zur Identifikation des Mörders und zu brauchbaren Spuren führten, aussetzte, wandte sich der Oberamtsrichter an die Presse mit der Bitte um Unterstützung. Am 31. Oktober veröffentlichte er die Aussetzung einer Belohnung im örtlichen Mitteilungsblatt:[138]

»Besigheim. (Spähebrief) Der Stadtschultheiß Rieber in Bönnigheim wurde am Mittwoch den 21ten Oktober d.J. des Abends zwischen 9¾ und 10 Uhr, als er, mit einer Laterne versehen, nach Haus zu gehen im Begriffe war, 3–4 Schritte vor dem Eingang in seine Wohnung durch einen Schuss in den Rücken mit Posten und Schroten schwer verwundet und starb an den Folgen der Verletzung nach dem Verlaufe von 30 Stunden.

Die unterzeichnete Stelle richtet an die Behörden und Privaten den Aufruf, zu Entdeckung des Urhebers dieses Verbrechens kräftig mitzuwirken, um so dringender, als die Tat nach ihren äußeren Erscheinungen mit seltener Frevelhaftigkeit vollführt ist und sich bis jetzt weder in dem amtlichen noch in dem Privatleben des Getödteten irgend ein Punkt auffinden lässt, welcher einem so schweren Verbrechen auch nur scheinbar zum Motiv dienen könnte.

Auf die Mittheilung solcher Tatsachen, wodurch der Verbrecher entdeckt wird, ist eine Belohnung von

Zwei Hundert Gulden,

und auf die Anzeige solcher Umstände, durch welche hinreichender Grund für fernere Untersuchung verschafft wird, ein Preis von

Fünfzig bis Ein Hundert Gulden

ausgesetzt.

Den 31. Oktbr. 1835.

K. Oberamtsgericht.

Hammer«[139]

Die Belohnung von 200 Gulden sollte im Jahre 2017 circa 4.460 Euro wert sein. Sollte Hammer gehofft haben, diese Summe würde jemand Grund dazu geben, ein Geheimnis zu verraten und den Fall damit abzuschließen, so wurde er enttäuscht. Aus der Bevölkerung kamen als Ergebnis dieses Ersuchens keine verwertbaren Hinweise.

Im frühen November reiste der »Gendarme Stations-Commandant« ins Großherzogtum Baden und befragte Friedrich Bleil in Mannheim. Aber Bleil hatte ein Alibi. Er war schon am 21. Oktober in Mannheim angekommen, am Tag, als Stadtschultheiß Rieber erschossen wurde, und war den ganzen Abend dort geblieben. Die städtische Obrigkeit von Mannheim bestätigte seine Ortsanwesenheit für dieses Datum. Hammer strich Bleil von der Liste der Verdächtigen.[140]

Schließlich traf Hammer, was Bleil, Krafft, Foettinger und Kölle betraf, die richtigen Entscheidungen. Aber es sollte weitere 37 Jahre dauern, bis man herausfand, wer es wirklich gewesen war – und die Unschuld der Männer zu beweisen.

In der ersten Novemberwoche versuchte Hammer es mit einer neuen Methode: Er bat das benachbarte Oberamtsgericht um Unterstützung bei der Identifizierung von Läden, die kürzlich Bönnigheimer Bürgern oder »verdächtigen Personen« Rehposten oder Vogelschrot verkauft hatten. Das Gericht schrieb zurück und antwortete, es habe die Untersuchung angestellt und es habe keine verdachtserregenden Verkäufe gegeben.[141]

Aber das Gericht und die Ladenbesitzer hatten keine weitere Kenntnis darüber, wonach sie einen Käufer als verdächtig einstufen konnten. Nirgendwo in seinem Brief an die Nachbarbehörde oder in seinem Zeugenaufruf lieferte Hammer eine Beschreibung des Mannes, den Wiedmann gesehen hatte. Er versuchte nie, Erkenntnisse über Leute, die ihre Munition selbst herstellten, oder über alle kürzlichen Käufe von Rehposten oder Vogelschrot zu sammeln. Er machte Jacob Wiedmanns Beschreibung nie öffentlich.

Das mag der größte Irrtum in seiner Ermittlung gewesen sein.

Jahrzehnte später sollten militärische Aufzeichnungen aus den Vereinigten Staaten Wiedmanns Einschätzung der Größe des Mannes bestätigen. Aller Wahrscheinlichkeit nach hatte Wiedmann den Mörder gesehen. Eine mehr in die Details *und* in die Breite gehende Untersuchung wäre ratsam gewesen, denn der Mörder stammte aus dem benachbarten Oberamtsbezirk.

Kapitel 10

Die Geburtsstunde der forensischen Ballistik

Haarzüge im Vergleich zu üblichen Zügen.

Rehposten mit genügend Streifen, um sie als aus einer Waffe mit Haarzügen abgefeuert einzuordnen. Sie wurden beim Testschießen in Räumlichkeiten des Landeskriminalamts Baden-Württemberg erzielt bei einem Versuch, die Umstände der Erschießung des Stadtschultheißen Rieber nachzustellen.

Winzige Kratzer, tief in das weiche Blei der Geschosse eingedrückt – das war es, was Oberamtsrichter Hammer fand, als er zwei der Projektile, die man Riebers Leiche entnommen hatte, in näheren Augenschein nahm. Kugeln können platt werden, wenn sie verschossen werden, und auf ihren abgeplatteten Seiten fand er sie: »Unregelmäsige Streifen, sowohl auf einem Posten als einem der Schrote«, schrieb er in seine Akte.[142] Endlich ein Anhaltspunkt, und in Hammers Händen wurde er ein guter Anhaltspunkt.

Manchmal erfindet ein Ermittler aus lauter Verzweiflung eine neue Technik. Genau das machte nun der untersuchende Oberamtsrichter im Oberamt Besigheim. Die Streifen oder Riefen an den Geschossen waren das Element, an dem Eduard Hammer seine analytische Glanzleistung vorlegte. Für einen kurzen Augenblick leuchtete sein forschender Geist wie eine Supernova auf, bis die Ermittlungen dann im Frühjahr 1836 eingestellt wurden. Wenn schon aus keinem anderen Grund, so verdient der Mord an Johann Heinrich Rieber doch eine Fußnote in den Annalen der forensischen Wissenschaft dessentwegen dem, was Hammer als Nächstes in Gang setzte.

Ein moderner Waffensachverständiger würde versuchen, mit Hilfe dieser Streifen die einzelne Waffe, die die Kugeln verschossen hatte, zu bestimmen. Schon 1835 wusste jeder Waffenschmied, was diese Riefen verursachte. Hammer erkannte sie ebenfalls. Einige Feuerwaffen, auch Gewehre, haben schraubenförmige Züge auf der Oberfläche der Bohrung innerhalb des Gewehrlaufs. Der sogenannte Drall versetzt die Kugel in eine Rotation und gibt ihr so eine stabilere Flugbahn. Aber diese Züge hinterlassen Kratzer auf den Geschossen, kleine Riefen wie die, die Hammer gerade entdeckt hatte.

Nicht alle Feuerwaffen haben solche Züge. Schrotflinten nicht. Gewöhnlich werden Schrotflinten benutzt, um Schrot zu schießen. Schrot durch ein Gewehr zu verschießen könnte die Züge beschädigen und das Gewehr ruinieren. Aber in einem Mordfall kann niemand sagen, was ein Verdächtiger tun würde. Wer so wütend war, eine Feuerwaffe auf einen anderen Menschen zu richten und abzudrücken, der würde sich keinen Deut darum kümmern, welchen Schaden das Gewehr nähme. Ja, die falsche Waffenart zu benutzen, könnte sogar eine Masche sein, die Strafverfolger von einer Fährte abzubringen.

Professor Hanns Gross, der österreichische Vater der forensischen Wissenschaft, formuliert das in seinem »Handbuch der Untersuchungsrichter« aus dem 19. Jahrhundert so:

»Es wird also niemand einen Kugellauf durch Schrotschüsse verderben wollen, ausser wenn es sich um die Durchsetzung irgendeiner besonderen Absicht handelt, wobei dann die Rücksicht auf das Wohl und Wehe des Kugellaufes kaum in Erwägung kommt. … Alle diese Angaben haben nur den Zweck, darauf aufmerksam zu machen, dass man bei Schlüssen von der verdächtigen Waffe auf das verwendete Geschoss und umgekehrt: vom vorgefundenen Geschosse auf die muthmaasslich verwendete Waffe nicht vorsichtig genug sein kann. Eine vorschnelle Behauptung: hier wurde ein Schrotgewehr verwendet, weil Schrote gefunden wurden; oder: hier wurde ein Kugelgewehr verwendet, weil eine Kugel das Geschoss gebildet hat, wäre niemals zu rechtfertigen und könnte schwere Fehlgriffe zur Folge haben.«[143]

Hammer wollte keinen solchen Fehler begehen; zuerst musste er ausschließen, dass etwas anderes als die Züge in der Mordwaffe die Kugeln zerkratzt hatte. Er dachte dabei an die Knochen des Stadtschultheißen Rieber. Deshalb war der erste Schritt des Oberamtsrichters, den Arzt und den Chirurgen, die die Autopsie vornahmen, zu veranlassen, auch die Riefen auf den Kugeln zu überprüfen. Als beide übereinstimmend erklärten, die Kratzer seien nicht vom Knochengewebe verursacht, berief Hammer einen Büchsenmacher aus der Nachbarschaft als fachmännischen Zeugen. Und die Schlussfolgerungen des Büchsenmachers waren es dann, die Hammer die Spur lieferten, die er brauchte, um den Fall zu lösen.[144]

Wenn nicht ein Aufprall auf die Knochen diese Kratzer verursacht hatte, erklärte der Büchsenmacher, mussten sie von einem Gewehr stammen. Er konnte sich keine andere Erklärung vorstellen. Und sie kamen nicht aus irgendeiner alten Flinte. Die Kratzer stammten von einer ungewöhnlichen Art von Zügen im Lauf der Waffe. Die damaligen Gewehre hatten sechs bis zwölf Züge in ihren Läufen, nur wenige hatten bis zu 120 haarfeine Züge, die sogenannten »Haarzüge«. So viele Züge waren selten, aber genau die, welche die Rillen in die Kugeln aus Riebers Leiche geritzt hatten.[145]

Das war eine ausgezeichnete Spur. Die Haarzüge verringerten die große Zahl der in Frage kommenden Mordwaffen erheblich, und mit ein bisschen Glück versprach die einfache Feststellung eines seltenen Gewehrs mit Haarzügen und seines Eigentümers die Lösung des Falls.

Hammer wies alle Bönnigheimer Einwohner an, ihre Feuerwaffen dem Rathaus zur Inspektion zu übergeben. Obwohl das Königreich Württemberg damals keine Waffenscheine forderte, hatte es bereits das Recht des Durchschnittsbürgers auf Waffenbesitz eingeschränkt. Heimlicher Besitz eines Gewehrs wurde zum Verbrechen erklärt. Jäger oder Mitglieder eines Schützenvereins durften eigene Gewehre besitzen. Aber jeder Bürger, der nicht unter eine gesetzliche Regelung fiel, hatte einen Eid abzulegen, dass er keine Waffe hatte. Aus diesem Grund konnte Hammer ein Verzeichnis aller bekannten Waffenbesitzer in Bönnigheim zusammenstellen lassen und sie auffordern, ihre Waffen auszuhändigen.[146]

Hammer sammelte 48 Feuerwaffen ein. Dann überprüfte der Büchsenmacher deren Läufe. Die glatten Läufe und üblichen Züge wurden ausgeschlossen. Nur zwei schienen Haarzüge zu haben. Beide gehörten dem gleichen Mann, Ludwig Schwarzwälder, dem Forstgehilfen, der im Schloss neben Stadtschultheiß Rieber wohnte. Die haarfeinen Züge im Lauf eines seiner Gewehre sahen durch Abnutzung ziemlich abgestumpft aus und erschienen irgendwie unregelmäßig. Der Waffenschmied musste das andere Gewehr vollständig auseinandernehmen, um dies sicherzustellen, aber was ursprünglich wie Haarzüge ausgesehen hatte, waren lediglich Kratzer, die der Ladestock verursacht hatte. Der Waffenschmied konnte diese Feuerwaffe als Mordwaffe ausschließen.[147]

Um festzustellen, ob Schwarzwälders anderes Gewehr die Mordwaffe hätte sein können, lud Hammer sie mit Rehposten und Vogelschrot und gab damit Testschüsse auf einen 22,5 x 17 Zoll großen Sack mit Sägemehl ab. Er holte den Schrot aus dem Sack heraus, und gemeinsam mit dem Büchsenmacher und zwei sachkundigen Gerichtspersonen, den »Scabinern«, verglich er ihn mit den Geschossen aus Riebers Leiche.[148]

Jetzt konnte der Büchsenmacher auch dieses Gewehr ausschließen: »[M]an könne nicht sagen, daß der in der Leiche gefundene Posten aus dem probierten Gewehr geschossen worden seie. Dies zeigen die daraus heute geschossenen Posten, und die Züge in dem Gewehr seien nicht mehr so scharf als die deutlichen Züge auf dem Posten aus der Leiche.« Hammer und die beiden Schöffen stimmten aufgrund ihrer eigenen Vergleiche zu. Schwarzwälders Gewehr war nicht die Mordwaffe.[149]

Das ergab auch Sinn. Schwarzwälder hatte ja ein recht handfestes Alibi: Er hatte in dessen Schlafraum mit seinem Kollegen Eduard Vischer gesprochen, als sie beide den Schuss hörten. Oberamtsrichter Hammer hatte beide Männer getrennt vernommen, und ihre Aussagen stimmten überein. Nach der Untersuchung der Büchsen vernahm Hammer sie abermals, kam aber zum gleichen Ergebnis. Der Forstassistent Ludwig Schwarzwälder war nicht der Täter. Hammer fasste in einem Memorandum für die Akte zusammen: »So wichtig für sich auch dieser Umstand ist, u. so sehr er geeignet schien, auf weitere Spuren zu führen, so blieb doch die deshalb angeforderte Maaßregel ohne Erfolg, was die in Bönnigheim vorgefundenen Gewehre betrifft.«[150]

Heute sind für Volker Schäfer, Waffensachverständiger des Landeskriminalamtes in Baden-Württemberg, Eduard Hammers Probeschuss und Vergleiche ein »sehr beachtlicher Ermittlungsvorgang«[151] für seine Zeit. Ein kurzer Streifzug durch die Geschichte der forensischen Ballistik erklärt, warum: Eduard Hammer sticht heraus als ein Mann, der seiner Zeit ein halbes Jahrhundert voraus war.

Als Vater der forensischen Ballistik, der hohen Kunst, eine Feuerwaffe anhand der Riefen auf ihren Projektilen zu bestimmen, wird Alexandre Lacassagne, ein französischer Pathologieprofessor, der seine eigene Schule für Kriminologie in Lyon gründete, angesehen. Lacassagne führte im Februar 1888 Autopsien in zwei Mordfällen durch und entnahm den beiden Leichen die Kugeln. Wie Hammer bemerkte auch Lacassagne in die Kugeln geritzte Riefen. Wie der deutsche Ermittler zog der französische Pathologe einen Büchsenmacher zu Rate, um diese zu deuten. Und wie Hammer feuerte Lacassagne Probeschüsse aus den verdächtigen Waffen und verglich ihre Projektile mit denen aus den Leichen der Opfer. In beiden Fällen deuteten sie auf Revolver, die man im Besitz der Verdächtigen gefunden hatte. Die Kugeln aus der Leiche des einen Opfers wiesen sieben Riefen auf, und der verdächtige Revolver hatte eine ungewöhnliche Anzahl an Zügen, nämlich sieben.

Im zweiten Fall untersuchte und maß Lacassagne die Kratzer mit einer Lupe und erfasste unebene Oberflächen, die innerhalb der Riefen erkennbar waren. Das Muster war das gleiche wie auf den Probegeschossen. In beiden Fällen wurden die Verdächtigen wegen Mordes verurteilt. Lacassagne war damit der erste Mensch, der eine Mordwaffe aufgrund der Kratzspuren auf ihren Projektilen genau bestimmte.[152]

Als ihm klar wurde, dass er in eine neue Technik hineingeschlittert war, begannen der Pathologieprofessor und einer seiner Studenten verschiedene Marken französischer, amerikanischer und britischer Revolver zu untersuchen, indem sie Probeschüsse abgaben und die erzeugten Kratzer untersuchten. Sie erstellten eine Tabelle mit 26 Revolvern und Beschreibungen ihrer Projektile und veröffentlichten sie, zusammen mit einer Schilderung der beiden Mordermittlungen, in dem französischen Journal »Archives de l'anthropologie criminelle« von 1889. Dies galt als die Geburtsstunde dessen, was ein späterer Wissenschaftler als »forensische Ballistik« bezeichnen sollte.[153]

Vor Lacassagnes Veröffentlichung findet man in der Literatur bereits verschiedene, erfolgreiche Versuche, aufgrund der Projektile, die man aus der Leiche des Opfers entnommen hatte, verdächtige Waffen festzustellen oder auszuschließen – jedoch keine mit Hilfe der Riefenbildung. 1794 wurde in Lancashire in England ein Mann von einem Einbrecher in den Kopf geschossen. Bei der Leichenschau barg ein Arzt nicht nur die Kugel einer Pistole, sondern auch ein Stück des Pfropfens, den man gebrauchte, um die Kugel vom Pulver zu trennen. Der Pfropfen war aus einem Papierfetzen gefertigt, der von einem Liedblatt abgerissen war. Der 18-jährige John Toms wurde später mit dem Beweis in der Tasche festgenommen und überführt: ein zerrissenes Liedblatt, das zu dem Pfropfen passte. Toms wurde für schuldig befunden und am 23. März 1794 gehängt. Obwohl die Suche nach dem passenden Pfropfen noch keine forensische Ballistik im reinsten Wortsinn war, war es doch ein Schritt in die richtige Richtung. Die Ermittler begannen, aufgrund der Projektile Rückschlüsse auf eine Waffe zu ziehen.[154]

Der Franzose Eugène François Vidocq von der Sicherheitstruppe »Brigade de la Sûreté« soll 1822 einen Fall so gelöst haben, nachdem die Kugel aus der Leiche eines Mordopfers entnommen worden war: Er konnte auf der Grundlage des Größenvergleichs der Kugel mit der Duellpistole des Ehemanns diesen als Verdächtigen ausschließen. Das Kaliber der Pistole war zu klein, und die Kugel hätte nicht in den Lauf hineingepasst. Dann lenkte Vidocq seine Aufmerksamkeit auf den Liebhaber der getöteten Frau, untersuchte dessen Feuerwaffe und fand eine völlige Übereinstimmung von Kaliber und Kugelgröße. Der Liebhaber gestand und wurde mit der Guillotine hingerichtet.[155]

Um 1831 scheint der Vergleich der Verletzungsspuren eines Opfers mit dem Kaliber der Waffe eine anerkannte Untersuchungstechnik in Deutschland gewesen zu sein. Eine Sammlung deutscher Kriminalfälle enthält einen Vorgang, in welchem der Anwalt der Verteidigung beim Gericht Beschwerde einreichte, weil der Ermittler dies nicht getan habe.[156]

Und Henry Goddard, ein Mitglied der »Bow Street Runners«, Londons erster professioneller Polizeitruppe, erreichte 1835 ein Geständnis für einen »inszenierten Einbruch« auf Grundlage einer ballistischen Analyse. Ein Einbrecher hatte angeblich auf einen Butler geschossen, ihn aber nicht getroffen, und war dann mit Juwelenschmuck und einem Silberteller geflüchtet. Goddard gelang es, aus dem Kopfende des Bettes des Butlers die Kugel herauszulösen, und er fand eine winzige Unvollkommenheit, eine kleine runde Noppe, auf deren Oberfläche. Sie stammte von einer Kugelgussform, und Goddard fand einen dazu passenden Fehler in der Gussform des Butlers selbst. Der Butler gestand daraufhin, den Einbruch inszeniert zu haben.[157]

Alle diese frühen Fälle waren Beispiele einfacher Waffenbestimmung, bei welcher die Ermittler Rückschlüsse über eine Waffe oder ihre Munition auf der Grundlage ihrer Geschosse zogen, aber keiner konzentrierte sich auf Streifen oder Riefen. Lacassagne war der Erste, der diese Riefentechnik bekannt machte. Aber wie konnte Hammer über 50 Jahre früher von dieser Technik Kenntnis haben? Hammers ballistische Verfahrensweise legt die Frage nahe, ob diese Technik in Deutschland damals schon allgemein bekannt und in Gebrauch war. Eine erschöpfende Suche in der deutschen Literatur hat aber keine deutschen Veröffentlichungen über forensische Ballistik vor Riebers Ermordung erbracht.[158] Gelegentliche Fälle, in denen Ermittler Mitte des 19. Jahrhunderts einen Büchsenschmied zu Rate gezogen hatten, kommen zwar vor, aber die Frage dabei war immer nur, wie kurz zuvor eine Waffe gereinigt, ausgefeilt oder abgefeuert oder aus welcher Entfernung geschossen worden war.[159]

Das Staatsarchiv in Ludwigsburg, welches Württembergs alte Kriminalfälle aufbewahrt, birgt keine anderen Fälle vor Riebers Ermordung, bei denen eine solche Untersuchung angewendet worden wäre. Die Findbücher geben nur einen anderen Mord an, bei dem Schusswaffengebrauch todesursächlich war. Eine Ladung puren Vogelschrots war benutzt worden, und die verdächtige Waffe war ein gestohlenes Gewehr. Vogelschrot ist klein genug, um eine forensische Untersuchung von Rillen jeder Art äußerst schwierig zu gestalten. Sollten Streifen vorhanden gewesen sein, wurden sie in dem zusammenfassenden Bericht der Ermittler zum Fall nicht erwähnt.[160]

In der ersten Hälfte des 19. Jahrhunderts waren Vergiften, Erwürgen und Erstechen die bei weitem üblicheren Mordmethoden in Württemberg. Das war zweifellos eine Folge der zeitgenössischen Waffenkontrolle. Das Gesetz verbot ja jedem außer

Regierungsbeamten, Soldaten, Jägern, Förstern und Mitgliedern eines Schützenvereins den Besitz einer Feuerwaffe. Da Verbrechen mit Schusswaffengebrauch in Württemberg viel weniger üblich waren, beschränkten sich die Veröffentlichungen auf andere Ermittlungsverfahren.

Es gab zwei weitere waffentechnische Gründe, weshalb Ermittler dieses Verfahren nicht vor Lacassagne entwickelt hatten. Damalige Waffen verfälschten das Muster der Streifen. Einer der Faktoren war mechanischer Natur. Die Gewehre des frühen 19. Jahrhunderts waren vorwiegend Vorderlader. Die Geschosse mussten mit einem Ladestock in den Lauf des Gewehrs hineingeklopft werden. Die Kugeln konnten auf zweierlei Art solche Streifen erhalten: während sie hineingeklopft und während sie abgeschossen wurden. Diese zweifachen, übereinanderliegenden Streifen konnten die Analyse erschweren. Zwar wurden sowohl Revolver wie Hinterladergewehre um die Zeit von Riebers Ermordung erfunden, sie setzten sich aber erst im späteren 19. Jahrhundert durch.

Der zweite Faktor hatte mit der Treibladung zu tun. Bevor in den 1880er Jahren rauchlose Schießbaumwolle entwickelt wurde, war Schwarzpulver das einzig verfügbare Treibmittel. Das ursprüngliche Schießpulver, eine Mischung aus Schwefel, Holzkohle und Salpeter, brannte so schnell wie schmutzig ab. Schwarzpulver bedeckte das Innere des Laufs mit ätzenden Rückständen, die dauerndes Gewehrreinigen erforderten. Waren die Züge mit Rückständen überzogen, konnte dies bewirken, dass die Kugel die Züge nicht streifte und so die Bildung von Kratzspuren verhindert wurde.[161]

Als Lacassagne 1888 seine zwei Autopsien vornahm, hatte die Technik also die Türen für die Entwicklung der forensischen Ballistik weit aufgestoßen. Er war der Erste, der die Schwelle überschritt und eine Mordwaffe positiv ermitteln konnte.

Gemessen am Stand der Feuerwaffentechnik: Was konnte Eduard Hammer durch Probeschießen herausfinden? Etwas hatte zugelassen, dass Eduard Hammer den Fuß noch vor Lacassagne durch die Türe stecken konnte und eine verdächtige Waffe durch ballistischen Fingerabdruck ausschließen konnte. Ist es möglich, dass Rehpostenkugeln, weil sie kleiner als Kugeln sind, in den Lauf gestopft werden können, ohne zerkratzt zu werden? In diesem Fall, und wenn die Gewehre gereinigt waren, konnten dann einige Geschosse beim Abfeuern verwertbare Streifen erhalten?

Volker Schäfer, Waffensachverständiger des Landeskriminalamtes Baden-Württemberg, überprüfte diese Theorie im Mai 2015. Er nahm die Replik einer antiken Vorderladerpistole mit Haarzügen und lud die Verfasserin in sein Laboratorium ein. Dort lud er die Schusswaffe mit zwei verschiedenen Kombinationen von Rehposten unterschiedlicher Größe, gepaart mit Vogelschrot, und feuerte Probeschüsse ab. Seine Ergebnisse waren denen Hammers ähnlich: Einige Geschosse zogen sich Rillen zu, die genügten, die Mordwaffe als Waffe mit Haarzügen im Lauf einzuordnen, und sowohl glatte Züge wie auch die übliche Riefelung in einer verdächtigen Waffe auszuschließen.[162]

Es war eine ungewöhnliche Verquickung von Umständen, die Hammers Leistung damals ermöglichte. Der Mord schloss eine Schießerei ein, was im damaligen Württemberg selten vorkam. Die Mordwaffe hatte einen Lauf mit ungewöhnlich feiner Riefelung. Das Gewehr war sauber genug, dass die Projektile Streifen aufnehmen konnten. Schließlich benutzte der Mörder Schrot anstelle einer Kugel, und das ermöglichte ein klareres Streifenmuster.

Wenn man die Literatur zugrunde legt, könnte Eduard Hammer, der untersuchende Oberamtsrichter im Oberamt Besigheim im Königreich Württemberg, der Erste gewesen sein, der diese Technik jemals angewandt hat. Seine Ermittlungsakte könnte schließlich das erste überlieferte Beispiel eines Versuches darstellen, eine einzelne Mordwaffe auf der Basis des Vergleichs der Streifen auf dem Projektil eines Verbrechens mit denen auf einem Projektil aus Probeschüssen als die verdächtige Waffe zu erkennen. Hammer ist vielleicht auch der erste urkundlich überlieferte Ermittler, der eine einzelne verdächtige Waffe mit forensischer Ballistik ausgeschlossen hat.

Hätte Hammer einen Artikel über seine Technik verfasst, könnte er heute als Vater der forensischen Ballistik betrachtet werden. Er hätte sicher kein persönliches Problem mit der Abfassung einer akademischen Publikation gehabt; er hatte schon einen Zeitschriftenartikel über die Justizverwaltung veröffentlicht.[163]

Aber er hielt sich an ermittlungspraktische Richtlinien: Hätte er seine Streifenvergleiche veröffentlicht, hätte dies den Mörder zu einer kritischen Tat veranlassen können. Der Ermittler wusste, dass die Waffe ein Gewehr mit Haarzügen war. Die vernünftige Reaktion für den Mörder wäre gewesen, sein Gewehr verschwinden zu lassen, so dass der Ermittler es nie finden und für seine ballistischen Vergleiche hätte nutzen können. Hammer hatte daher die berufliche Pflicht, sein Verfahren so lange geheim zu halten, bis der Mörder gefasst und der Fall gelöst war. Zum Unglück für Hammer wurde der Mörder erst nach seinem Tod benannt. Er bekam so niemals Gelegenheit, sein neues Verfahren zu veröffentlichen.

Polizeibeamte opfern viel: Sie müssen andere Verpflichtungen aufgeben, um Zeuge vor Gericht zu sein; sie müssen bereit sein, dem Ruf der Pflicht mitten in der Nacht zu folgen. Sie opfern die Zeit mit ihren Familien. Sie setzen ihr persönliches Wohlbefinden und manchmal ihr eigenes Leben aufs Spiel. Einige Beamte leiden psychisch unter der Last einer grauenerregenden Ermittlung und der Forderung der Öffentlichkeit, die Polizei müsse den Mörder schnell ausfindig machen. Und gelegentlich opfern sie sogar die Anerkennung für einen Durchbruch in der forensischen Wissenschaft.

Eduard Hammers Probeschuss aus Schwarzwälders Gewehr hat eine traurige Fußnote. Irgendwie sickerte das Gerücht vom Interesse des Ermittlers an dem Gewehr an die Öffentlichkeit. Im Handumdrehen verwandelte das Geschwätz die Wahrheit in bissige üble Nachrede. Trotz der Beweislage, die Schwarzwälder entlastete, verbreitete sich das Gerücht in der Stadt, er sei der Mörder und sein Gewehr sei die Mordwaffe. Ludwig Schwarzwälder sollte den Rest seines Lebens unter dem öffentlichen Verdacht leiden.[164]

Es würde weitere 37 Jahre dauern, seinen Namen reinzuwaschen.

Kapitel 11

Der himmlische Taktgeber

Weil er die Sonne umkreiste, verschwand Komet Halley im späten November 1835 für seine Betrachter auf der Erde aus der Sicht, er erschien aber wieder mit Jahresbeginn 1836. Seine Helligkeit war verblasst. Im späten Januar 1836 aber geschah etwas, was in der Geschichte des Halleyschen Kometen bislang selten beobachtet worden war: Der Komet erlebte einen plötzlichen, gewaltigen Energieausbruch, welcher seine Größe und Helligkeit steigerte.[165]

Solche Ausbrüche gab es beim Erscheinen Halleys 1066 und 1145 und vielleicht auch 607. Jedes Mal ereigneten sie sich 63 bis 77 Tage nach dem Perihelion, der größten Annäherung an die Sonne. Der Ausbruch 1836 machte den Halleyschen Kometen für das bloße Auge länger sichtbar als ursprünglich vorausgesagt – auf der südlichen Erdhalbkugel bis in den späten März 1836.[166]

Ins Riesenhafte vergrößert und hell leuchtend gelangte der Komet, der im Februar und vielleicht auch noch im März 1836 hoch über San Antonio stand, in die Welt der Legenden. Die Texianer (Einwohner des mexikanischen Texas) hatten die Stadt und ihren festungsähnlichen Vorposten, Alamo, bereits im Dezember eingenommen. Antonio López de Santa Annas mexikanische Truppen kamen am 23. Februar an und begannen die Belagerung. Die Legende besagt, der Komet sei während der Belagerung sichtbar gewesen und habe den Niedergang Alamos angekündigt. Sollte Halley auf der nördlichen Hemisphäre noch sichtbar gewesen sein, könnte ein polarer Kaltlufteinbruch ihn in der Nacht des 25. Februar möglicherweise verschleiert haben. Als aber die Übergabeverhandlungen scheiterten und die eingeschlossenen Texianer auf ihre Rettung warteten, klarte das Wetter auf. Vom 2. bis 5. März könnte der Komet sichtbar gewesen sein.[167]

Wolken verdüsterten den Himmel in der Schreckensnacht vom 5. auf den 6. März. Obwohl der Mond aufgegangen war, war er von einem undurchsichtigen Nebelschleier umgeben.[168] Die Lage erschien den Männern, die in Alamo aushielten, so hoffungslos, dass der Kommandeur, William Barret Travis, einen Strich in den Staub zeichnete und alle, die bereit waren zu bleiben und mit ihm zu sterben, bat, diesen zu überschreiten. Alle außer einem Franzosen namens Louis Rose gehorchten. Am 6. März um ein Uhr nachts nutzte Santa Anna die Dunkelheit unter der Wolkendecke, um seine Truppen aufzustellen. Kurz vor dem Morgengrauen schlug er zu. Am Ende ließ Santa Anna alle über 180 männlichen Texianer bis auf den letzten Mann ermorden. Dann stapelten die Mexikaner die Leichen, übergossen sie mit Öl und zündeten sie an. Zu den Toten zählten auch die amerikanischen Kriegshelden Davy Crockett und Jim Bowie.[169]

Wenn Kometen tatsächlich Unheil bedeuten, so ist doch schwer zu sagen, für wen. Alamo nahm ein schlechtes Ende für die Texianer, aber ansonsten ging der größte Teil des kurzen Kriegs auf Kosten Mexikos. Alamo elektrisierte auch viele Texianer, die vorher in der Frage der Texianischen Revolution neutral waren. »Remember the Alamo!« wurde der Schlachtruf der Revolution.[170]

Am 2. März, während der Belagerung von Alamo, hatte eine neue texianische Versammlung bei einer Tagung in Washington-on-the-Brazos die Unabhängigkeit der Republik Texas proklamiert. Ihre Deklaration liest sich ähnlich wie die US-amerikanische Unabhängigkeitserklärung. Sie fordert das Recht auf »die verfassungsmässige Freiheit und republikanische Regierung, unter welcher [die Texianer] im Land ihrer

Geburt, den Vereinigten Staaten von Amerika, zu leben gewohnt waren«.[171]

Die Texianer gewannen die Revolution in der 18 Minuten dauernden Schlacht von San Jacinto in der Gegend des heutigen Houston um halb vier am Morgen des 21. April 1836, indem sie die mexikanische Armee im Schlaf angriffen. Sie töteten 630 Mexikaner und machten 730 Gefangene bei einem eigenen Verlust von acht Mann. Santa Anna wurde gefangen genommen.[172] Eine von acht Inschriften auf dem Denkmal, das ein Jahrhundert später errichtet wurde, sollte die historischen Auswirkungen dieser Schlacht betonen:

»Gemessen an ihren Ergebnissen war San Jacinto eine der wirklich entscheidenden Schlachten der Welt. Die Unabhängigkeit des Staates Texas von Mexiko, die hier erzielt wurde, führte zur Annexion und zum Mexikanischen Krieg und endete damit, dass die Vereinigten Staaten die Staaten Texas, New Mexico, Arizona, Nevada, Californien, Utah und Teile von Colorado, Wyoming, Kansas und Oklahoma eroberten. Nahezu ein Drittel des gegenwärtigen Gebiets der amerikanischen Nation, nahezu 2,6 Millionen Quadratkilometer, wechselte die Herrschaft.«[173]

Manche Texianer forderten Santa Annas sofortige Hinrichtung, doch der Oberkommandierende der texanischen Armee, Sam Houston, und der Präsident der vorläufigen Regierung von Texas, David. G. Burnet, waren dafür zu clever. »Ein toter Santa Anna ist nicht mehr als ein toter Tom, Dick und Harry, aber lebendig kann er Texas viel nützen«, beharrte Burnet. [174] Er zwang Santa Anna, zwei Verträge zu unterzeichnen, einen öffentlichen und einen geheimen. Der erste sah den sofortigen Rückzug der mexikanischen Armee vom Territorium von Texas nördlich des Rio Grande vor. Der geheime Vertrag setzte fest, dass Santa Annas Kabinett die texanische Regierung anerkennen sollte, sobald er selbst wieder in Mexiko wäre, und auch, dass die texanisch-mexikanische Grenze sich nie über den Rio Grande hinaus erstrecken sollte.[175]

Als Sam Houston im Oktober 1836 der erste Präsident der Republik Texas wurde, war es eines seiner wichtigsten Anliegen, ausländische Anerkennung zu erlangen. Als Santa Anna ihm anbot, er könne sich mit US-Präsident Andrew Jackson treffen, um die Anerkennung durch die USA zu erreichen, schickte ihn Houston nur zu gern dorthin. Santa Anna traf sich mit Jackson, fuhr nach Mexiko zurück und hatte nichts erreicht. Tatsächlich schwor er den Verträgen ab, sobald er den Fuß wieder auf mexikanischen Boden setzte.[176]

Mexiko hatte einen glänzenden Schachzug gemacht, als Santa Anna noch Gefangener in Texas war. Nur sechs Tage nach Abschluss der Verträge setzte Mexiko Santa Anna als Präsidenten ab und erklärte all sein Tun als Gefangener für nichtig.[177] Mexiko erkannte die Unabhängigkeit von Texas nicht an.

Die Ungültigkeit der Verträge sollte die Vereinigten Staaten von Amerika weiterhin verfolgen. Zehn Jahre später präsentierte Präsident James K. Polk diese Verträge, zusammen mit dem amerikanischen Blut, das auf dem umstrittenen Territorium vergossen worden war, als Grund für die Kriegserklärung gegen Mexiko.[178] Abraham Lincoln lehnte die Verträge 1848 als frischgebackener Kongressabgeordneter in seiner ersten Rede vor dem Repräsentantenhaus ab.[179]

In Arlington, Virginia, verfolgte Robert E. Lee den Krieg mit großer Anteilnahme. Dramatische Schlachten der Texanischen Revolution hatten reichlich Nahrung geboten für die aufstrebende amerikanische Boulevardpresse, die sich auf Sensationsnachrichten konzentrierte und deren Zielgruppe die Leser der Arbeiterklasse waren. Diese Lektüre, verbunden mit seiner Beförderung zum Oberleutnant, hellte Lees Gemüt auf und verringerte seine karrierebedingte Enttäuschung. Er beschloss, bei der Armee zu bleiben.[180]

Riebers Mörder würde Kriegsfreiwilliger auf Lees Seite werden.

Und die Vereinigten Staaten würden schließlich in Mexiko einmarschieren.

Kapitel 12

Eine Kritzelei im Wald

Die Pfeiffer-Hütte im Wald am Stromberg.

Ein Wegzeichen mitten im Wald ist ein außergewöhnlicher Ort für einen Hinweis in einem Mordfall.

Im späten 16. Jahrhundert errichtete ein Forstmeister namens Caspar Pfeiffer im Wald eine Hütte, um Jägern und Forstleuten Unterschlupf zu bieten. Droben im Strombergwald, fünf Kilometer von Bönnigsheims Stadtmitte entfernt, bietet die Pfeiffer-Hütte noch heute Bänke und ein Dach für ermattete Wanderer. Sie steht strategisch günstig am Schnittpunkt von fünf Forstwegen – schmalen Schotterpfaden, die nur von Radfahrern, Jägern und Forstfahrzeugen benutzt werden. An der Kreuzung steht ein Wegweiser. Seine Schilder weisen den Weg zu den nächstgelegenen Ortschaften.

Ein ähnlicher Wegweiser stand dort schon im 19. Jahrhundert. Die Schilder maßen ungefähr 30 x 90 Zentimeter. Weiße Farbe bedeckte das Holz als Untergrund für die schwarze Beschriftung. Auf der weißen Farbe fanden zwei Männer im Mai 1836 einen wichtigen Hinweis.[181]

Eduard Hammer hatte eben seine Untersuchung des Falls beendet. Es war ihm gelungen, alle möglichen Verdächtigen auszuschließen: Ludwig Schwarzwälder, den Förster mit der feingeriefen Büchse, die jungen Pistolenschützen im Kirchhof, den Forstbeamten Foettinger, den Weingärtner Kölle, der im Rausch geprahlt hatte, und den jungen Bleil, der nach Baden gereist war, um eine neue Stelle anzutreten – sie alle hatten gute Alibis. Ebenso die Verdächtigen, auf die Stadtschultheiß Rieber selbst hingewiesen hatte. Manche Bönnigheimer hatten mit dem Finger auf andere Leute gezeigt, doch in der Zwischenzeit hatte Hammer alle Verdächtigen ausschließen können.

Als die Ermittlung anfing zu stocken, lobte jemand – Hammer notierte nicht, ob die Stadt oder ein privater Gönner – noch mehr Geld aus für eine Belohnung in Höhe von 1.000 Gulden, heute ungefähr 20.000 Euro, für Spuren zur Identifizierung des Mörders. Aber auch dieser neue Anreiz führte zu keinen brauchbaren Hinweisen.

»Zu meinem höchsten Bedauern«, schrieb Hammer im Mai 1836 an den Kreisgerichtshof in Esslingen, »geschieht es, dass ein grauenvolles Verbrechen ungestraft bleibt.« Doch er zweifle an der Wirkung weitergehender Untersuchungen, teilte er dem Gericht mit. Motive sind oft der Schlüssel zur Benennung einer Verdachtsperson; und in diesem Fall hatte er keine Ahnung, was die Motive sein könnten. »Die Motive beruhen auf so geheimen Verhältnissen«, schrieb Hammer, »dass gerade dadurch der Untersuchung die Eröffnung ertragreicher Quellen und Wege versperrt wird. Indessen werde ich auch künftig nichts versäumen, um auf die Entdeckung solcher Thatsachen zu kommen, die eine Wiederaufnahme der Untersuchung begründen können«.[182]

Dann kam der Hinweis aus dem Wald.

Hammer hat sich die Bedeutung dieser neuen Spur nie klargemacht, weil er sie aus der falschen Perspektive heraus untersuchte. Im Rückblick war sie eine der besten Spuren im Fall, weil genau sie da Motiv hätte aufdecken können. Und das Motiv führt gewöhnlich zum Mörder.

Ein Spaziergang führte zur Entdeckung des Hinweises. Der Mai ist ein reizvoller Monat im Strombergwald: Die Lieder der Amseln und die weithin schallende Terz des Kuckucks durchdrangen das Laubwerk und das weiche, beständige Summen der Insekten. 1836 umgab ein geräumiger Bestand an Buchen die Pfeiffer-Hütte, und im frühen Mai entfalteten die Bäume ihr Laub zu einem einladenden Frühlingsgrün. Die Pfeiffer-Hütte war ein angenehmes Ziel für eine Tageswanderung.

Zwei Männer machten auf getrennten Wegen durch den Wald einen Spaziergang. Als sie bei der Hütte aufeinandertrafen, nahm der Fall eine seltsame Wendung. Sie waren die ersten, die eine frisch hingekritzelte Botschaft auf dem Wegweiser bemerkten. Auf dem Schild, welches nach Bönnigheim zeigte, hatte jemand drei Zeilen hingeschrieben, von denen ein Wort unleserlich war: »Euch Bürger muß ich was sagen, / ihr Schuhmacher ...t... ger / hat den Schultheißen erschossen«.

Als Hammer von diesem Hinweis in den Wäldern hörte, begab er sich hinauf zur Pfeiffer-Hütte, um Ort und Text zu dokumentieren. Er nahm den Wegweiser mit, um ihn näher zu untersuchen, und als er ihn in allen Einzelheiten geprüft hatte, konnte er das Wort »Vötinger« ausmachen.[183]

Das zweite Schild wies zwei weitere Zeilen auf: »1836 reist ein Schuhmacher Gsel. [Geselle] / nach Heilbronn«.[184]

Rund 19 Kilometer nördlich war Heilbronn die nächste große Stadt mit Neckarhafen. Die Einheimischen, die nach Amerika emigrierten, reisten gewöhnlich über Land nach Heilbronn und von dort mit dem Schiff neckar- und rheinabwärts nach Amsterdam, wo sie an Bord der transatlantischen Schiffe gingen.

Hammers Ermittlung führte ihn nun 163 Höhenmeter vom Stromberg hinunter nach Bönnigheim. Eine kurze Überprüfung zeigte, dass es keinen Schuhmacher namens »Vötinger« in Bönnigheim gab. Ein zufälliges Zusammentreffen mit einem Förster aber klärte die Verwirrung auf: Bönnigheims Unterförster Foettinger –»Vötinger« also – hatte den Übernamen »Schuhmacher«. Er hatte diesen Spitznamen schon seit Jahren, seit er sich einmal beim Trinken im Nachbarort Cleebronn übernommen hatte. Irgendjemand hatte den Betrunkenen auf einen Schubkarren geladen und zurück nach Bönnigheim gebracht. Als man ihn fragte, was er da im Schubkarren transportiere, entgegnete der Schiebende: »Einen Schuhmacher.« Der Name war seitdem hängengeblieben.[185]

Unterförster Ernst Philipp Foettinger musste der Mann sein, den die Kritzelei meinte. Und weil Foettinger unmittelbar hinter Riebers Wohnung lebte, wäre er sehr wohl in der Lage gewesen, auf das Stadtoberhaupt zu schießen und ungesehen wieder heimzuschleichen.[186]

Für Oberamtsrichter Hammer war Foettingers Wohnung aber der Ort, an dem die Spur versandete. Er hatte den Unterförster schon befragt. Foettinger war zur Zeit der Schüsse bei seiner Familie zu Hause gewesen, genauer gesagt: bei seiner Frau im Bett. Frau Foettinger und ihre Tochter Heinrike hatten seine Aussage bestätigt.[187]

Oberamtsrichter Hammer verfolgte die Spur der Kritzelei nicht weiter, wohl auch, weil er annahm, dass es sich um einen Lausbubenstreich handelte. Das war der größte Fehler seiner Ermittlung. Er beschränkte sich allein auf die Frage, ob

Foettinger ein brauchbarer Verdächtiger war, und nachdem er den »Schuhmacher« einmal ausgeschlossen hatte, ließ er den Hinweis fallen.

Hätte er die Frage jedoch gewendet und sich gefragt, ob irgendjemand da draußen ärgerlich genug auf die Forstabteilung war – und insbesondere auf den Unterförster –, um ihm einen Mord anzuhängen, hätte seine Ermittlung einen anderen Verlauf nehmen können. Eine Durchsicht der Forstpersonal-Akten und jüngsten Dienstgesuche hätte ihn zum Mörder führen können. Zeit, Ort und Inhalt des Aufschriebs deuteten alle darauf hin, dass der Mörder sie geschrieben hat.

Stadtschultheiß Riebers tatsächlicher Mörder war Jagdbursche und muss mit den Wäldern auf dem Stromberg und dem Heuchelberg vertraut gewesen sein. Er kannte die Pfeiffer-Hütte ganz sicher. Als Jäger besaß er wohl die Genehmigung zum Erwerb von Rehposten, er konnte sie aber auch selbst hergestellt haben.

Er muss den Unterförster Foettinger persönlich gekannt haben, seiner früheren Anstellung als Forstwart wegen. Da die Forstsatzung der Forstbehörde unmittelbare Aufsicht über das Waldgebiet zuschrieb, hatten die Förster während der Lehrzeit des Mörders die Oberaufsicht, selbst wenn sie nicht die unmittelbaren Vorgesetzten des Mörders waren. Und es war der Unterförster, der die Kontrollen in den königlichen Wäldern durchführte. Wenn es in der Abteilung einen Förster gab, der am ehesten Kontakt mit dem jungen Jäger gehabt hatte, so war es Foettinger.[188]

Der Mörder hatte sich kurz vor der Tat als Waldschütz beworben. Laut Forststatut musste der Unterförster die neuen Waldschütze einweisen. So war es wahrscheinlich, dass er ein Vorstellungsgespräch bei Foettinger gehabt hatte. Aber der Mörder bekam die Stelle nicht. Und das war der Auslöser für den Mord.[189]

Die zwei Männer fanden den Hinweis in den Wäldern kurz nachdem der Mörder Württemberg für immer verlassen hatte. Er ist fast sicher über Heilbronn gereist, den erwähnten Hafen. Hätte er den Posten bekommen, wäre er Foettingers Lehrling oder »ein Schuhmacher Gesell« geworden. Gab der Mörder einen Hinweis auf seine Auswanderung? Und könnte er diese Notiz als letzte Rache an der Forstabteilung und dem Mann, der ihn hätte einstellen sollen, verfasst haben?

Wir werden niemals erfahren, wer diese Worte hinkritzelte, aber sie enthalten verblüffende Parallelen zum Leben des Mörders.

Hammer verfasste 1837 seinen letzten Eintrag in die Akte. Er betraf ein Gerücht ohne jeglichen Tatsachengehalt. Dann wurde der Fall ›kalt‹, so kalt wie die gefrorenen Trauben, die die Weingärtner im Winter kelterten, um Eiswein herzustellen.[190]

In der Zwischenzeit hatte der Kammmacher Friedrich Rupp unter einem haltlosen Gerücht gelitten, welches durch die Straßen und Gässchen Bönnigheims geisterte. Man behauptete, der junge Mann, der vor Kurzem aus dem königlichen Militär entlassen worden war und das Kammmachergeschäft seines Vaters übernommen hatte, habe den Abzug gedrückt. Aber das hatte er nicht.[191]

Friedrich Rupp stammte aus einer Familie, die reich an Kindern, aber nicht an Geld war. Der Grundbesitz seines Vaters betrug nur einen Bruchteil von dem des Stadtschultheißen Rieber. Die Eltern hatten sieben Kinder in einem bescheidenen Haus aufgezogen, wo der Vater eine Werkstatt für die Herstellung von Menschen- und Pferdekämmen betrieb. Die Familie bewirtschaftete daneben einen Weinberg, kelterte im Herbst die Trauben und erzeugte ein wenig Wein. Rupps Vater Georg Michael war bereits gestorben und hatte seine Mutter Elisabetha Gottliebin als Matriarchin hinterlassen.[192]

Ein guter Ruf ist alles in einer kleinen Stadt, und Bönnigheim macht keine Ausnahme. Bei einer Bevölkerung von nur 2.244 Einwohnern kannte man sich. Wer da in den Kochtöpfen der Gerüchteküche gelandet war, musste damit rechnen, dass er dauerhafte berufliche und gesellschaftliche Folgen zu tragen hatte.[193]

Im Sommer 1836 reichte es Friedrich Rupps Familie. Sie beschloss auszuwandern. Ein älterer Bruder, schon verheiratet, entschied sich fürs Bleiben und ließ sich an einem anderen Ort nieder. Eine ältere Schwester war bereits 1832 in die USA gezogen, hatte einen polnischen Färber geheiratet und lebte nun in Philadelphia. Aber die Übrigen – Mutter Elisabetha, Friedrich, eine ältere Schwester und drei jüngere Geschwister – verzichteten auf ihr Bürgerrecht in Württemberg und erschienen im Juni 1836 vor dem Stadtrat von Bönnigheim, um einen Reisepass und die notwendige Erlaubnis zur Auswanderung zu beantragen. Nach württembergischem Gesetz musste der Stadtrat alle Auswanderungen billigen. Die Familie hatte laut der Auswanderungsdokumente einen Zielort in den USA. Die Schwester in Amerika hatte ein zeitweiliges Heim angeboten.[194] Nun blieb nur noch, alles Hab und Gut zu verkaufen und die Überfahrt von Amsterdam nach New York vorzubereiten. Und das war nicht billig: Die Schiffstickets kosteten nach heutigem Wert 7.500 Euro pro Person.[195]

Noch ein anderer Mensch stand Friedrich Rupp nahe, und das war seine Verlobte, Caroline Luise Braun, eine 25-jährige Metzgerstochter aus der benachbarten Stadt Vaihingen. Obwohl es sicher nicht ihr Traum gewesen war, ihr Land und ihre elterliche Familie aufzugeben, als sie zum ersten Mal zu Friedrich »Ja« gesagt hatte, erschien auch sie im selben Monat vor ihrem Stadtrat und stellte denselben Antrag.[196]

Friedrich Rupps letzte Tat in Bönnigheim war, dass er Caroline Luise Braun am 17. Juli 1836 heiratete. Kurz danach reiste die Familie neckar- und rheinabwärts nach Amsterdam und schiffte sich auf der »Petronella« ein, die am 15. November 1836 in New York ankam. Die Passagierliste gibt Philadelphia als Ziel der Familie an.[197]

Sollten die Rupps jemals geglaubt haben, die Einwohner von Bönnigheim würden aus Scham, dass sie sie aus dem Land gejagt hatten, nun die Köpfe hängen lassen, irrten sie sich. Wenn überhaupt, dann diente ihre Auswanderung nur dazu, weiteren Verdacht zu wecken, wie ein Bönnigheimer Förster in seinen Erinnerungen schrieb. Aber das Schicksal wendete die Bedeutung der Ruppschen Auswanderung um 180 Grad. Wären die Rupps nie nach Amerika geflohen, wäre der Mordfall Johann Heinrich Rieber nie gelöst worden.[198]

Die Einwohner von Bönnigheim wählten im Februar 1836 einen neuen Stadtschultheißen. Als der öffentliche Notar Gottlieb Konrad Finckh das Steuer der führungslosen Stadtverwaltung übernahm, tat er etwas, um sicherzustellen, dass die Stadt den Mord nie vergessen würde: Er hängte Riebers blutgetränkte Kleidung, braun und verkrustet, in einen Schaukasten im Rathaus, als Memento für den ungelösten Mordfall. Dort hing sie noch 36 Jahre lang, ehe Stadtschultheiß Finckh Grund haben würde, sie zu entfernen.[199]

Zweiter Teil

Exil in den Vereinigten Staaten, 1835–1846

Kapitel 13

Jäger und Gejagte

Der Heuchelberg. Gottlob Rüb überquerte ihn auf dem Heimweg.

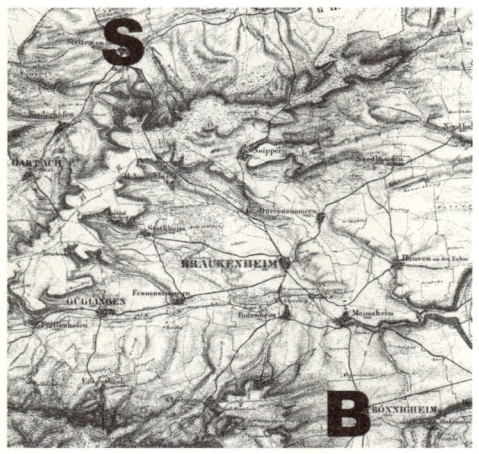

Zeitgenössische topografische Karte mit der Hügelkette des Heuchelbergs, dem Nordwestzipfel der Strombergkette und dem Zabertal dazwischen. B und S bezeichnen die jeweilige Lage Bönnigheims und Stettens.

Stadtschultheiß Rieber war viel leichter aufzuspüren als seine gewohnte Jagdbeute. Rot- und Schwarzwild, das durch den Schatten der Wälder huschte, war manchmal schwer auszumachen. Als Gottlob Rüb seinen Gewehrlauf hob und zielte, fand er Riebers Bewegungen im Vergleich sehr langsam. Der Schultheiß ging über einen weiten Hof und trug noch dazu eine Laterne.

Gefährlich wurde diese Jagd aber dadurch, dass später der Jäger zum Gejagten werden sollte und ein Ermittler zum Verfolger. Die bedrohlichen Lebewesen in diesem Dickicht von Häusern und Gässchen waren nicht Bären, Wölfe oder Luchse. Es waren andere Menschen, mögliche Zeugen, die ihn später beschreiben konnten, die die größte Gefahr darstellten. Aber der Jagdbursche Rüb hatte seine Vorkehrungen getroffen. Er trug einen Übermantel, dazu eine Mütze, die er tief ins Gesicht ziehen konnte. Wie er sich so im Schutz der Schatten verbarg, mochte er der Jäger sein, aber er ließ die Vorsicht des Gejagten walten.[200]

Dieser eine Schuss sollte ein Leben voll durchkreuzter Karrierechancen zurechtrücken. Rüb hatte getan, was er konnte, um sie zu retten, aber der Mann, der da durch den Hof ging, hatte alles ruiniert.

Gottlob Rüb wurde am 30. Dezember 1804 in Stetten am Heuchelberg als jüngstes von neun Kindern geboren.[201] Zu jener Zeit war Stetten ein kleines Dorf mit knapp 1.000 Einwohnern, rund zwölf Kilometer nordwestlich von Bönnigheim. Obwohl eine ungefähr 16 Kilometer lange, viel befahrene Landstraße beide Orte verband, wurde das Reisen durch eine Hügelkette verlangsamt. Beide Orte lagen unterhalb des Strombergs und des Heuchelbergs, einer Bergkette, die sich direkt nördlich des Schwarzwalds wie ein abgespreizter Daumen und vier nach Osten zeigende waagrechte Finger erstreckt. Bönnigheim lag an der Spitze des Zeigefingers und Stetten am Heuchelberg auf der nach außen zeigenden Seite des Daumenknöchels. Wollte man von einem Ort zum anderen gelangen, brauchte man mit Pferd und Wagen drei Stunden, um das Zabertal und die Höhen des Heuchelbergs zu überqueren. Wälder krönten die Hügelspitzen, und jetzt im Oktober ergossen sich Weingärten in Rot und Gelb, Orange und Purpur wie Wasserfälle die Hänge hinab.[202]

Rübs Vater Johannes, der Stettener Schulmeister, besaß einige Felder und Gärten, eine Wiese und einen Weinberg, aber sein Gehalt war so mager, dass er zur »beinahe mittellosen niederen Klasse« des Dorfes gehörte.[203] Sein jährliches Einkommen betrug nur 60 Gulden, was (nach dem Wert des Guldens 1837 und des Euro 2017) etwa 1.284 Euro gleichkam. Wie wenig das tatsächlich war, lässt sich im Vergleich mit einer Lohnskala jener Zeit ersehen. 1833 galt ein Jahreseinkommen von 240 Gulden (ungefähr 5.136 Euro) als unzureichend zum Unterhalt einer Familie. Größere freiwillige Zusatzleistungen, »Emolumente« genannt, halfen jedoch, das elende Einkommen des Lehrers aufzubessern: Er und seine Familie durften gratis im Schulhaus leben.[204]

Die Rübs scheinen eine Familie von Naturfreunden gewesen zu sein. Rübs älterer Bruder wurde Förster, und zwei seiner Schwestern heirateten Förster. Gottlob Rübs eigene Berufswahl als Förster und Jäger weist auf die gleiche Veranlagung hin.[205]

Seinen Berufswünschen nach zu urteilen, hatte der Junge Freude an Feuerwaffen. Zur Zeit des Mordes war Rüb Jagdbursche, aber er wollte Waldschütz werden, Inhaber einer polizeilichen Stelle mit Berechtigung zum Führen von Waffen. Später in den Vereinigten Staaten hatte er es in der Armee mit Waffen zu tun. Vielleicht war es ein passender Tod, dass er von einer der größten Kanonen Nordamerikas getötet wurde.[206]

Die US-Militärstammrollen beschreiben Rüb als 5 Fuß 8 Zoll (1,73 Meter) groß, mit dunklem Haar, dunklen Augen und dunklem Teint. Ein früherer Ortsvorsteher von Stetten am Heuchelberg beschrieb ihn als gutaussehend mit einem kräftigen Körperbau.[207]

Im Großen und Ganzen verhielt sich die Familie Rüb gesetzestreu. Der Vater beging 1816 ein Verkehrsdelikt, indem er per Pferdekutsche durch einen Tiergarten fuhr. Das örtliche Gericht bezeichnete die Übertretung als »Dummfahren« und berechnete dem Vater zwei Gulden – eine schwere Strafe bei seinem mageren jährlichen Einkommen. Sonst gibt es keine Hinweise auf irgendwelche Gesetzesübertretungen der Familie Rüb während Gottlobs Kindheit. Ein Eintrag des örtlichen Gerichts von 1833 stellte fest, dass die Sicherheit in Stetten im Allgemeinen gut gewesen sei. Schon lange hatte es keine Einbrüche und Diebstähle gegeben.[208]

Rüb hatte wahrscheinlich Schwierigkeiten, eine einträgliche Beschäftigung zu finden. Sein Name erscheint nicht im Stettener Verzeichnis der »aktiven« Bürger, ein Hinweis darauf, dass er weder einem Erwerb nachging noch Steuern zahlte. 1829 fand er eine Lehrstelle als Forstwart bei der Bezirksforstverwaltung. Es war eine Einstiegstätigkeit mit Holzfäller- und Holzhandelsaufgaben. Forstwarte hatten ein mittleres Jahreseinkommen von 240 Gulden, er würde also nach seiner Eignungsprüfung viel mehr verdienen als sein Vater. Eine große Zahl von Emolumenten ergänzte das Einkommen: Forstpersonal erhielt freie Wohnung, freie Kost und Walderträge, zum Beispiel Brennholz.[209]

Aber kurz darauf wehte in Rübs Leben ein anderer Wind, zerrte an den Segeln und erzwang schließlich einen völligen Kurswechsel. Gottlob Rüb war 24. Er wurde beschuldigt, einen Mann in einem Nachbarort schwer verwundet zu haben. Der Kriminalsenat Esslingen klagte ihn wegen Körperverletzung an. Am 16. Juni 1829 sprach ihn das Gericht frei, erlegte ihm aber die Gerichtskosten auf. Die Akte enthält keine Angaben über die Tatumstände.[210]

Während Rüb den muskulösen Körper eines Holzfällers entwickelte, erwarb er sich in seiner Gemeinde zugleich den

Ruf eines faulen Gauners. Der Schultheiß von Stetten sollte ihn später einen »Thunichtgut« nennen. Rüb hatte dauernd Schwierigkeiten bei der Arbeit und bat »alle paar Monate« seinen Vater, ihm wegen seiner Schulden aus der Klemme zu helfen.[211]

Zwischen 1829 und dem nächsten Gerichtsverfahren 1834 machte Gottlob Rüb einen plötzlichen Karrieresprung. Er bestand im Oktober 1832 seine Eignungsprüfung zum Forstwart. Aber statt endlich seine Berufslaufbahn anzutreten, gab er die Stelle fast unmittelbar danach auf. Es bleibt unklar, weshalb. 1834 führte ihn das Stettener Gericht als Jägerbursche (Jäger im letzten Ausbildungsjahr). Die Forstgesetze regelten die Ausbildung und Eignung eines Jägers. Trotz des Ausbildungscharakters seiner neuen Stelle bedeutete dieser neu eingeschlagene Weg nicht unbedingt einen Abstieg. Wenn ein Gehilfe in der Forstabteilung erst einmal ausgebildeter Jäger war und die überschüssigen Tiere erlegte, die die Frucht- und Holzwirtschaft in Feld und Wald schädigten, hatte er eine gute Chance, mehr zu verdienen.[212]

Jetzt aber leitete Rübs eigener Vater rechtliche Schritte ein. Schulmeister Johannes Rüb erschien am 3. März 1834 vor dem Gemeindegericht Stetten und erklärte, er könne die Schulden seines Sohnes nicht bezahlen. Das Gericht hielt fest, dass ohne Zustimmung des Vaters niemand dem Sohn Geld leihen dürfe und dass der Vater nicht mehr für die Schulden seines Sohnes aufkommen würde – eine Insolvenzerklärung.[213]

Sicher hatte Rübs Vater dargelegt, dass das gerichtliche Verfahren nötig gewesen sei, um sein eigenes Vermögen zu schützen. Aber es war ein ungewöhnlicher Schritt, denn er schädigte den Ruf der Familie. Der Vater hatte den Sohn öffentlich gedemütigt. Darüber hinaus hatte Rüb schon ein Alter erreicht, in dem die meisten Männer erwerbstätig und verheiratet waren. Auf ihn traf beides nicht zu. Man kann nur Vermutungen anstellen, welche persönliche Tragödie stattgefunden hatte und welche Charaktermängel den Vater in der Entscheidung, den Sohn vor Gericht zu zerren, bestärkt hatten.

Rübs finanzielle Lage verschlechterte sich sechs Monate später noch mehr. Ein Gläubiger aus der Nachbarstadt Maulbronn verklagte Rüb im September 1834 und erreichte einen Schuldspruch über fünf Gulden, 33 Kreuzer gegen ihn. Rüb versprach, die Schulden bis Martini, also bis zum 11. November, zu bezahlen. Die gerichtlichen Unterlagen zeigen nicht, ob das Versprechen eingehalten wurde.[214]

Im Lauf des folgenden Jahres besserten sich Rübs Aussichten nicht. Es gibt zwei Anzeichen für berufliche Schwierigkeiten: Obwohl sein letztes Jahr der Jagdausbildung sich jetzt auf mindestens 18 Monate verlängert hatte, war es ihm immer noch nicht gelungen, die Zulassung als Jäger zu bekommen. Im Oktober 1835, im Alter von 31 Jahren, versuchte Gottlob Rüb einen weiteren Schritt in seiner Laufbahn – einen anderen Zugang zu einer Anstellung als Förster. Die Forstverwaltung Bönnigheim bot eine offene Stelle für einen Waldschütz, und Rüb bewarb sich. Auch wenn das Mindestgehalt sich auf ärmliche 45 Gulden belief, so konnten Waldschützen ihr Einkommen doch aufstocken. Mit dieser Stelle hätte er die Chance gehabt, Provisionen auf die von ihm eingetriebenen Strafgelder zu erhalten. Als Forstkontrolleure waren die Waldschützen verantwortlich für die Maßregelung der Wilderer, Holzdiebe und anderer Verbrecher. Und mit seiner bisherigen Forst- und Jagderfahrung war er dazu mehr als befähigt.[215]

Rüb bewarb sich am 5. Oktober 1835 um diesen Arbeitsplatz.[216] Aber er erhielt die Stelle nicht.

Und dafür gab er Stadtschultheiß Rieber die Schuld. Er kam zu dem Schluss, dass der Grund für seine Abweisung eine schlechte berufliche Beurteilung durch den Stadtschultheißen von Bönnigheim gewesen sein müsse.[217]

Gottlob Rüb war durch die Zurückweisung zutiefst verletzt. Tief genug, dass er einen Mord begehen wollte.

In der Ermittlungsakte gibt es keinen Hinweis darauf, wo genau in Bönnigheim Rüb sich in der Nacht des 21. Oktober 1835 versteckte, als er darauf wartete, dass Schultheiß Rieber das »Waldhorn« verließ. Doch frische Beschädigungen an der Innenseite der Tür und des Tors zu Riebers Hof, von verirrter Schrotmunition verursacht und am nächsten Morgen vom Ermittler festgestellt, zeigten an, dass er den Abzug drückte, als er gegenüber der Einfahrt stand, entweder in Schultheiß Riebers Hofgelände neben dem Waschhaus oder einige Schritte entfernt im Schlosshof, von wo er durch den Zaun schoss.[218]

Ein Umstand spielte ihm in dieser Nacht in die Hände: Hätte es etwas Besseres geben können als eine weitere Schießerei, nur Minuten, bevor er selbst abzudrücken plante, um die polizeiliche Untersuchung, die sicher folgen würde, auf Irrwege zu führen? Manche Dinge kann man einfach nicht planen. Aber für Rüb fügte sich alles.

Als er den Gewehrlauf auf den Hofraum richtete, mag Gottlob Rüb auf mehr gezielt haben als auf den Stadtschultheißen: auf seinen Vater, das Gericht, seine Gläubiger, die Forstverwaltung und sogar auf ganz Württemberg. Er würde ihnen allen schließlich den Rücken kehren. Doch was er zuerst tat, traf unmittelbar nur einen.

Er drückte den Abzug. Nun musste er fliehen.

Rüb versuchte vermutlich gar nicht, sich die Nacht über in einer von Bönnigheims Schenken zu verstecken. Die Überprüfung der Gästelisten aller Lokale war schon lange untersuchungstechnischer Standard. Selbst private Gastgeber waren gehalten, ihre Übernachtungsgäste anzugeben. Das war ein besonders wirksames Vorgehen in einer Stadt wie Bönnigheim, weil ein Verbrecher innerhalb der Stadtmauern in der Falle steckte. Und das konnte leicht geschehen, wenn die Einwohner »Zeter und Mordio« schrien und die Stadttore schlossen, um ihn zu fassen.[219]

Die sicherste Taktik für den Mörder war, die Stadt möglichst schnell zu verlassen. Und es gab einen sicheren Ausgang. Der Mann, den der Zeuge Jacob Wiedmann sah, lief in diese Richtung. Der eilige Schritt des Mannes und die Wahl des Fluchtwegs – der ihn vom Tatort weg durch einen schmalen Durchgang zwischen zwei Häusern führte – waren äußerst verdächtig. Und die von Wiedmann geschätzte Größe des Mannes stimmt mit den Angaben aus Rübs späterer Militärstammrolle in den USA überein. Auf jeden Fall führte der Fluchtweg des Mannes weg von den Schenken in der Hauptstraße hin zu einem der drei Ausgänge aus der Stadt.

Wenn jener Mann tatsächlich Rüb war, so war er unmittelbar, nachdem er abgedrückt hatte, nach Westen in eine Gasse geflohen. Er ließ das Waschhaus links hinter sich und duckte sich in den Durchgang zwischen den zwei Häusern auf der rechten Seite. Das wäre auch ein guter Ort gewesen, um seine Waffe zu zerlegen und sie unter seinem großen Mantel zu verbergen. Dann stieß Rüb auf ein nach Westen verlaufendes Gässchen, die Schlossergasse, einen Block nördlich von Riebers Haus. Wiedmann sagte aus, der Mann sei so schnell wie möglich, ohne direkt zu rennen, in Richtung Norden an ihm vorbeigegangen. Dieser Weg führte in einen Hof mit nur einem Ausgang auf der anderen Seite: einem weiteren Durchgang zwischen zwei Häusern zu einem anderen Hof. Von dort ging der einzig mögliche Weg nach Westen, auf eine Straße, die zu einem der drei Ausgänge durch die Stadtmauer führte.

Bönnigheims Stadtmauern hatten zwei Tore, das Obere Tor nach Norden und das Untere Tor nach Süden. Aber es gab eine weitere Öffnung, und diese wäre geöffnet geblieben, selbst wenn die Einwohner »Zeter und Mordio« geschrien und die Stadttore zugeschlagen hätten. 50 Schritte von dem Ort, an dem Rübs Fluchtweg in die Straße hinaus mündete, hätte er

westwärts zum Burgplatz eilen können. Bönnigheims mittel-
alterliche Ganerbenburg war Bestandteil der Stadtbefestigung,
aber knapp südlich der Burg führte ein Durchbruch durch die
Mauer hinaus ins Land. Eine Stadtkarte von 1832 zeigt, dass
die Öffnung breit genug war, Verkehr durchzulassen.[220] Und
für Rüb lag dieses Loch in der Mauer in Richtung seiner Heimat. Stetten lag im Nordwesten.

Selbst zu Fuß hätte Rüb es noch vor Morgengrauen nach
Hause geschafft. Die Handelsstraße, die von Bönnigheim über
den Heuchelberg nach Stetten führte, könnte Rüb für zu offen einsehbar und damit gefährlich gehalten haben. Er konnte
ja nicht wissen, wie schnell die Polizei auf die Schießerei reagieren und ob sie die Verkehrsadern überprüfen würde, die
von Bönnigheim wegführten. Aber hier war er im Vorteil. Er
war Jägersbursche, kannte das Gelände und konnte bei Nacht
sicher zu Fuß über die Felder und durch die Wälder gehen.
Und sobald er einmal draußen war, würde niemand die Frage
stellen, was ein Mann mit seinem Beruf draußen im Dunkeln
zu suchen hatte.[221]

Der Himmel war klar, und es war Neumond. Die Sterne boten
etwas Licht, aber eigentlich zeigte ihm der Halleysche Komet
den Weg nach Hause, der am nördlichen Himmel aufgehängt
schien und im Laufe der Nacht nach Westen weiterzog. Und
war er einmal daheim, konnte er sich nur hinlegen und hoffen.
Mord bedeutete die Todesstrafe, und nun hing sein Schicksal
davon ab, ob der Ermittler ihn fassen würde.[222]

Kapitel 14

Flucht nach Amerika

Zerstörung des amerikanischen Dampfboots »Caroline«, gemalt um 1920.

Irgendwann im Winter, als die Weinstöcke ihre Blätter verloren hatten und die Herbstnebel schwer über den Hügelketten des Strombergs und des Heuchelbergs hingen, traf Gottlob Rüb eine Entscheidung. Es gab nur eine Möglichkeit, den Ermittlungen des Oberamtsrichters zu entgehen, nämlich die Flucht. Aber in ein europäisches Nachbarland? Das war vielleicht nicht weit genug weg. Zweimal im 19. Jahrhundert hatte das Königreich Württemberg Mörder ausgeliefert bekommen, einen aus Frankreich und den andern aus Prag. Aber es gab ein Land, mit dem Württemberg keinen Auslieferungsvertrag hatte, und das waren die Vereinigten Staaten von Amerika. Die beiden Länder erkannten sich gegenseitig erst

1842 an, und erst 1853 sollten sie einen Auslieferungsvertrag aushandeln.[223]

Um legal aus Württemberg auszuwandern, hätte Rüb sich im Rathaus um eine amtliche Genehmigung bemühen müssen. Eine der Anforderungen zur Genehmigung der Auswanderung war der Nachweis von genügend Vermögen für die Reisekosten. Die Bewerbungen wurden öffentlich gemacht, um den Gläubigern Gelegenheit zu geben, sich zu melden, ehe es zu spät war. Und ohne diese amtliche Billigung konnte niemand einen Reisepass bekommen.[224]

Vielleicht spürte Rüb, dass das Ersuchen um einen Pass den Verdacht des Ermittlers wecken könnte. Das war ja im Fall des Bönnigheimers, der nach Mannheim gezogen war, bereits geschehen. Rüb versuchte es nicht einmal mit einer Beantragung. Die Anträge in der Gemeinde Stetten aus der Zeit von 1835 bis 1836 sind im Staatsarchiv Baden-Württemberg vollständig erhalten, und Rübs Name erscheint nie in den Listen. Das Gemeindearchiv Stetten enthält ebenfalls eine eigene Liste für jede Person, die Bürgerrechtsverzicht leistete – eine gesetzliche Voraussetzung für die Auswanderung. Auch in diesen Listen erscheint Rüb nicht. Das bedeutet, dass er illegal auswanderte.[225]

Jahrzehnte später, als der Staatsanwalt in Heilbronn die Untersuchung des Mordes an Stadtschultheiß Rieber wieder aufnahm, schrieb der Schultheiß von Stetten einen Brief, worin er Rübs Flucht nach Amerika darstellte. Er war ohne jede Vorankündigung über Nacht verschwunden. »In den diesseitigen Ackten findet man *nichts* über die Auswanderung des Gottlob Rüb«, schrieb der Schultheiß, »nur soviel hat man durch Nachfragen erfahren, dass er im Jahr 1836 im April oder Mai mit einem Johann Georg Kümmerle, welcher mit Familie nach Amerika ist, fort sey. Von Rüb selbst liegt gar *nichts* vor. Die

Bürgerrechts-Verzichts Urkunde [für Kümmerle] hat das Datum 7. April 1836.«[226] In Stetten erzählte man sich, Rüb sei weggegangen, weil er keine Anstellung als Waldschütz habe finden können, vermerkte der Stettener Schultheiß.[227]

Solche illegalen Auswanderungen waren in Württemberg nicht selten. Schuldner wie Verbrecher hatten ihre Gründe, aus dem Land zu fliehen. Verbrecher, die laufenden Ermittlungen in Europa zu entgehen versuchten, wussten genau, warum sie den Mund hielten über den Anlass für ihre Auswanderung. Nur selten, vielleicht in einem Brief in die Heimat, enthüllten sie ihre wahren Gründe.[228]

Da Passagierschiffe damals gewöhnlich nicht im Winter ablegten, hatte Rüb einige Monate Zeit, sich auf die Überfahrt vorzubereiten. Für Menschen aus dieser Gegend Württembergs begann die Reise in Heilbronn, dem Neckarhafen, der in der Kritzelei auf dem Wegweiser erwähnt worden war. Von dort reisten die Auswanderer neckar- und rheinabwärts nach Holland zur Fahrt über den Ozean.[229]

Johann Georg Kümmerle, mit dem Rüb aus Württemberg floh, war Gastwirt in Stetten gewesen. Er beantragte am 7. April 1836 die Auswanderung und gab dabei Ohio als Reiseziel an. Rüb und Kümmerle erscheinen auf keiner Passagierliste von 1836; daher ist es nicht möglich, den genauen Zeitpunkt ihrer Ankunft in den Vereinigten Staaten festzustellen. Es ist möglich, dass die Aufzeichnungen ihres Schiffs verloren gingen. Aber da er ohne einen amtlichen Reisepass war, muss Rüb mit gefälschten Papieren und möglicherweise unter falschem Namen gereist sein. Daher wäre es ohnehin unmöglich, ihn auf einer Liste zu finden.

Auf jeden Fall aber kamen sie in Amerika an. Ein deutschstämmiger Wirtshausbesitzer namens John. G. Kimmerle erscheint 1859 in den Volkszählungslisten in Montgomery Township in Ohio. Dagegen taucht Gottlob Rübs Name als Nächstes in Philadelphia in einem urkundlichen Verzeichnis auf. Die Aufzeichnungen lassen vermuten, dass er in der Gegend von Old City/Callowhill lebte, keinen Kilometer nordöstlich der »Independence Hall«, wo die amerikanische Unabhängigkeits-erklärung unterzeichnet wurde.[230]

Rüb gab das Forstwesen auf und fand Arbeit als Bäcker. Bis 1840 wog er Mehl ab und knetete Teig. Für die große Anzahl der Einwanderer aus Württemberg stellten die Bäcker gewiss einige regionale Spezialitäten her: schmackhafte, nach Kümmel duftende Zwiebelkuchen, Zwetschgenkuchen und mit Anis gewürzte Springerle.[231]

Der Staub des Stadtarchivs Philadelphia birgt die Geschichte eines persönlichen Wandels. Während seiner Zeit in Philadel-phia gelang es Rüb, einiges zu ändern. Er verstieß nicht gegen die Gesetze. Die Gerichtsprozesslisten und Insolvenzanträge im Stadtarchiv Philadelphia enthalten nicht einen einzigen Eintrag mit seinem Namen.[232]

Aber am 29. Dezember 1837 geschah etwas, das ihn dazu brachte, keine Backöfen mehr zu befeuern, sondern Geschütze. Großbritannien drang in das Staatsgebiet der Vereinigten Staa-ten ein. Die britische Militäraktion war Teil eines nicht offiziell erklärten Kriegs, des »Patriot War«, eines kanadischen Versuchs, die britische Herrschaft abzuschütteln. In den nächsten vier Jah-ren beeinflusste dieser Konflikt die amerikanische Militärpolitik.

Unzufriedenheit von unten, bei den »kleinen Leuten«, verur-sachte den Krieg. Diese Graswurzel-Bewegung erwuchs aus der Herrschaftsstruktur der Regierungen in den Provinzen Up-per Canada (Ontario) und Lower Canada (Quebec). Das Volk spürte, wie Bestechlichkeit, Vetternwirtschaft und Ämterscha-cher in der Exekutive die demokratischen Stimmen ihrer Ver-treter in der Gesetzgebung erstickten.

Die demokratischen Reformer nannten sich selbst »Patrioten« und schlossen sich zusammen. Steigende Enttäuschung
über das System führte im November 1837 in beiden Provinzen zu bewaffneten Scharmützeln, welche die britische Armee
schnell niederschlug. Einige Patrioten entkamen und flohen
über die Grenze nach Buffalo im US-Bundesstaat New York.

Dort, unter den US-Bürgern, fanden sie fruchtbaren Boden
für die Anwerbung von Mitstreitern. Die Kanadier beschworen
den Idealismus des Amerikanischen Revolutionskriegs, und
die Pfeile ihrer Redekunst trafen immer ins Schwarze. Wegen
einer wirtschaftlichen Rezession herrschte in den Vereinigten
Staaten ohnehin schon eine starke antibritische Stimmung. Britische Banken hatten die Darlehen an amerikanische Banken
zurückgefordert, und die Amerikaner machten die Briten für
die Bankenkrise von 1837 verantwortlich. Und die Texanische
Revolution, die 1836 gerade erst zu Ende gegangen war, ließ
viele junge Männer in romantischen Visionen schwelgen: Sie
sahen sich als Kreuzritter der Demokratie. Das Ergebnis war,
dass Hunderte von Amerikanern als Freiwillige in einem kanadischen Krieg für die Unabhängigkeit kämpften.[233]

Am 14. Dezember besetzte eine patriotische Gruppe aus
Kanadiern und US-Amerikanern Navy Island, eine kanadi-
sche Insel unweit der Niagara-Fälle. Die Patrioten charterten
ein US-amerikanisches Dampfboot, die »Caroline«, um Nachschub hin- und herzutransportieren. In der Nacht des 29. Dezember 1837 lag die »Caroline« bei Fort Schlosser vor Anker,
ungefähr eineinhalb Kilometer oberhalb der Wasserfälle und
damit deutlich innerhalb der Grenzen der Vereinigten Staaten.
Die britische Marine ruderte in jener Nacht über den vereisten
Fluss und griff das Dampfboot an. Im anschließenden Gefecht
tötete ein verirrter Schuss einen zufällig anwesenden unbe-
teiligten Amerikaner. Die Briten zündeten die »Caroline« an
und ließen das brennende Schiff treiben, so dass es zerschellte
und über die Niagarafälle hinabstürzte. Als die orangefarbenen

Feuerbälle unten im gurgelnden Wasser versanken und sich in Wolken von Dampf und Rauch verwandelten, sahen sich die Vereinigten Staaten gezwungen, einige Änderungen in ihrer Politik vorzunehmen.[234]

Die Nachricht vom Schicksal der »Caroline« erreichte Präsident Martin Van Buren am 4. Januar 1838. Der Bericht enthielt die fälschliche Nachricht, US-Amerikaner seien an Bord des Schiffes gewesen, als es unterging. Das waren sie nicht. Aber das Eindringen der Briten in das Gebiet der Vereinigten Staaten war schlimm genug; der Präsident musste darauf reagieren. Zufällig hatte er General Winfield Scott an diesem Abend zum Essen eingeladen. In seinen Memoiren erinnert sich Scott, wie ihn Van Buren vom Büfett zur Seite nahm mit den erbitterten Worten: »Blut ist vergossen worden; Sie müssen sich in höchster Eile an die Niagara-Front begeben. Der Kriegsminister … schreibt gerade die Anweisungen für Sie auf.«[235]

General Scott hatte eine dreifache Aufgabe: Er musste US-Amerikaner davon abhalten, die Neutralitätsgesetze zu verletzen, indem sie in einem Land kämpften, dem die Vereinigten Staaten nicht den Krieg erklärt hatten; er musste die Briten davon abbringen, einen weiteren Angriff zu unternehmen; und er musste die kanadischen Patrioten vom Boden der Vereinigten Staaten verjagen. Aber im Niagara-Grenzgebiet standen keine regulären Truppen zur Verfügung. Die US-Armee bestand 1838 nur aus 7.000 Mann. Die meisten standen in Florida oder an der Grenze nach Westen. Obwohl Scott zusätzliche Abteilungen von Armeerekruten auf den Weg nach New York befahl, waren Redekunst und Diplomatie seine einzigen wirklichen Waffen; er war ganz sicher nicht in der Lage, die Briten auf der Grundlage militärischer Stärke herauszufordern. Scott hatte Erfolg. Obwohl Patrioten weiterhin die Grenze auf ganzer Länge zwischen Vermont und Detroit verletzten, konnte Scott doch wenigstens einen Krieg mit den Briten verhindern.[236]

Die Situation warf nun aber ein grelles Licht auf die Mängel der Armee der Vereinigten Staaten und die Verletzlichkeit ihrer Nordgrenze. Das Land reagierte, indem es mehr Soldaten rekrutierte und die Grenze nach Kanada sicherte. So war der Zustand der Nation, als Rüb sich entschied, seine Bäckerschürze abzulegen im Tausch gegen einen dunkelblauen Mantel, blaue Hosen mit roten Streifen und einen acht Zoll langen roten Helmbusch aus Kammgarnwolle: die Uniform eines Gefreiten in einem US-Artillerie-Regiment.[237]

Gottlob Rüb trat am 4. Januar 1840 in die A-Kompanie des 4. Artillerie-Regiments ein. Im Aufnahmeformular schrieb der Aushebungsoffizier, er habe »dunkles Haar, dunkle Augen und einen dunklen Teint«. Er trug 5 Fuß 8 Zoll (1,73 Meter) als Größe Rübs ein. Rüb gab sein Alter mit 29 an. Er log. Er war in Wirklichkeit 35. Als Rüb später in ein Freiwilligen-Regiment in Pennsylvania eintrat, blieb er dabei und gab damit ein Alter an, das dem Geburtsjahr 1810 entsprach.[238] Dokumente aus seinen späteren Grundstücksgeschäften lassen aber keinen Zweifel daran, dass er tatsächlich Gottlob Rüb war, der Sohn des Schulmeisters von Stetten am Heuchelberg im Königreich Württemberg.[239]

Seine Stelle beim Militär war nicht gerade großartig. Der Sold eines Gefreiten war niedrig (sieben Dollar im Monat), und die Zahl der Desertionen hoch. Über die Hälfte der eingezogenen Männer waren Ausländer und der Rest von niedrigem gesellschaftlichen Stand. Die gut gebildete, in Amerika gebürtige Offiziersklasse neigte dazu, die Rekruten mit harter Hand zu führen; sehr strenge Disziplin war üblich.[240]

Rübs Kompanie besetzte ein Fort an der Grenze von Michigan zwischen einem ausgedehnten Waldgebiet und dem Huronsee: Fort Gratiot befand sich nördlich von Detroit, etwa da, wo der Huronsee und der Saint-Clair-Fluss zusammentreffen. Dort musste Rüb den strengen, frostigen Michigan-Winter ertragen, der so kalt ist, dass die Jäger die Temperatur dadurch messen, dass sie ausprobieren, ob ihre Spucke gefriert, ehe sie den Boden erreicht, und dass die Feuchtigkeit in ihren Bärten Eiskristalle bildet und die Tränen auf ihren Gesichtern erstarren. So etwas hatte er im milden Klima Württembergs noch nie erlebt. Die Wetteraufzeichnungen des Militärs aus der Gegend der Großen Seen zeigten im frühen 19. Jahrhundert eine durchschnittliche Wintertemperatur von minus 6,7 Grad Celsius, vier Grad kälter als am Nordkap in Norwegen. Die Lebensbedingungen in Fort Gratiot waren miserabel: Das Lazarett und die Baracken waren feucht und schlecht belüftet. Jeder dort stationierte Soldat konnte damit rechnen, in seinem ersten Jahr hier krank zu werden.[241]

Im Sommer 1841 wurde es etwas besser. Rübs Kompanie wurde in die Madison-Kaserne am östlichsten Zipfel des Ontariosees verlegt, unmittelbar unterhalb der Grenze zwischen Kanada und dem Bundesstaat New York. Die Unterkünfte dort waren besser und die Todesrate niedriger. Im Jahre 1842, um die Zeit, als der Webster-Ashburton-Vertrag den Grenzverlauf zwischen dem US-Bundesstaat Maine und der kanadischen Provinz New Brunswick regelte und damit alle Spannungen zwischen den Vereinigten Staaten und Großbritannien beilegte, befahl die Armee dem 4. Regiment, die Ostküste zu verteidigen. Rübs Kompanie rückte in das Fort Severn in Annapolis ein, wo heute die Marine-Akademie der Vereinigten Staaten liegt. Im Februar 1845 wurde Rüb entlassen und kehrte nach Philadelphia zurück.[242]

Rüb hätte sich wohl nicht träumen lassen, dass er binnen weniger als zwei Jahren wieder in die bewaffneten Streitkräfte eintreten sollte.

In der Zwischenzeit hatte der Kammmacher Friedrich (Frederick) Rupp, der Mann, den Bönnigheims Gerüchteküche als Mörder gebrandmarkt hatte, eine neue Heimat gefunden.

Er und seine junge Frau ließen sich in Kensington, das heute zu Philadelphia gehört, nieder. Rupp versuchte sein Glück als Gastwirt, allerdings ohne Erfolg. Sein Name erscheint 1840 während der Nachwehen der Rezession, welche die Bankkrise von 1837 verursacht hatte, in einer Liste von Bankrotteuren. Seine Frau Caroline gebar ihm drei Kinder; dann zogen sie nach Lancaster in Pennsylvania, wo er eine andere Laufbahn einschlug und Apotheker wurde. Dort lebte die Familie, bevor sie sich wieder in Washington, D.C., niederließ. Und genau dort sollte Rupp schließlich einen Rekord brechen: Er lieferte den Schlüssel zur Lösung des ältesten ungeklärt zu den Akten gelegten deutschen Kriminalfalls des 19. Jahrhunderts.[243]

Kapitel 15

Kurswechsel

Robert E. Lee, ca. 1846.

Während Frederick Rupp sich wieder in Pennsylvania niederließ, machte Robert E. Lee eine Identitätskrise durch. Weder der Zweite Seminolenkrieg, der von 1835 bis 1842 gegen die in Florida lebenden Seminolen geführt wurde, noch der von Dezember 1837 bis Dezember 1838 an der Grenze zwischen Kanada und den Vereinigten Staaten ausgetragene »Patriot War« brachten ihm die Kampferfahrung, die er so dringend zur Verbesserung seiner Beförderungschancen brauchte. Die Armee hatte für ihn eine völlig andere Aufgabe vorgesehen, eine stillere, weniger auffällige, die die Geschichte der Nation dennoch beeinflusste. Er sollte dem Handel den Mittleren Westen öffnen. Schlüssel dazu war der Mississippi.

Man kann sich schwer vorstellen, welche lebenswichtige Rolle der Mississippi in jenen Tagen für den Handel spielte. Vor dem Zeitalter der modernen Verkehrsstraßen und Eisenbahnen verbanden der Fluss und seine Nebenflüsse die Kornkammern des Mittleren Westens mit der Baumwolle des Südens. Man transportierte Güter, wenn überhaupt, in großen Schiffsladungen auf dem Fluss.[244]

St. Louis, Missouri, war Dreh- und Angelpunkt für den Handel mit dem Mittleren Westen, und darin lag das Problem. Die Strömung hatte sich verlagert, ab 1815 vertiefte sich die Flussseite in Illinois, und auf der Seite von Missouri lagerten sich Sedimente ab. Um 1835 hatte eine über acht Quadratkilometer große Insel, Duncan's Island, sich aus dem Wasser erhoben und drohte den Hafen von St. Louis zu versperren. St. Louis hatte schon versucht, das Problem selbst zu lösen, war jedoch gescheitert.[245]

1837 bettelte Lee die Armee geradezu an, ihn von seiner Schreibtischarbeit in Washington, D.C., zu befreien. St. Louis bot ihm genau, was er sich wünschte. Der Kongress bewilligte 50.000 Dollar zur Verbesserung der Schifffahrt auf dem Mississippi, und das Armee-Ingenieur-Korps teilte Robert E. Lee nach St. Louis ein. Seine Aufgabe war vielfältig: Lee sollte den Hafen von St. Louis öffnen und einen schiffbaren Kanal bauen, der durch zwei stromaufwärts gelegene Wasserfälle oder um sie herumführte.[246]

Zwischen 1837 und 1840 ließ Lee durch die oberen Stromschnellen Kanäle legen und einen Damm in St. Louis bauen. Der Damm erstreckte sich von der Spitze einer Insel zum Ufer in Illinois und lenkte die Strömung auf die Seite Missouris. Dadurch wurden die Ablagerungen weggespült und der Hafen von St. Louis vertieft. Um 1840 hatte sich der Kanal zwischen den Inseln so tief eingegraben, dass auch die größten Dampfschiffe wieder in den Hafen einfahren konnten. Lee erwarb sich in St. Louis außerdem den Ruf eines intelligenten Mannes, der hart und mit vollem Einsatz arbeitete, und bekam Anerkennung vom Bürgermeister wie von der Presse.[247]

Der Kampf gegen den »Vater der Gewässer« war für Lee in mehrfacher Hinsicht eine Feuerprobe. Es war das erste Armeevorhaben, das er leitete, und das öffnete ihm Türen. Als Spezialist für den Mississippi bewältigte er eine bunte Mischung von Aufgaben. Er wurde Verantwortlicher für das Beschaffungswesen, Rechnungsprüfer, technischer Fachmann, Lobbyist, Geschäftsführer und Leiter großer Teams.[248] »Die Gelegenheiten, die sich ihm in Mexiko bieten sollten, wurden in St. Louis geschaffen«, schrieb einer von Lees Biografen.[249]

Die Öffnung des Flusses für die Schifffahrt war mehr als nur eine persönliche Leistung, sie war von nationaler Bedeutung. Die Kaufleute von St. Louis feierten die Eröffnung des Hafens, und mit der wiedergewonnenen Zuversicht begann die Stadt kräftig zu bauen. Das Armee-Ingenieur-Korps wurde zur treibenden Kraft der Westerweiterung der USA.[250] Wie ein anderer Biograf schrieb, »wäre Lee auch niemals ein Held des Mexikanischen Kriegs oder Kommandierender General der Konföderierten, also der Südstaaten, geworden, er hätte Ruhm verdient – und mehr noch, Dankbarkeit – für die zwei Jahre, die er damit verbracht hatte, den Mississippi endlich zu öffnen …«.[251]

Die Aufgabe war komplex. Lee mangelte es an Erfahrung darin, wie man mit Leuten und Nachschub umgeht. Er hatte Schwierigkeiten, seine Arbeitskräfte zu motivieren, kämpfte mit Ungeduld, und pflegte einen rauen Umgang mit seinen Kollegen. Aber sein Führungsgeschick entwickelte sich schließlich zu der behutsamen Herangehensweise, die er während des Bürgerkriegs so gut einsetzte.[252]

Führungsgeschick ist etwas, das von innen kommt. Darum überrascht es nicht, dass Robert E. Lee in St. Louis in eine Art Identitätskrise geriet. Sie formte sein Selbstverständnis neu. Während der Wintermonate, als die Wetterbedingungen ihn dazu zwangen, seine Arbeit am Fluss einzustellen, hatte Lee Zeit zur Selbstreflexion. Seine Leistungen als Ingenieur mögen ihm eine Ahnung davon gegeben haben, was er zu leisten im Stande war, aber sie waren keine ausreichende Antwort auf die Frage, wer er eigentlich war. Angespornt durch ein neu gewonnenes Interesse an seinen Ahnen, schrieb Lee an seine Verwandten und ließ sich Kopien des Stammbaums und des Wappens seiner Familie schicken. Vielleicht hat er nicht all die heraldischen Symbole verstanden, aber die Wurzeln seiner Familie reichten in eine lange Geschichte des Dienstes für die Öffentlichkeit. Wenn er sich fragte, welcher Saft in seinen Adern floss, so boten ihm die Dokumente über seine Vorfahren viel Stoff zum Nachdenken.[253]

Die Dynastie der Lees in Amerika begann schon im Jahr 1642 mit der Landung seines Ur-Ur-Ur-Großvaters, des Engländers Richard Lee, in Virginia. Er wurde Richter, »Burgess« (Mitglied der gesetzgebenden Körperschaft in der Kolonie), Außenminister für die Kolonie und Mitglied im Kronrat. Zwei Unterzeichner der Unabhängigkeitserklärung, sieben Gouverneure oder Gouverneursstellvertreter, von denen einer Robert E. Lees eigener Vater war, 16 Ratsmitglieder, 17 Burgesses, zehn Mitglieder der staatlichen Gesetzgebung, acht Militärbefehlshaber, sechs Friedensrichter, zwei Staatsanwälte, zwei Diplomaten, ein Mitglied im US-Kabinett, drei Mitglieder des verfassungsgebenden Kongresses, vier Mitglieder des US-Kongresses und ein Bundesrichter waren schon aus der Nachkommenschaft Richard Lees hervorgegangen, als Robert E. Lee sich dranmachte, seinen Stammbaum zu studieren.[254]

Schon 1659 führten die Lees in Virginia ein Wappen. Es trug die Devise »*Non incautus futuri*« (Nie unbekümmert um die Zukunft), ein Gedanke, der durch ein Eichhörnchen verkörpert wird, das auf der Helmzier sitzt und eine Nuss festhält. Die Helmzier ist dieselbe wie im Wappen der Familie Lee in

Shropshire in England; mit einem kleinen Unterschied, der dem Wappen einen einzigartigen amerikanischen Stempel gibt: In der amerikanischen Fassung der Helmzier hatte sich die Farbe des Eichhörnchens von rot, der Farbe der europäischen Eichhörnchen, zu grau verändert, der Farbe des meistverbreiteten amerikanischen Eichhörnchens. Das Wappen der Lees findet sich heute noch in dem der Washington-und-Lee-Universität. Es behält das Motto der Lees bei, aber die Universität ersetzte das Eichhörnchen durch Washingtons Raben.[255]

Obwohl spätere Forschungen keine Verbindung zwischen den amerikanischen Lees und den Lees in Shropshire nachweisen konnten, glaubte Robert E. Lee bis zu seinem Tod an die Verwandtschaft. Diese Verwandtschaft deutete auf Adel und einen Sinn für öffentliche Verantwortung. Die Lees in Shropshire führten ihre Abstammung auf einen bedeutenden Beamten in der Mitte des 15. Jahrhunderts zurück. Mit etwas weniger Gewissheit leiten sie ihre Herkunft von einem Mann, der Wilhelm den Eroberer 1066 begleitet hatte, und von einem Lionel de Lee, Teilnehmer des Dritten Kreuzzugs 1183, her. Ein Manuskript, das ein Vetter Lees beisteuerte, unterstrich diese angebliche Abstammung. Lee glaubte an seine Verwandtschaft mit Eroberern und Kreuzfahrern.[256]

Dieser Glaube bestimmte sein neues Selbstbild. Lee reifte, während er am Mississippi arbeitete. Er hatte gelernt, Hindernissen mit Ruhe und Selbstbewusstsein zu begegnen. Und seine Briefe spiegelten nicht mehr die Bitterkeit gegen die Armee wider, die er ein paar Jahre zuvor gezeigt hatte.[257]

Nach dem Mississippi-Projekt betraute die Armee Lee mit der Arbeit an den Befestigungen des New Yorker Hafens. Diese Tätigkeit, gelegentlich unterbrochen durch Verwaltungsaufgaben in Washington, D.C., nahm ihn bis 1846 in Anspruch. Vom Standpunkt der Ingenieurkunst her gesehen war die Arbeit nicht so fordernd wie die am Mississippi, aber 1844 erwies sich eine neue Aufgabe als Glücksfall. Der Chefingenieur ernannte ihn zu einem der Offiziere, die im Juni die Abschlussprüfungen in der Militärakademie in West Point überwachen sollten. In diesen zwei Wochen arbeitete Lee mit General Winfield Scott, dem kommandierenden General des Heeres, zusammen. Lee machte einen tiefen Eindruck auf Scott, der später von ihm sagte:»In seinem Rang der erste Soldat der Christenheit.«[258]

Während seine Herkunft Robert E. Lee half, seinen Kurs neu zu bestimmen, verschaffte ihm der Mississippi die nötige Erfahrung. Aber erst General Winfield Scott sollte dafür sorgen, dass er zukünftig immer vollen Wind in den Segeln hatte. Es gab eigentlich nur ein Hindernis für seine Karriere: Beförderungen zu Friedenszeiten waren selten, und Robert E. Lees Aussichten auf einen weiteren Aufstieg in der Militärhierarchie waren deshalb nicht gerade vielversprechend.[259]

Als er am Mississippi arbeitete, wurde Lee zum Hauptmann befördert, aber er konnte in der nächsten Zeit mit keiner weiteren Beförderung rechnen. 1846 aber brach der Krieg gegen Mexiko aus, und Lees nächster Marschbefehl war, sich in San Antonio in Texas zum Dienst zu melden.[260]

Der Mexikanisch-Amerikanische Krieg entzündete sich an der texanischen Unabhängigkeit. Texas war nicht stark genug, um als unabhängige Nation zu überleben; und sein erster Präsident, Sam Houston, war sich dessen bewusst. Texas war dünn besiedelt, finanzschwach, und seine kleine Armee war überlastet. Die neue Republik brauchte Hilfe. Die Bürgerschaft des »Lone Star State« Texas stimmte im Jahr 1836 mit überwältigender Mehrheit von 3.277 zu 91 für die Angliederung an die Vereinigten Staaten.[261]

Der Antrag auf Angliederung allerdings war voll politischen Zunders. Für die Vereinigten Staaten bedeutete eine Angliederung das Risiko eines Kriegs mit Mexiko, und sie hätte auch die Balance zwischen Sklavenhalter-Staaten und freien Staaten gefährdet. Zwischen 1836 und 1845 lehnten die USA die von Texas zum Ehebund gereichte Hand ab, doch geleiteten sie Texas schließlich doch durch den Hochzeitsreigen der diplomatischen Anerkennung.[262]

Als die beiden Länder im Juli 1845 das Ehegelübde ablegten, weigerte sich Mexiko, für immer zu schweigen. Die Vereinigten Staaten und Mexiko verbrachten die nächsten drei Jahre damit, um die Braut zu streiten, die beide als die ihre beanspruchten. Die Tinte unter dem Beitrittsgesetz war noch nicht trocken, als Mexiko die Beziehungen zu den Vereinigten Staaten abbrach und die Annexion als kriegerischen Akt verurteilte. Das war kein Bluff. Der neu gewählte US-Präsident James K. Polk entschied sich für eine zweigleisige Gegenmaßnahme: Er befahl Truppen unter dem Kommando des Generals Zachary Taylor – der Polk als Präsident folgen sollte – nach Corpus Christi südlich des Flusses Nueces. Er sandte aber auch einen Diplomaten nach Mexico City mit dem Sonderauftrag, ein Abkommen auszuhandeln. Mexiko weigerte sich, mit diesem zu sprechen.[263]

Noch schwieriger wurde die Sache durch die ungelöste texanisch-mexikanische Grenzfrage. Die Vereinigten Staaten bestanden darauf, dass die Grenze der Rio Grande sei, und beriefen sich auf den Vertrag, den Santa Anna nach der Texanischen Revolution unterzeichnet hatte. Mexiko aber verwarf den Vertrag und bestand darauf, dass die alte Grenze am Fluss Nueces bleiben solle, 240 Kilometer nördlich also, dort, wo Spanien sie ursprünglich gezogen hatte. Im Februar 1846 verschärfte Präsident Polk den Streit, indem er Taylors Truppen nach Süden an den Rio Grande beorderte. Im März verschanzten sie sich am Fluss gegenüber der mexikanischen Stadt Matamoros, nahe des heutigen Brownsville, doch im April rückte mexikanische Kavallerie über den Fluss und lockte eine amerikanische Patrouille in den Hinterhalt, wobei sie elf US-Soldaten tötete.[264]

Polk, der schon lange plante, den Kongress um eine Kriegserklärung zu ersuchen, benutzte das Scharmützel, um den Krieg als Verteidigungsmaßnahme darzustellen. Mexiko hat »unser Staatsgebiet überfallen und Blut auf amerikanischem Boden vergossen«, teilte er dem Kongress mit. Er forderte am 11. Mai 1846 eine Kriegserklärung, und der Kongress stimmte ihr am 13. Mai zu. Dann erließ der Kongress Gesetze, um die Größe der regulären Armee zu erhöhen, und ermächtigte den Präsidenten, 50.000 Freiwillige aus den verschiedenen Bundesstaaten anzuwerben.[265]

Wie eine Weiche im Gleis änderte die Kriegserklärung die Richtung zweier Menschenleben. Sie schickte einen Hauptmann des Heeres und einen deutschen Mörder in die Schlacht.

Robert E. Lee hatte auf Krieg gehofft. Erfahrung im Feld war das Einzige, was er noch brauchte, um in den Rängen der Armee aufzusteigen. Drei Monate nach Kriegsausbruch bekam er Befehl, sich Taylors Feldzug in Mexiko anzuschließen. Während Taylor Matamoros einnahm und nach Süden auf Monterey zu marschierte, bewegte sich ein zweiter Vorstoß unter General Wool weiter nach Nordwesten. Lee, der diesem zweiten Vorstoß zugeteilt war, baute Brücken und besserte Straßen aus, um den Marsch der Truppe westwärts zu ermöglichen. Aber nach dem Überschreiten der Grenze schien das Ziel, Kampferfahrung zu sammeln, fast illusorisch. Wools Truppen waren schon knapp 600 Kilometer ins Feindesland marschiert und hatten seit der Überquerung des Rio Grande noch keinen einzigen mexikanischen Soldaten angetroffen. Lees aufregendstes Abenteuer unter Wool war eine Aufklärungsmission: Jemand hatte von vorrückenden mexikanischen Truppen berichtet. Lee bot sich an, das Gelände zu erkunden, und ritt 30 Kilometer im Schein des Vollmonds, immer den Wagenspuren zum angeblichen mexikanischen Feldlager folgend. Dort machte er weiße Farbtupfer auf dem Hang eines Hügels aus. Sie sahen aus wie Armeezelte, aber irgendetwas veranlasste Lee, näher auf diese zuzukriechen. Sie stellten sich als eine Herde Schafe heraus. Hirten, die Schafe zum Markt brachten, hatten die Wagenspuren verursacht, nicht die mexikanische Armee. Lee befragte sie und fand heraus, dass die mexikanische Armee sich auf der anderen Seite der Berge aufhielt.[266]

Wieder in den Staaten, plante der kommandierende General der US-Armee, Winfield Scott, ein Bär von einem Mann, den manche Historiker als fähigsten Kommandeur seiner Zeit betrachten, einen zweiten Mexiko-Feldzug, und zwar einen sehr gewagten. Er hatte vor, Truppen nach Veracruz, ein mexikanischer Hafen am Golf, zu verschiffen und von dort westwärts nach Mexico City marschieren zu lassen – auf dem gleichen Weg, den Cortez 1519 genommen hatte. Diese Route würde es den amerikanischen Truppen ermöglichen, Mexico City viel schneller zu erreichen, als Taylor das mit seinen Truppen von Norden her konnte. Scott hoffte, dass die drohende Eroberung von Mexico City den Vereinigten Staaten bessere Karten in den Friedensverhandlungen mit Mexiko verschaffen würde.

Scotts Plan hatte einen wunden Punkt: Die Truppen mussten an der Küste von Veracruz die Schiffe verlassen und würden während der Landung der mexikanischen Artillerie ausgesetzt sein. Die amerikanische Armee hatte dergleichen bisher noch nie versucht – und würde solches auch bis zum D-Day, der alliierten Landung 1944 in der Normandie, nie wieder versuchen. Scott aber war bereit, das Risiko einzugehen, plante das Unternehmen und befahl den Bau von Brandungsbooten für die Landung.[267]

Während Lee noch Hirten und Schafe aufspürte, war Scott bereits an der Grenze zum Golf von Mexiko und sammelte Schiffe und Nachschub für seinen Feldzug. Am 16. Januar 1847 erhielt Lee den Befehl, sich ihm anzuschließen.[268]

Und auch Freiwillige schlossen sich Scott an. Als der Gouverneur von Pennsylvania die Kriegserklärung erhielt, erließ er einen Aufruf an »alle Personen, denen öffentliche Waffen und andere Kriegswaffen anvertraut sind«.[269] Die Kompanien der Staatsgarde begannen begeistert mit dem Rekrutieren und der Gefechtsausbildung. Pennsylvania wählte im späten November 1846 zehn Kompanien für das 1. Regiment der Pennsylvania-Freiwilligen aus. Sechs davon stammten aus Philadelphia.[270] Eine davon war eine deutsche Kompanie. Gottlob Rüb, der ehemalige Jäger aus Württemberg, schloss sich ihr an.

Kapitel 16

Der Hauptmann in F-Dur

Hauptmann Frederick W. Binder.

Die Deutsche Washington-Garde von Philadelphia, 1841.

Warum sollte ein Einwanderer die Waffen ergreifen und sein Leben riskieren, indem er ein fremdes Land verteidigt – ein Land, dessen Staatsbürgerschaft er nicht einmal besitzt?

Ein Kennzeichen der amerikanischen Armee, die zwischen 1846 und 1848 Mexiko bekämpfte, war ihre Zusammensetzung aus Angehörigen vieler Nationen: Zwischen 40 und 47 Prozent aller Rekruten der regulären Armee waren im Ausland geboren, die meisten davon Iren oder Deutsche. Und unter die Freiwilligen reihten sich so viele Deutsche ein, dass einige Kompanien fast ausschließlich aus Landsleuten bestanden. In der Armee begegneten sie vielen Vorurteilen – ein deutscher Soldat sagte, die »Eingeborenen«, wenn sie freundlich gesinnt seien, bezeichneten ihn als »Sauerkraut«, und wenn sie es nicht seien, als »gottverdammten Deutschen«. Aber die deutschen Einwanderer gingen trotzdem zur Armee. In Cincinnati und Baltimore bewarben sie sich in höherer Zahl, als sie aufgenommen werden konnten. Pennsylvania warb zwei deutsche Kompanien an, eine mehr als für den Militärdienst verwendet werden konnte.[271]

Das Abenteuer im fremden Land, persönlicher Ruhm auf dem Schlachtfeld und der Wunsch, die amerikanischen Toten in Texas zu rächen, lockten Einwanderer wie einheimische Amerikaner in gleicher Weise. In ihren Augen hatte Texas die Bühne als »*underdog*« betreten gegen ein zu Unrecht auftrumpfendes Mexiko. Briefe und Tagebücher von Soldaten dieses Krieges offenbaren aber auch persönliche Gründe für den Eintritt in die Armee: Die Geldbeutel mussten sich immer noch von der Wirtschaftskrise von 1837 erholen, die Armee bot gute Bezahlung. Und dazu war die Armee ein guter Platz, um sich vor Gläubigern zu verbergen. Einige Männer wollten ganz einfach häuslichem Unfrieden entgehen. Und den Einwanderern bot der Militärdienst die Gelegenheit, die englische Sprache und die amerikanische Kultur kennenzulernen. Einige verpflichteten sich wohl auch, weil sie die amerikanische Staatsbürgerschaft anstrebten, sie glaubten, geleisteter Militärdienst mache sich bei späteren Bewerbungen gut. Und einem ganz besonderen Einwanderer mochte der Dienst in Mexiko als ein günstiges Versteck vor der deutschen Justiz erscheinen, nur für den Fall, dass man je nach ihm suchen sollte.[272]

Ein Aspekt der amerikanischen Kultur des 19. Jahrhunderts begünstigte die Verpflichtung der Deutschen. Die Beliebtheit der Staatsgarde stieg in den 1840er Jahren steil an, Pennsylvania machte seine Garde noch attraktiver, indem es die Milizionäre besoldete. Einwanderer bildeten eigene Kompanien und nutzten sie nicht nur zur Wehrausbildung, sondern auch, um sich gesellschaftlich zu integrieren, Aufnahme in örtliche Einwanderergruppen zu finden. Sie waren ein fruchtbares Feld für jeden Hauptmann, der eine Freiwilligenkompanie aufzustellen hatte.[273]

Mitte der 1840er Jahre konnte Philadelphia sich eines deutschen Garde-Bataillons aus vier Kompanien rühmen. In ihren Kompanie-Uniformen trafen sich ihre Mitglieder monatlich entweder in der Militärhalle in der nördlichen Third Street oder im Zeughaus von Philadelphia zum Exerzieren und Scheibenschießen. Sie trugen aber auch zum öffentlichen Leben bei. Sie nahmen an Leichenzügen teil und marschierten zu Washingtons Geburtstag. Sie brachten Farbe und Glanz in den trübseligen Winter von Philadelphia, indem sie jährliche Gesellschaftsbälle abhielten. Ein paar Stunden lang schwebten die Füße der deutschen Gemeinde auf den Militärbällen zu den Rhythmen von Quadrillen, Walzern und Polkas. Obwohl der offizielle Zweck der Bälle das Sammeln von Spenden war, war der echte Grund für die Veranstaltung wohl eher der, dass man dem »zarten Geschlecht« die Gelegenheit bieten wollte, sich in glockenförmigen Röcken zu drehen und den Hauch einer gefälligen Tändelei in den sonst so martialischen Alltag der Kompanien zu bringen.[274]

Zu gegebener Zeit rief die Regierung Philadelphias die deutsche Garde zum Dienst. Zwei Kompanien kämpften im Zweiten Seminolenkrieg in Florida (1835-1842). Die komplett deutsche »Washington Leichte Infanterie« half im Mai 1844, den Aufruhr der »Nativisten«, der protestantischen Einheimischen, gegen die katholischen irischen Einwanderer niederzuschlagen. Aber das war nichts gegen die Ereignisse von 1846.[275]

Am 11. Mai 1846, als Präsident Polk den Kongress um die Kriegserklärung ersuchte, erreichte die Nachricht von General Taylors Schlachten an der mexikanischen Grenze Philadelphia und elektrisierte die Stadt. Ein Bürger in Philadelphia berichtete, die Aufregung habe am 11. und 12. Mai ihren Höhepunkt erreicht. Die Geschäfte blieben geschlossen, und überall besprachen die Menschen die Ereignisse. Im Zentrum der Aufregung waren die Geschäfte entlang der Market-, der Frontstreet und der Second und Third Street, wo die Leute herumstanden, die Zeitungen lasen und jeden neuen Bericht diskutierten, den die Extrablätter brachten. Verschiedene Kompanien der Staatsgarde hatten bereits damit begonnen, ihren Einsatz vorzubereiten, und einige Hauptleute riefen zu nächtlichen Übungen zusammen. Die erste fand am Abend des 11. Mai im Hof des »State House« (heute: Independence Hall) statt. Am nächsten Tag setzten sie die militärischen Übungen fort. Vorbereitungen wurden getroffen, die Menschen waren bereit.[276]

Zwischen 10.000 und 15.000 Menschen versammelten sich am nächsten Tag im Hof des »State House«. Die Einwohner von Philadelphia beschlossen, ihr Land zu schützen und zu verteidigen, komme, was wolle. In der Woche darauf hielten die Freiwilligen-Kompanien von Philadelphia eine Musterungsparade ab.[277]

Obwohl verschiedene Kompanien sofort mit dem Exerzieren begannen, war eine deutsche Kompanie, die »Washington Leichte Infanterie«, Philadelphias erste abmarschbereite Kompanie. Frederick William Binder, stellvertretender Bataillonskommandeur des deutschen Bataillons Philadelphia, übernahm die Rolle des Hauptmanns und bereitete die Kompanie auf den Einsatz vor. Wie der Jäger Rüb hatte auch der 36-Jährige etwas zu verbergen. Er hatte in Stuttgart ein Internat besucht, das Paulinen-Institut, eine orthopädische Klinik für »Verkrümmte«. Sie sorgte sich besonders um die Armen (ab 1845 »Armenheilanstalt für Verkrümmte am Paulineninstitut«). Wirbelsäulenverbiegungen, Klumpfüße und Kniekontrakturen waren die häufigsten der Leiden. Jahre später sagte Binder, er habe als Kind so viel Nächstenliebe erfahren, dass ihn das als Erwachsenen mitfühlender gemacht habe. Seine Krankenberichte sind nicht mehr vorhanden, deshalb ist es unmöglich festzustellen, an welcher Art von Behinderung er gelitten hatte.[278]

Wie es in seinem Nachruf heißt, kam Hauptmann Binder 1837 in die Staaten. Wie Gottlob Rüb scheint er illegal aus Württemberg ausgewandert zu sein. In den deutschen Archiven findet sich kein Hinweis auf seine Auswanderung.[279]

Welche körperlichen Einschränkungen er auch gehabt haben mag, Frederick Binder hatte gelernt, damit umzugehen. In Philadelphia angekommen, wurde er Schankwirt und war aktiv in der frühen deutschstämmigen Staatsgarde. Als Polks Aufruf an die Freiwilligen herauskam, war Binder der Eifrigste. Seine »Washington Leichte Infanterie« war die erste kampfbereite Kompanie in Philadelphia. Binders Persönlichkeit muss ein Teil ihrer Anziehungskraft gewesen sein. Der englische Spitzname seiner Kompanie war »*the dashing infantry*« (die schneidige Infanterie). Ein Angehöriger der »Washington Leichten Infanterie« nannte Hauptmann Binder schätzenswert und patriotisch. Und wenn die Musik ein Symbol dafür sein kann, dann sprudelte Binder von Charisma: Ein lebhafter Quickstep in F-Dur, der zu Hauptmann Binders Ehren nach der Rückkehr vom Krieg 1848 komponiert wurde, schwingt sich aus den Klaviernoten und setzt die Füße der Zuhörer in Bewegung. Auf Gottlob Rüb zumindest wirkte Hauptmann Binder wie der Rattenfänger von Hameln. Zusammen mit 83 anderen Deutschen aus Philadelphia in der »Washington Leichten Infanterie« verpflichtete sich der gesuchte Mörder aus Württemberg, an seiner Seite zu kämpfen.[280]

Eine Kompanie auf den Krieg vorzubereiten erforderte nicht nur, die Männer auszubilden. Die Frauen nähten Uniformen, Zelte und die Fahne der Kompanie. Die Flagge gebot äußersten Respekt. Wenn die Frauen das Banner fertiggestellt hatten, stellten sie es in einer feierlichen Zeremonie vor. Üblicherweise hielt eine Dame eine Rede, in der sie die künftigen Soldaten aufforderte, die Fahne mit ihrem Leben zu verteidigen. Einer der Offiziere nahm die Fahne in Empfang und versicherte den Frauen, dass keiner seiner Soldaten je der Handarbeit der Frauen die gebührende Ehre versagen werde. Ein Trinkspruch auf die Frauen und ein Festessen der Kompanie folgten oft der Fahnenübergabe.[281]

Über die Fahne der »Washington Leichten Infanterie« wissen wir nichts, aber sie war sicherlich der ihrer Schwester-Kompanie ähnlich, der »Deutschen Washington-Garde«, von der sie sich, als jene zu groß wurde, in den 1830er Jahren abgespalten hatte. Eine deutsche Zeitung beschrieb deren Fahne als »aus blauer Seide angefertigt und mit goldenen Franzen gerziert«. Zusätzlich hatte sie »auf jeder Seite 13 gestickte Sterne und auf der einen Seite die von Blumenkränzen umgebene Inschrift: ›Deutsche Washington Guard‹ und auf der anderen Seite den amerikanischen Adler mit der Inschrift: ›Hail our new Country‹ [Heil unserem neuen Vaterland]«. Deutsche »Frauen und Jungfrauen« nähten und übergaben sie im März 1836. Die Übergabe der Fahne an eine ganz aus Deutschen bestehende Kompanie aus Ohio z. B. fand in Anwesenheit der ganzen Kompanie in einem deutschen Theater statt. Deutsche

Frauen, in Weiß gekleidet, riefen die Soldaten auf, zu Ehren sowohl der deutschen Nation als auch ihrer neuen Heimat zu streiten.[282]

Hauptmann Binder und seine Kompanie verließen Philadelphia am Morgen des 7. Dezember 1846 in Richtung des staatlichen Truppensammelplatzes in Pittsburgh. Schnee bedeckte die Dächer und fiel den ganzen Morgen über in dicken Flocken. In ihren neuen blauen Uniformen fuhren die Kompanien mit dem Zug aus Philadelphia ab. Eine bunte Menge versammelte sich, um ihnen Lebewohl zu sagen. Ein Bürger von Philadelphia beschrieb ein Gedränge von Menschen beiderlei Geschlechts und eine bunte Palette von Gefühlen: Pflicht, Freundschaft, Neid, militärischer Stolz, Neugierde und Schmerz.[283]

Pittsburgh konfrontierte die Freiwilligen mit der Wirklichkeit des Soldatenlebens. Einige der Truppen wurden in einem Lagerhaus ohne Heizung untergebracht. Sie mussten sich auch körperlich untersuchen lassen. Obwohl die Bestimmungen von den Rekruten verlangten, sich völlig zu entkleiden – das erlaubte dem Untersuchungsarzt, Behinderungen und Krankheiten zu erkennen und auf die tätowierten Buchstaben »D« (für Deserteur) oder »HD« (für Gewohnheitstrinker, *habitual drunkard*) auf der Hüfte oder dem Arm zu achten –, war der Druck, Freiwillige nach Mexiko zu schicken, so groß, dass ein Freiwilligenheer bei der Untersuchung in voller Montur durchmarschierte. Sollte Hauptmann Binder noch eine Behinderung aus seiner Kindheit gehabt haben, hat es ihm vielleicht die Oberflächlichkeit der Untersuchung ermöglicht, der Entdeckung zu entgehen.[284]

Die Ärzte schauten zumindest in den Mund jedes Soldaten. Das Armeeleben erforderte starke Vorderzähne. Die Soldaten brauchten sie, um ihre Musketen zu laden – mit den Zähnen mussten sie das Papier aufreißen, das die Patronen umhüllte.[285]

Ein Leutnant der 3. US-Artillerie musterte die »Washington Leichte Infanterie« am 14. Dezember. Sie wurde zur E-Kompanie des 1. Regiments der Pennsylvanischen Freiwilligen. Am 21. Dezember begann für das Regiment an Bord von Dampfbooten die Fahrt den Ohio und Mississippi hinab nach New Orleans, von wo es nach Mexiko eingeschifft werden sollte.[286]

Dritter Teil

Heldentum in Mexiko, 1847

Kapitel 17

Insel der Wölfe

Die Isla de Lobos ca. 1847, vor dem Angriff auf Veracruz.

General Winfield Scotts Feldzug war anfänglich vor allem ein logistisches Unternehmen. Er versammelte über 10.000 Mann, rund 50 Schiffe, Ausrüstung und Nachschub im Golf von Mexiko für den Angriff auf Veracruz. Von Dezember 1846 bis Februar 1847 schwärmten freiwillige und reguläre Soldaten, sowohl aus den Vereinigten Staaten wie aus Zachary Taylors Feldzug nach Nord-Mexiko, wie Bienen um ihren Bienenkorb. Sie überquerten den Golf, wo auf einer kleinen Insel Gottlob Rübs und Robert. E. Lees Lebenswege schließlich aufeinander zuführen und ab jetzt parallel verlaufen sollten.

Für Rüb ging der erste Teil der Fahrt nach Pittsburgh, von da fuhren sie mit dem Boot den Ohio hinunter. Treibeis wich den Baumwollpflanzungen, als die Dampfboote mit dem 1. Pennsylvanischen Regiment auf den mäandernden Wassern des

Ohio und des Mississippi nach Süden fuhren. Für viele von ihnen war es die erste Begegnung mit dem Süden. Einer aus Rübs Regiment äußerte sich in seinen »Erinnerungen« voll Staunen über den Anblick der Orangenhaine und Palmen. Als die Dampfboote sich New Orleans näherten, beschrieb er Scharen von Enten und Gänsen, die sich über Quadratkilometer erstreckten. Schwärme von Tauben – die mittlerweile ausgerotteten Wandertauben *(Ectopistes migratorius)* – verdunkelten den Himmel. Aber Rüb erfreute sich auf seiner Reise an nichts davon. Die Stammrolleneinträge berichten von einer zweieinhalbmonatigen Krankheit, die am 14. Dezember bei ihm ausbrach.[287]

Rübs Elend vergrößerte sich nur noch, als das Regiment zwischen dem 28. und 31. Dezember Boot um Boot in New Orleans anlegte. Zusammen mit Freiwilligen aus Louisiana und Mississippi schlugen die Pennsylvanier ihre Zelte gut elf Kilometer unterhalb der Stadt bei dem Schlachtfeld auf, wo Andrew Jackson 1815 in der Schlacht von New Orleans die Briten besiegt hatte. Dort warteten sie auf Schiffe, die sie nach Mexiko bringen sollten. Das war kein schöner Ort zum Kranksein. Der Armee gingen die Lebensmittel aus, und die Soldaten mussten fasten. In den ersten zehn Tagen des Jahres 1847 änderte sich das Wetter. Ein Nordwind rüttelte das Lager durch; Regen und Schnee sammelten sich in eisigen Pfützen, überflutete die Zelte und tropften durch die Zeltdächer. »Wir hatten eine ziemlich kalte letzte Nacht«, schrieb ein Gefreiter aus Rübs Regiment. »Man hatte nicht für Stroh gesorgt. Wir schafften es, einige Dielen in unsere Zelte zu legen, hatten pro Mann nur eine Wolldecke, und das ist wenig für Leute, die gerade aus warmen Betten kommen.« Einige der Soldaten suchten Wärme in den Hütten der Sklaven.[288]

»Gestern Nacht war eine der unangenehmsten, abscheulichsten Nächte, die ich je meiner Lebtag durchgemacht habe«, schrieb ein anderer Gefreiter am 11. Januar, »und wie alle anderen Kameraden werde ich ihn nie vergessen, diesen längsten Tag in meinem Leben, halb tot gefroren. Unsere Decken und Kleider waren auf unseren Rücken alle hart und steif gefroren. Um jede Feuerstelle standen dicht gedrängt Soldaten, um ihre Decken und Kleidung zu trocknen …«[289]

Auffliegende Pelikane und Wasservögel grüßten das Pennsylvanische Regiment, als es sich Mitte Januar einschiffte und in den Golf von Mexiko einfuhr. Auf dem Weg zum nächsten Sammelpunkt, einer kleinen Insel im Golf von Mexiko, knapp 300 Kilometer nördlich von Veracruz, kam Rüb endlich aus dem Regen. Aber die Umstände waren weiterhin dramatisch. Stürme peitschten den Golf auf, und in den schwankenden Schiffsräumen kam fast allen Seeleuten die fette Schweinefleisch-und-Bohnen-Suppe wieder hoch. Das Schiff stank, und selbst das Wasser schmeckte »miserabel«.[290]

Rübs Schiff, die »Russell Glover«, ankerte am 1. Februar an der kleinen Insel Lobos, nur etwa 2,5 Kilometer im Umfang. Ein Korallenriff umgab die Insel und verursachte ein beständiges Tosen der Brandung. Zitronenbäume, Kautschuk- und Korkholzbäume (*Leitneria floridana*) wuchsen gleich hinter den weißen Stränden, jedoch machte das dichte Unterholz es schwer, ins Innere der »Wolfsinsel« einzudringen. Sie hieß so wegen der »Seewölfe« bzw. Seehunde, die die Insel gerne aufsuchten. Hier trafen die ersten paar Kompanien aus Pennsylvania mit Männern aus Süd-Carolina und Louisiana zusammen. Mit Äxten und Spaten machten die Soldaten den Boden frei für den Aufbau ihrer Zelte und legten einen Exerzierplatz an. Obwohl nach den »Seewölfen« benannt, beherbergte Lobos auch andere Wildtiere: Ratten, Eidechsen und Sandkrabben huschten an den arbeitenden Soldaten vorbei. Ameisen bissen die Soldaten nachts und hinterließen schmerzhafte Quaddeln auf ihrer Haut.[291]

Lobos stellte noch andere Herausforderungen an den kranken Soldaten Rüb. Die Hitze versengte die Insel. Die Gesichter und Arme der Männer waren nach wenigen Minuten in der Sonne mit Blasen überzogen. Die Temperaturen stiegen auf 34 Grad im Schatten, doch als sie versuchten, ihren ersten Durst mit Wasser zu löschen, hinterließ es einen üblen Geschmack im Mund. Sie gruben nach Wasser, aber es war brackig; als sie Mississippi-Wasser versuchten, das man vom Schiff herüberruderte, fanden sie es noch übler, weil man es in einem Sauerkrautfass aufbewahrt hatte. Rüb blieb die ganze Zeit über krank.[292]

Die Kompanien begannen, Manöver zu üben. Hauptmann Binder hat seine Leute wohl auf Deutsch gedrillt. Bis in den Bürgerkrieg (1861–1865) hinein verrichteten deutsche Regimenter ihre Aufgaben – Drill, Befehle und Briefwechsel – in deutscher Sprache. Sie arbeiteten nach deutschem Exerzierreglement, aßen Extraportionen Sauerkraut und sangen miteinander deutsche Lieder. Deutsche Soldaten bildeten auch im Bürgerkrieg sogar eigene Männerchöre.[293]

Die deutschen Kompanien versuchten aber nicht nur, ihre heimatliche Lebensweise aufrechtzuerhalten, sie nutzten den Krieg auch, um ihre Treue zu ihrem neuen Land zu beweisen. Hauptmann Binder war der Erste, der im Rahmen von Scotts Feldzug Gefangene nahm, als er am 14. Februar Offizier vom Dienst war. Eine kleine mexikanische Schaluppe lag nahe am Festland und schickte drei Mann in einem mit Früchten beladenen Boot nach Lobos. Hauptmann Binder hatte den Verdacht, sie seien Spione, die sich als Verkäufer tarnten, ließ ihr Boot ergreifen und sie in Eisen schlagen, sobald sie den Strand betraten. Die Mannschaft eines der amerikanischen Schiffe ruderte zu der mexikanischen Schaluppe hinüber und verbrannte sie. Binder war stolz auf diese erste Aktion des Feldzugs, und einer der Gefreiten beschrieb ihn folglich auch als einen »tapferen Soldaten und ausgezeichneten Mann«.[294]

General Scott und Robert E. Lee kamen eine Woche später mit dem Flaggschiff »Massachusetts« an, und Scott kampierte eine Zeitlang mit Rübs Regiment. Robert E. Lee war damals wohl sehr mit den Anweisungen an die Ingenieure beschäftigt, aber er schrieb auch einen ausführlichen Brief nach Hause. Die Kanonen donnerten, und die Dudelsäcke spielten auf zu Washingtons Geburtstag. Die deutsche Kompanie feierte ihn mit einem Festessen, und die Deutschen tranken auf Washington, wobei sie die Worte von Lees Vater sprachen: »Der Erste im Krieg, der Erste im Frieden und der Erste in den Herzen seiner Landsleute.« Sie brachten auch Trinksprüche aus auf die Armee, die Marine, Präsident Polk, den Bundesstaat Pennsylvania und verschiedene Offiziere. Der Trinkspruch auf Hauptmann Binder pries sein »menschliches und selbstsicheres Herz« und sagte voraus, seine »Washington Leichte Infanterie« werde es nie bereuen, gegen den Feind gezogen zu sein. Der letzte Spruch galt den Frauen, die sie zu Hause gelassen hatten: »Auf unsere Ehefrauen und Liebsten, und alle Frauen in Amerika – Gott segne sie!«[295]

Drei Tage später brachten Ruderboote alle auf der Insel Lobos lagernden Soldaten zu den wartenden Schiffen. Am 3. März hisste das Flaggschiff das Signal, und alle Schiffe lichteten Anker zur Fahrt nach Veracruz. Gottlob Rüb hatte sich endlich erholt, gerade rechtzeitig für den Angriff. So viele Schiffe waren in Bewegung, dass der Horizont aussah wie eine einzige Segelwand. Die bis dahin größte Schiffsarmada der Vereinigten Staaten befand sich in voller Fahrt.[296]

Die Seeleute holten die Taue ein, und die Soldaten begleiteten sie mit dem Lied: »Wir fahren gegen die Küsten von Mexiko, und dort landen wir, Onkel Sams Soldaten, hey ho!«[297]

Hauptmann Robert Anderson hatte deutsche Kanoniere in seiner 3. Artillerie. Auch sie sangen während der Fahrt von der Insel Lobos nach Veracruz auf der USS »Alabama«. Und als der

Bug der »Henry« die monderleuchtete See durchschnitt, hörte Leutnant Daniel Harvey Hill von der 4. Artillerie den Gesang der Soldaten. Während eines ihrer Lieder überkam sein Herz eine Welle ungewohnter Trauer. In seinem Tagebuch wunderte er sich darüber: »Wir hörten die Lieder der Soldaten gestern Nacht, als der Mond so sanft über uns schien. Eine dieser Weisen erweckte schmerzvolle Gedanken. Warum sollte ich mich grämen, wenn meine Uhr vielleicht schon abgelaufen ist?«[298]

General Scott an Bord der »Massachusetts« hatte wahrscheinlich keinen Sinn für den Gesang. Er traf letzte Entscheidungen für einen der gewagtesten Pläne der Kriegsgeschichte.

Kapitel 18

Goldene Schätze und eine weiße Festung

Die Festung San Juan de Ulúa mit Veracruz im Hintergrund.

Wo Gold ist, da sind bald auch Piraten. Hätte Mexiko diese Binsenweisheit nicht schon in der spanischen Kolonialzeit im 16. Jahrhundert gekannt, hätte es sie ganz sicher aus der späteren Erfahrung mit dem Goldhandel gelernt. Auch wenn Mexiko nicht gerade vor Gold strotzte, so gab doch jede Menge Gerüchten über Gold. Und das lockte Piraten an.

Spaniens Expeditionen in die Neue Welt begründeten Mexikos Ruf als Goldgrube. Die ersten Eroberer 1517 brachten kleine, handgearbeitete Gegenstände aus Gold von Mexiko mit nach Hause. Nach den Berichten der Mitglieder der zweiten Expedition 1518 war Gold dort so alltäglich wie Eicheln. Die amerikanischen Ureinwohner, die von ihren Kanus aus im Grijalva fischten, schienen goldene Angelhaken zu benutzen. Die Stammeshäuptlinge zeigten dem Führer der Expedition Berge von diesem Material: goldene Waffen, Schuhe, Gamaschen, Brustpanzer, einen Krug, Kugeln, eine goldene Statuette und eine mit Juwelen besetzte Maske. Als die Einheimischen über die Freilassung eines Gefangenen verhandelten, den die Spanier in ihrer Gewalt hatten, boten sie ihnen an, das Gewicht des Mannes in Gold aufzuwiegen. »Wir glauben, dieses Land ist das reichste der Welt an Steinen von großem Wert, wovon wir viele Stücke mitgebracht haben«, verkündete ein Mitglied der Expedition, Padre Juan Diaz.[299]

Die dritte Expedition 1519, der Eroberungszug, den Hernán Cortés anführte, trübte Mexikos Ruf als Eldorado, als Goldland, nicht. Cortés errichtete einen Stützpunkt nahe Veracruz, wo Kaiser Montezuma Cortés mit schweren goldenen und silbernen Rädern beschenkte. Von Veracruz aus marschierte Cortés ins Landesinnere, um das Aztekenreich zu erobern.[300]

Das Vizekönigreich Neuspanien, zu dem Mexiko damals gehörte, wurde zur Quelle des spanischen Reichtums. Gold und Silber wurden karrenweise nach Veracruz in Mexikos wichtigsten Hafen gebracht und dort auf die Schiffe ins Mutterland Spanien verladen. Veracruz war während des 16. und 17. Jahrhunderts den Hauptzugang zur Neuen Welt, eine Drehtür des spanischen Goldrausches. In den folgenden Jahrhunderten hatte der transatlantische Strom aus Gold und Silber, der an die spanische Krone floss, seine Quelle in Veracruz.

Und die Seeräuber kamen: Französische Piraten fingen 1521 einiges von Montezumas Schätzen auf dem Weg nach Spanien ab und auch 1523 zwei Galeonen, die Cortés ins Mutterland geschickt hatte. Spanien reagierte, indem es ein Konvoisystem aufbaute. Mit Schätzen beladene Handelsschiffe segelten im Flottenverband mit Galeonen als Begleitschutz. Das System bewährte sich so gut, dass die Piraten in den nächsten 130 Jahren nur zwei Mal auf hoher See spanische Goldbarren in die Hände bekamen.[301]

Die Häfen aber blieben Schwachpunkte, wo die Seeräuber angreifen konnten. 1568 stahlen sich die englischen Freibeuter Francis Drake und John Hawkins, als Spanier verkleidet, in den Hafen von Veracruz und nahmen eine Insel ein, San Juan de Ulúa, ungefähr 1.000 Meter vor der Küste. Eine eintreffende spanische Flotte vertrieb die Seeräuber in einer Schlacht, doch der Vorfall machte deutlich, dass Spanien mehr tun musste, um Veracruz zu verteidigen.

Um den Hafen zu schützen, errichtete Spanien also Verteidigungsanlagen, nicht nur entlang der Stadtmauer, sondern auch auf der Insel San Juan de Ulúa. Es baute in den 1570er Jahren die Festung San Juan de Ulúa auf und verstärkte und erweiterte sie jahrhundertelang. Die Inselfestung diente drei Zwecken: Ihre Kanonen bildeten eine Schutzwehr gegen die hereindrängenden Seeräuber. Ihre weiträumigen Lagerhallen bargen Gold und Silber, während die Schätze ihre Verschiffung nach Spanien erwarteten. Und sie schützte den Hafen vor den harschen Nordwinden. San Juan de Ulúa wurde die berühmteste Festung Nordamerikas. Drei Jahrhunderte lang diente sie als Spaniens vorderstes militärisches Bollwerk auf dem amerikanischen Kontinent. Als Mexiko die Unabhängigkeit von Spanien errang, wurde San Juan de Ulúa zum Symbol dieser Unabhängigkeit.[302]

Als die US-Amerikaner 1847 in Veracruz eintrafen, galt San Juan de Ulúa immer noch als die stärkste Festungsanlage Amerikas. Auf einer Fläche von rund viereinhalb Hektar brüstete sich die Inselfestung mit Mauern aus hartem Gestein, vier bis fünf Meter dick und über 18 Meter hoch, und war ein bevorzugter Sitzplatz der Pelikane. Die Mauern, im Sonnenlicht weiß wie ein die nahenden Schiffe warnendes Leuchtfeuer, bildeten ein Viereck, das Vorratslager und Zisternen umfasste, die groß genug waren für über 2.634 Hektoliter Frischwasser. San Juan de Ulúa rühmte sich seiner 135 Kanonen, einer Besatzung von 1.030 Mann und eines Munitionsvorrats von mehr als 1.000 13-Zoll-Geschossen. Obwohl die Bewaffnung einige antike spanische Kanonen einschloss, waren die meisten der Geschütze neu. Die Franzosen hatten sie 1838 während ihrer kurzen Besetzung von Veracruz aufgestellt. Von ihren Geschossen wurde gerüchteweise verbreitet, sie seien größer als alles, was die Armee der Vereinigten Staaten besaß. Ein Absolvent von West Point nannte San Juan de Ulúa die vollkommenste Festung, die er je gesehen habe, und seine Geschütze die größten, die ihm je untergekommen seien.[303]

Auch General Scott war der Meinung, die Festung sei die gefährlichste, mit der er es je zu tun gehabt habe. Nach seinen Erkundigungen hatten die Mexikaner San Juan de Ulúa in den zehn Jahren seit der französischen Besatzung vergrößert und ihre Bewaffnung verdoppelt. »Als wir 1847 ankamen«, notierte Scott später in seinen Erinnerungen, »hatte die Festung die Feuerkraft, die gesamte amerikanische Marine zu versenken«.[304] Als Flottenadmiral Perry einen britischen Offizier fragte, ob die Festung mit einem Marinegeschwader einzunehmen sei, antwortete der, die Festung »könnte alle Flotten der Welt zu Atomen pulverisieren, ehe diese auch nur die Mauern beschädigen«.[305]

Scott und seine Armada mieden San Juan de Ulúa und versammelten sich ungefähr 20 Kilometer südlich von Veracruz vor der Küste bei Antón Lizardo. Scott wollte die Küstenlinie nach dem besten Landungsort für die Armee absuchen. Flottenadmiral David Connor, der ranghöchste Marineoffizier in den Gewässern vor Veracruz, lud Scott, seine Generäle und seinen Stab zur Erkundung auf die »Petrita« ein, einen kleinen Dampfer. Robert E. Lee ging mit ihnen.[306]

Zuerst nahmen sie den Strand von Collado in Augenschein, vier Kilometer unterhalb von Veracruz und gerade außerhalb der Schussweite von San Juan de Ulúa. Flottenadmiral Connor empfahl der Armee die Landung an genau diesem Ort. Dann machten sie einen Schwenk nach Norden, um die Stadt und die Festung in Augenschein zu nehmen. Als die »Petrita« unter zweieinhalb Kilometer an die Inselfestung herankam, spie diese Geschosse und Rauch, und in der Stimme ihrer Kanonen hallten der Zorn Spaniens gegen die Seeräuber und der Ruf Mexikos nach Unabhängigkeit wider. Die »Petrita« war der Inselfestung jetzt so nah, dass die Amerikaner, die sie von den anderen Schiffen aus beobachteten, befürchteten, die Festung würde den Dampfer völlig zertrümmern und ihn auf den Meeresgrund schicken.[307]

Der erste Schuss ging zu weit. Er flog über den Bug und landete auf der abgewandten Seite der »Petrita« im Wasser.

Der zweite Schuss war zu kurz.

Der dritte, eine Granate, explodierte unmittelbar über dem Dampfer.

Die Mannschaft der »Petrita« drehte ab und brachte so viel Kielwasser wie möglich zwischen den Dampfer und die Festung. San Juan de Ulúa feuerte elf Granaten ab, ehe die »Petrita« außer Schussweite war.[308]

Hätten die Mexikaner getroffen und die »Petrita« versenkt, wäre die Geschichte Amerikas anders verlaufen. Sie hätten dem Feldzug gegen Veracruz wahrscheinlich ein Ende bereitet, denn dessen Generäle Scott, Patterson und Pillow waren alle an Bord. Die Vereinigten Staaten hätten den Mexikanisch-Amerikanischen Krieg vielleicht immer noch gewinnen können; aber sie hätten auf keinen Fall den riesigen Landstrich erobert, der heute den Südwesten der Vereinigten Staaten ausmacht.

Und ein solch früher Schlag der Mexikaner hätte auch den Verlauf des Amerikanischen Bürgerkriegs beeinflusst, denn an Bord der »Petrita« befanden sich einige seiner Schlüsselfiguren: Robert E. Lee, Joseph Johnston (1807–1891), Pierre Gustave Toutant Beauregard (1818–1893) und George Meade (1815–1872). »Diese Unternehmung habe ich für sehr töricht angesehen«, schrieb Meade in einem Brief nach Hause, »da die gesamte Generalität der Armee an Bord war, hätte ein einziger Schuss, der das Fahrzeug getroffen und steuerungsunfähig gemacht hätte, uns zur schwimmenden Zielscheibe für den Gegner gemacht, und hätte so zum Werkzeug des völligen Zusammenbruchs der Expedition werden können.«[309]

Das Geschützfeuer von San Juan de Ulúa war das erste feindliche Feuer, das Robert E. Lee jemals mitgemacht hatte. Er schaffte es zu entkommen.[310] Gottlob Rüb sollte das nicht gelingen.

Kapitel 19

Amphibischer Einsatz

Landung der amerikanischen Streitkräfte unter General Scott bei Veracruz am 9. März 1847.

Detail einer Skizze vom Angriff auf Veracruz, hinter den amerikanischen Linien von einem amerikanischen Offizier gezeichnet.

General Scott plante jetzt den nächsten Teil seines Feldzuges, der in der US-amerikanischen Geschichte beispiellos war. Sein Ziel war, Veracruz und seine Festung einzunehmen und von dort nach Mexico City zu marschieren, indem er denselben Weg nahm, den einst Cortés eingeschlagen hatte, um Mexiko zur Aufgabe zu zwingen. Aber zuerst musste er über 10.000 Mann von den Schiffen an den Strand bringen, und er hatte vor, dies an einem einzigen Tag zu bewerkstelligen.[311]

Scott hatte schon im Voraus 141 leichtgewichtige Ruderboote mit flachem Boden und hochgezogener Bordwand bestellt. Entworfen von der Marine und gebaut vom Heeres-Quartiermeisteramt in Philadelphia, sollte jedes Boot 40 Soldaten tragen, dazu eine kleine Marineeinheit, um sie an Land zu rudern. Zum ersten Mal hatten die Vereinigten Staaten Boote für eine amphibische Invasion gebaut. Bis zum Beginn des Angriffs waren nur 65 Boote eingetroffen. Darum plante Scott, seine Mannschaften in drei Wellen anzulanden.[312]

Da die Aufklärung keinerlei Bastionen am Strand von Collado, vier Kilometer südlich von Veracruz, entdeckt hatte, wählte Scott ihn als Landungsplatz. Obwohl er jenseits der Schussweite von San Juan de Ulúa lag, war das Übersetzen der Truppen an die Küste kritisch. Die Landungsboote würden den Soldaten keine Deckung bieten. Alles, was die Mexikaner hätten tun müssen, war, aus Schützengräben in den Dünen auf die Boote zu feuern, während die Amerikaner zwischen den Rändern ihrer offenen Holzboote eingezwängt waren. Scott hatte Sorge, die ganze mexikanische Armee könnte angriffsbereit hinter den Dünen versteckt sein. Er hatte schon Berichte erhalten, wonach sich eine mexikanische Batterie seinem Landepunkt gegenüber an der Küste eingerichtet habe. Also wies Scott die Marine an, den Strand im Voraus mit Kanonen zu bestreichen.[313]

Am 9. März gab Scott das Signal zum Angriff. Es war ein klarer Morgen. »Wenn wir das Wetter hätten wählen können, wäre die Wahl auf diesen Tag gefallen«, notierte Raphael Semmes, ein Marineoffizier. »Die Sonne ließ ihre glänzenden Strahlen an einem wolkenlosen Himmel erstrahlen, und eine sanfte Brise aus Südost, die günstig und gerade ausreichend für unsere Zwecke war, kräuselte die See, ohne sie zu rau werden zu lassen.«[314]

Um halb vier nachmittags hisste die Mannschaft des Flaggschiffs »Massachusetts« drei Flaggen in den abgesprochenen Farben, Rot, Gelb und Rot-Weiß, das Signal, die Landungsboote zu bemannen. Die Division des Generals Worth war die erste, die abrückte. Jeder Soldat nahm 40 Patronen und zwei Tagesrationen Nahrung mit. Um vier Uhr nachmittags ließen die Matrosen die Boote an der Leeseite der Schiffe ins Wasser hinab, und an die Seile geklammert kletterten die Soldaten hinterher. Die Landungsboote bildeten eine kilometerlange Schlange, während ihre Mannschaften auf das Zeichen zum Ablegen warteten.[315]

Die Anspannung wuchs, noch bevor die ersten Ruder ins Wasser tauchten. Mexikanische Kavallerie erschien auf den Dünen. Das amerikanische Schiff »Tampico« schoss eine Granate in ihre Richtung ab, die Reiter verschwanden. Als General Scott das Signal gab, ans Ufer zu rudern, war die vordringlichste Frage in allen Köpfen die nach dem mexikanischen Widerstand. Die »Massachusetts« feuerte ein Signal, hisste eine Flagge, und 65 Landungsboote fuhren los. Seevögel kreischten, die Brandung schlug heftig ans Ufer, und in der untergehenden Sonne leuchteten die aufgerichteten Bajonette golden auf. Auf den wartenden Schiffen beobachteten Marine und Heer gleichermaßen den Fortschritt in angespanntem Schweigen. Die Marine richtete ihre Kanonen auf die Dünen, bereit zu schießen, sollten die Mexikaner das Feuer auf die Landungsboote eröffnen. San Juan de Ulúa spie Feuer und hustete Rauch, aber die Festung war zu weit weg, um eine echte Gefahr darzustellen.[316]

Was als Nächstes geschah, war das Letzte, was irgendjemand erwartet hätte. Als die ersten Boote den Strand erreichten, warfen die Besatzungen leichte Anker vom Heck, um die kleinen Fahrzeuge zu stabilisieren, während sie in die gischtende Brandung einfuhren. Die Soldaten, 2.595 an der Zahl, sprangen von Bord in das hüfthohe Wasser, wateten ans Ufer und pflanzten die amerikanische Fahne auf die Dünen. Drüben auf den Schiffen erfüllte ein Jubelruf aus tausend Kehlen die Luft, und ein Dutzend Musikkapellen stimmten die Nationalhymne an.[317]

Die Mexikaner gaben nicht einen einzigen Schuss ab. Als die Soldaten des Heeres den Kamm der ersten Düne erreichten, stellten sie fest, dass die Mexikaner geflohen waren.

Die Landungsboote kehrten zu den Schiffen zurück, um die nächste Welle Soldaten aufzunehmen, die Freiwilligen. Rüb kam mit dieser zweiten Welle an Land. »Wir ruderten an Land«, berichtete Jeremiah Albee, ein Freiwilliger aus New York, »und erwarteten, dass von den Sandhügeln ein Hagel Geschosse über uns hereinbrechen würde, die allmählich hinter dem Ufer aufstiegen und hinter denen wir die Leute Santa Annas vermuteten.« Aber nichts geschah, und die Freiwilligen landeten sicher. Nach der dritten Welle transportierten die Landungsboote Material – Geschütze, Munition, Zelte, Proviant, Pferde und Bauholz –, eine Aufgabe, die die ganze folgende Woche dauerte. Um elf Uhr abends hatte Scott das Beispiellose vollbracht: Er hatte 10.000 Mann ohne einen einzigen Ausfall an Land gebracht. Das wäre selbst für eine Armee unserer Tage eine eindrucksvolle Tat.[318]

Das mexikanische Versagen, den Strand von Collado zu verteidigen, bleibt eines der größten Rätsel des Krieges. »Weshalb [die Mexikaner] sich dazu entschieden, den Strand nicht zu verteidigen, und auf diese Weise die Gelegenheit verpassten, den angreifenden Truppen schwere Verluste zuzufügen, ohne selbst vergleichbare Verluste zu erleiden, ist von den mexikanischen Historikern nie zufriedenstellend erklärt worden«, schreibt ein Wissenschaftler. William Harwar Parker, ein junger Marineoffizier, der an der Landung teilnahm, drückte es so aus:[319]

»Wenn der Gegner eine Landung kühn abwehrt, kann sie nicht erfolgreich abgeschlossen werden. Hätten die Mexikaner sich hinter den Sandhügeln verborgen, bis unsere Boote beinahe in der Brandung waren, und wären dann heruntergekommen und hätten das Feuer eröffnet, dann wäre, so ist meine Überzeugung, die Hälfte unserer Leute getötet oder verwundet worden, ehe sie den Strand erreicht hätten. Die Kanonenboote hätten nicht feuern können, ohne die Eigenen zu treffen, und die Männer, dicht gedrängt in den Booten, wie sie waren, wären hilflos gewesen. Wenn es keine Hügel gibt, genügt ein mäßig tiefer Schützengraben, mit dem die Küstenverteidiger sich vor dem Feuer der Kanonenboote in Deckung bringen können. Der Grundgedanke ist, sich in Deckung zu halten, bis die landende Truppe ungefähr 50 Meter vom Ufer entfernt ist, und ihnen dann mit kleinen Waffen und leichter Artillerie zuzusetzen.«[320]

Rüb verbrachte die Nacht wie die übrigen Soldaten unter freiem Himmel, auf seinen Waffen schlafend. Es war kalt, und die Luft nässte die Männer mit schwerem Tau. Am anderen Morgen würgte sein Regiment ein unappetitliches Frühstück aus schimmeligem Schiffszwieback, kaltem, gesalzenem Schweinefleisch und schlechtem Wasser hinunter. Dann marschierten sie ab. Das Ziel des Heeres war, die Stadt zu belagern.[321]

Eine riesige, sandige Ebene umgab Veracruz und seine Stadtmauern. Sie nahm allmählich an Höhe zu und endete in einer

Reihe von Dünen drei Kilometer landeinwärts. Die Dünen türmten sich bis zu einer Höhe von 100 Metern auf und erstreckten sich noch mehr als einen Kilometer weiter. Jenseits der Dünen ragten die Berge auf. An einem klaren Tag ließ sich der Gipfel des höchsten Berges von Mexiko, des Pico de Orizaba, am Horizont erblicken. Nach Südosten sprenkelte ein Netz von Teichen und Sümpfen die Landschaft, sie vereinigten sich zu einem Bach und füllten die Zisternen, in denen Veracruz seinen Wasservorrat bewahrte. Wo immer man hinschaute, waren Zopilotes, die schwarzen Rabengeier *(Coragyps atratus)*, die träge ihre Kreise in den warmen Aufwinden drehten. So viele Tausende von ihnen rasteten in der Stadt, dass die Dächer aussahen, als trügen sie Trauer.[322]

Während die marschierenden Soldaten bis zum Knie in den nassen Sand sanken, erreichten die Temperaturen 32 bis 38 Grad Celsius im Schatten, schrieb James L. Freaner, ein Zeitungskorrespondent in Veracruz. Das Problem war: Es gab keinen Schatten. Das dichte Gehölz des Chaparral, Kakteen und kleine knorrige Bäume mit langen Dornen machten das Durchkommen schwer. Die Dornen zerrten an der Kleidung der Männer und zerfetzten ihre Haut, während sie die Hügel erklommen. Als ein deutscher Soldat auf einen Dorn trat, wurde sein Schuh zerschnitten.[323]

Die Füße bekamen Blasen, die Hitze trocknete Kehlen und Zungen aus. Ein Soldat verlor die Sprache; bei einem anderen, der einen Sonnenstich erlitt, zweifelte man, ob er überleben würde. Ein Hauptmann wurde ohnmächtig, zum Schiff zurückgebracht und nach Hause geschickt. Es sei schwer gewesen, zehn Schritte zu tun, ohne auf einen kollabierten Soldaten zu treten, der um Wasser bettelte, schrieb ein Mitglied von Rübs Regiment in seinen Erinnerungen. Der Boden wimmelte von Flöhen, Zecken, Ameisen und Vogelspinnen. Während die Männer marschierten, schleuderte San Juan de Ulúa Sprengmunition und Kugeln auf die Truppen. Bomben pfiffen über ihre Köpfe und krachten knackend und berstend durch das Chaparral. Trotz seiner Mühen nahm das 1. Regiment der Freiwilligen von Pennsylvania einen Hügel ein und grub am nächsten Tag mit Händen, Bajonetten und ihren Blechtassen und Tellern Schützengräben in den Sand.[324]

General Scott landete einen Tag nach Rüb. Er berief ein Treffen mit seinem Stab ein, um die Strategie zu besprechen. Robert E. Lee, als Günstling des Generals, nahm an der Diskussion teil. Die Frage war: Sollte man Veracruz durch unmittelbaren Angriff oder durch Belagerung einnehmen? Das Erstere würde 2.000 bis 3.000 Mann das Leben kosten, mehr Leute, als Scott zu verlieren bereit war. Letzteres würde länger dauern. Scott zog die Belagerung vor, und sein Stab stimmte zu. Die Armee baute Belagerungslinien.[325]

Aber auch die Belagerung hatte ihre Gefahren. Ein unsichtbarer Gegner lauerte in den Teichen und Sümpfen südöstlich der Stadt. Scott wusste, dass er da war, aber die Wissenschaft war 1847 noch nicht so fortgeschritten, die Ursache genau festzustellen. Alles, was Scott wusste, war, dass das *Vomito*, das Gelbfieber von Veracruz, regelmäßig im März oder April ausbrach. Und wenn es ausbrach, konnte es Tausende das Leben kosten. Scott musste seine Truppen aus der Küstenregion abziehen, ehe das *Vomito* ausbrach.[326]

Die US-Armee hatte nicht viel Zeit, ihre Belagerung siegreich zu beenden, und es war nicht sicher, ob die Artillerie des Heers stark genug sein würde, diese Aufgabe zu meistern.

Kapitel 20

Ein Brüllen wie ein Wirbelsturm

Die Marinebatterie während der Belagerung von Veracruz, um 1848.

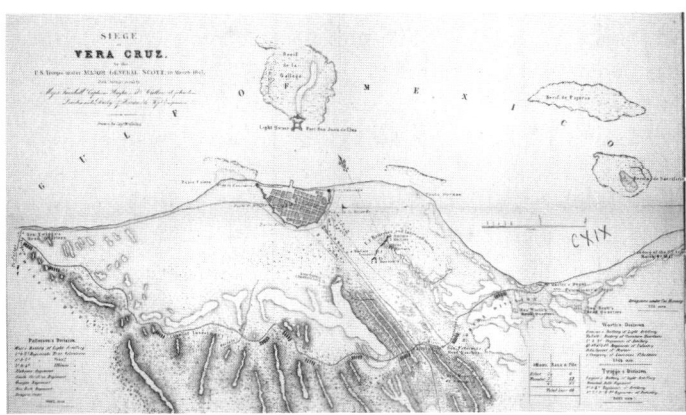

Karte der Belagerung von Veracruz vom US-Armee-Corps der Topografischen Ingenieure, 1847.

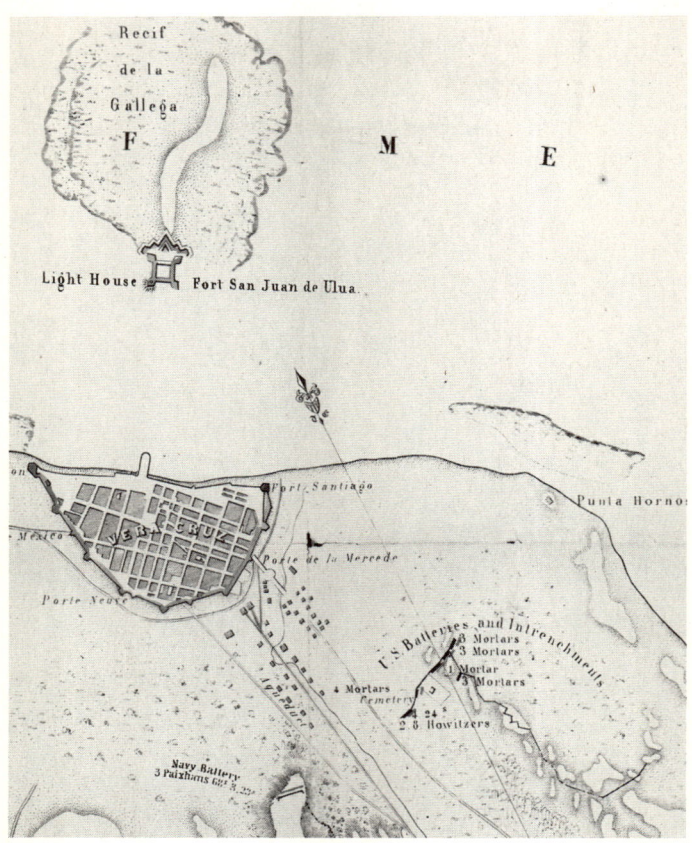

Detail der Karte von S. 175: San Juan de Ulúa oben und die Marinebatterie unten.

Der Mexikanisch-Amerikanische Krieg veränderte Robert E. Lees Leben.

Fast 22 Jahre waren vergangen, seit er in West Point eingetreten war, und phasenweise war er so enttäuscht gewesen, dass er ans Aufgeben dachte. Lee war bislang nur in den Rang eines Hauptmanns aufgestiegen. Die Kriegserfahrung fehlte ihm. Bislang fehlte ihm damit auch die Gelegenheit, sich zu bewähren.

Die aber gab ihm General Scott. Scott hatte sich nach einer zweiwöchigen Zusammenarbeit 1844 in West Point an Lee erinnert und ihn eingeladen, sich mit einigen anderen herausragenden Offizieren seinem Stab anzuschließen. Ethan Allen Hitchcock war der Generalinspekteur. Im Stab waren auch verschiedene ehrenvolle in West Point ausgebildeter Offiziere, die sich im Bürgerkrieg auszeichnen sollten: P.G.T. Beauregard, George B. McClellan (1826–1885), Joseph Johnson, George Gordon Meade,und für eine kurze Zeit Ulysses S. Grant (1822–1885). Scott aber wählte Lee als seinen engsten Mitarbeiter aus.

Lee beeindruckte Scott mit seiner Vielseitigkeit: Er hatte nicht nur einen ausgezeichneten Sinn für Ingenieursarbeit und Vermessungswesen, sondern auch für militärische Aufklärung und Operationen. Scott zog den Schluss, Lee sei der beste Soldat, den er je im Feld kennengelernt hätte. Er vertraute Lee mehr als irgendeinem anderen Offizier, und aufgrund von Lees Leistungen im Feldzug gegen Mexico City war Lee Scotts erste Wahl für das Kommando aller Streitkräfte der Union, als der Bürgerkrieg ausbrach. Lee seinerseits lernte hier die Strategien, die er Jahre später in Virginia anwenden sollte.[327]

General Scott musste Veracruz einnehmen, um einen Ausgangspunkt für seinen Marsch auf Mexico City zu haben, eine Nachschubbasis zu entwickeln und die rückwärtige Front zu sichern. Obwohl Scotts Heer das damals nicht wissen konnte, sollte sein Erfolg beim Marsch gegen Mexico City die Landkarte der Vereinigten Staaten neu zeichnen und dem Land neue Grenzen geben. Durch ihren Sieg im Krieg erwarben die Vereinigten Staaten Texas, New Mexico, Arizona, Nevada, Kalifornien und Teile von Colorado, Wyoming, Kansas und Oklahoma.

Für Gottlob Rüb war es eine Gelegenheit, seiner neuen Heimat seine Treue zu beweisen.

Um die Stadt einzunehmen, musste Scott die Mauern mit Artilleriefeuer brechen. Er beauftragte Lee damit, die Standorte für die Batteriestellungen auszusuchen und deren Errichtung zu überwachen. Lee erkundete die Stadtmauer und kam ihr dabei manchmal im Schutze der Dunkelheit so nahe, dass er die mexikanischen Hunde zum Bellen brachte. Als er und P.G.T. Beauregard einmal auf einem engen Pfad durch den Chaparral zu ihren Linien zurückkehrten, rief ihn eine argwöhnische Wache an, feuerte und tötete Lee um ein Haar. Die Kugel ging zwischen Lees Körper und seinem linken Arm hindurch und versengte dabei seine Uniform. Eine andere Flugbahn der Kugel hätte den Lauf der amerikanischen Geschichte massiv verändert.[328]

Hauptmann Lee ließ am 17. März den ersten Spatenstich für die Batteriestellungen machen, keine 800 Meter von den Stadtmauern entfernt. Er ließ Plattformen und Schießscharten mit Sandsäcken zur Unterstützung und zum Schutz der Heereskanonen erbauen. Aber Scott wusste, dass die Heeresartillerie allein wahrscheinlich zu schwach war für diese Aufgabe.

Um genügend Feuerkraft zum Durchbruch durch die Stadtmauern zu haben, arbeiteten Scott und die US-Marine eine gemeinsame Operation aus, deren Genialität später die Bewunderung der Militärhistoriker auf sich zog. Sie bauten sechs Riesengeschütze der Marine auf den Schiffen ab und schleppten sie fünf Kilometer durch die Dünen, um das zu erbauen, was als die schwerste Gefechtsstellung galt, die jemals bei einer Belagerung errichtet worden war. Zusammen nutzten das Heer und die Marine Schiffsgeschütze, um die Stadt von der Landseite her anzugreifen. Robert E. Lee wählte den Platz für die Marinestellung aus, baute sie auf und leitete das Feuer, während die Marine die Geschütze bediente.[329]

Darunter waren auch drei Paixhans, die ersten Schiffskanonen, die für Sprenggeschosse entworfen wurden. Jedes Geschoss wog 68 Pfund. Die drei anderen Kanonen feuerten

32-Pfünder. Der Boden der Landeboote aus Weymouth-Kiefer *(Pinus strobus)* war zu schwach, um mit ihrem Gewicht zurechtzukommen: Jedes der sechs Geschütze wog 2,9 Tonnen. Am 22. März, dem Tag, als das Heer Veracruz unter Feuer nahm, lud die Marine ihre Geschütze auf ihre Barkassen und brachte sie zur Küste. Die Matrosen stellten sie auf Rutschen, vertäuten sie mit den Dollborden, und als sie die Küste erreichten, legten sie Laufbrücken, um die Geschütze auf den Strand zu rollen. Dann setzten sie die Geschütze auf Holzräder, um sie zur Batterie zu schieben.[330]

Das war der schwierige Teil. Hunderte von Soldaten, reguläre wie freiwillige, halfen mit. Es ging fünf Kilometer durch die Dünen und eine Lagune. Sie sanken bis zu Knien in den nassen Sand ein. Über Hügel, aber immer außer Sicht der Mexikaner, kamen sie vorwärts. Der Transport dauerte die ganze Nacht. Ein zunehmender Mond im Westen bot etwas Licht, zumindest bis etwa Mitternacht. Die Matrosen brüllten Anweisungen und immer wieder Kraftausdrücke. Rübs Regiment half, die Geschütze an ihre Plätze zu schieben.[331]

Robert E. Lee errichtete den Gefechtsstand oben auf einer Düne, rund 650 Meter von der Stadt, im Schutz der Nacht, verborgen durch den Chaparral. Die Brustwehre aus Sandsäcken waren zweieinhalb Meter hoch und drei Meter dick. Die Amerikaner verbargen die Kanonen hinter dem Chaparral in der Hoffnung, dass die Mexikaner sie nicht vor der geplanten Eröffnung des Feuers am 24. März entdecken würden. Um zehn Uhr morgens waren die Geschütze an Ort und Stelle. Robert E. Lee befahl, die Batteriestellung zu enttarnen, und die Männer ließen sich von den Brustwehren hinuntergleiten, um das Chaparral vor den Geschützen zu entfernen. Als die Matrosen gerade die letzte Kanone mit dem Schwamm auswischten, um sie von Sand zu befreien, flogen mexikanische Geschosse in die Marinebatterie, ein sicheres Zeichen, dass die Mexikaner sie entdeckt hatten.[332]

Die mexikanischen Soldaten auf den sieben Festungs-türmen entlang der Stadtmauer drehten nun ihre Geschütze und richteten sie auf die Marinebatterie aus. Ihr Kreuzfeuer belegte das sandige Gelände rund um die Batterie mit einem Hagel aus Stahl. »Die ersten fünf Minuten schien die Luft voller Geschosse zu sein«, schrieb Seekadett William Harwar Parker. San Juan de Ulúa schoss mit 10-Zoll-Granaten. Sie flogen über die Stadt auf die Batterie zu und hämmerten auf den Boden ein.[333]

Jetzt eröffnete die Marinebatterie das Feuer. Robert E. Lees erste Schlacht. Er richtete das Feuer zuerst auf die Befestigun-gen von Veracruz, dann auf die Stadtmauern. Die Granaten der Marine schlugen Löcher in die mexikanischen Befestigungen, beschädigten die Stadtmauern und knickten einen mexikani-schen Fahnenmast um.

Auch die Mexikaner zielten gut. Parker hörte einen dump-fen Schlag, wenige Minuten nachdem das Feuer eröffnet war. Eine mexikanische Granate hatte den Kopf eines der Matrosen weggerissen. Die mexikanischen Granaten pfiffen durch die amerikanischen Schießscharten und töteten die Marinesolda-ten. Eine riss einem Marineoffizier den Hut vom Kopf. Eine andere mexikanische Granate rollte über den Sand und jagte einen Pulverholer in einen Schützengraben. Er sprang heraus, um der Explosion zu entgehen, aber glücklicherweise barst die Granate nicht.

Noch mehr Granaten trafen die Sandsäcke und rissen sie auf. Eine schwere Kanonenkugel schlug einen Sack heraus. Der Sack schleuderte einen Marineoffizier mehrere Meter weit weg. Im Laufe des Tages zerbröselte mexikanisches Feuer die Schießscharten.[334]

Robert E. Lees älterer Bruder, Smith Lee, war Marineleut-nant und bediente eine der Paixhans-Kanonen. Wenn Robert einen Augenblick Zeit hatte, gesellte er sich zu seinem Bruder. Dicker Rauch ließ die Sicht verschwimmen. Wann immer Lee seinen Bruder anschaute, sah er nur das Weiß von dessen Zähnen.[335]

Um vier Uhr nachmittags ging die Munition aus. Auch das mexikanische Feuer ließ nach. Die Marine zog sich zu Sonnenuntergang zurück, ein neuer Hauptmann mit einer ausgeruhten Ersatztruppe und frischer Munition ersetzte sie. Doch Robert E. Lee und seine Ingenieure mussten die Nacht hindurch schuften, die Sandsäcke wieder auffüllen und die Batterie ausbessern. Es war eine klare Nacht, und das Sternenlicht beschien die Stadt. »Die Festung San Juan, durch das ungewisse Sternenlicht unverhältnismäßig vergrößert und zehnmal düsterer und abweisender als zuvor, schien sich einer ganz anderen Gelassenheit zu erfreuen«, hielt einer der Marineoffiziere fest. Bomben mit angezündeten Lunten zeichneten glänzende Bögen durch den Himmel, ehe sie zersprangen.[336]

Fünf Matrosen der Marinebatterie verloren an diesem Tag ihr Leben. Sie wurden im Sand begraben. Einige der gefallenen Soldaten aus den andern Gefechtsstellungen wurden mit Pferden nach Malibran gebracht, ein verlassenes Kloster in der Nähe des Belagerungsrings.[337]

Ein Mitglied der Kavallerie von Tennessee beschrieb die Szene bei Malibran: »Einige [Soldaten] halten an und erscheinen für einen Augenblick ernst, als sie die verstümmelten Toten sahen, die unter dem Gewölbe der Gebäude lagen. Einer hatte ein äußerst schreckliches Aussehen, das sie besonders erschütterte; er war ein stämmiger, muskelbepackter Mann, ungefähr vierzig Jahre alt. Eine Kanonenkugel … war durch die Schießscharte geflogen, hatte ihn genau auf der rechten Brust getroffen, ein entsetzliches Loch durch ihn gerissen und seine Lungen durch seinen Rücken austreten lassen. – Er war sofort tot. – Sein Gesicht trug einen Ausdruck des Todeskampfes: seine verschwommenen Augen starrten nach oben. – Die

Wunde war mit Blut und Sand verschmiert, seine Hände geballt, und sein blutiges Haar zog sich nach hinten.«[338]

Große Wagenkolonnen mit Munition versorgten die Batterien über Nacht mit Nachschub. Die Marinebatterie war am 25. März bei Tagesanbruch wieder bereit. Viele Mitglieder des 1. Pennsylvanischen Regiments bezogen ihre Stellung in einem Schützengraben hinter der Batterie, um sie vor gegnerischen Versuchen zu schützen, die amerikanischen Linien von hinten zu stürmen. Rübs Kompanie hatte ihre Position in den Schützengräben unmittelbar neben der Marinebatterie. Die Aufgabe der Deutschen war es, Lee und die Marinebatterie zu schützen.[339]

Der Bootsmann rief die Matrosen mit lauten Pfiffen und tiefer Stimme erneut zu den Waffen. So begann der schwerste Tag der Schlacht.[340] Granaten flogen mit schrillen, lauten Misstönen durch die Luft. »Teuflisch«, schrieb ein Mann in sein Tagebuch. »Es gibt keinen irdischen Ton, der auch nur die geringste Ähnlichkeit damit hätte.« Er konnte den Ton nur vergleichen mit John Miltons Erzählung vom »harschen Donnergrollen der Angeln der höllischen Pforten«.[341] Die Granaten brüllten wie ein Wirbelsturm, sagte ein anderer Soldat.[342]

Die Männer konnten die Granaten heransausen sehen. Jeder dachte, die einschlagenden Geschosse wären direkt auf seinen eigenen Kopf gerichtet.[343]

Die Paixhans auf beiden Seiten der Schlachtlinien spuckten scharfen Rauch und Schwefel. Bombe auf Bombe schlug in die Böschungen ein. Sie schleuderten Tonnen von Sand und Schmutz über die Männer in den Schützengräben. Ruß schwärzte die Körper der Männer. Nur an ihren Stimmen konnte man sie auseinanderhalten.[344]

Kanonenfeuer erschütterte die Erde. Die Kirchenglocken von Veracruz dröhnten, während die Paixhans-Granaten auf die Erde donnerten.[345]

Zwei mexikanische Granaten barsten 25 Meter hinter der Batterie. Sie trafen ein Fass und ließen 160 Pfund Pulver detonieren. Die Explosion vernichtete den Nahrungs- und Wasservorrat der Batterie. Als die Sonne ihren Zenit erreichte, ließ tropische Hitze die Landschaft austrocknen. Nun dürsteten und schwitzten die Männer, ohne jede Gelegenheit, etwas zu trinken. Manche brachen über ihren Kanonen zusammen.[346]

Weitere Granaten kreischten in die Batterie hinein. Sie rissen die Männer von den Füßen, schlitzten einem Seekadetten die Kehle auf und rissen einem Seemann den Kopf ab.[347]

Von Rübs Graben aus hätte er die Sprenggranate vielleicht kommen sehen können. Zwei Kanonenkugeln hatten ihn schon getroffen. Mit einem gebrochenen Bein lag er zu seinem Schutz in einem Graben. San Juan de Ulúa feuerte eine seiner Riesenkanonen ab, eine Kanone, die zum Versenken von Schiffen gedacht war. In einer tödlichen Parabel heulte die Granate auf die deutschen Freiwilligen zu.[348]

Der Gefreite Jacob Oswandel aus Pennsylvania in der A-Kompanie sagte, es sei um Mittag geschehen. Ein anderer Gefreiter in derselben Kompanie, John Kreitzer, meinte, es sei später gewesen, am Nachmittag. Ein Seekadett bei der Batterie erklärte, es sei in einer »Kompanie, die nahe bei uns lag« geschehen. Ein Armeekorrespondent bei den 1. Pennsylvania-Freiwilligen sagte aus, es sei in einem Schützengraben geschehen.[349]

Die Granate traf den bereits verwundeten Gottlob Rüb in der Brust. Er starb sofort.[350]

Die Schlacht ging weiter bis in den folgenden Morgen, als Veracruz die weiße Flagge hisste. Die Kämpfe wurden eingestellt, während beide Seiten die Übergabebedingungen aushandelten. Am 29. März übernahm die Armee der Vereinigten Staaten die Herrschaft sowohl über die Stadt wie auch über die Festung von San Juan de Ulúa. Scott marschierte landeinwärts, bevor das Gelbfieber ausbrach. Sechs Monate später nahm Scott Mexico City ein, in einem Feldzug, der als »in der Militärgeschichte unübertroffen« gilt, und ebnete so den Weg für eine Kapitulation, die das Gebiet der Vereinigten Staaten um ein Drittel vergrößern sollte.[351]

Gottlob Rüb aus Stetten am Heuchelberg würde nicht in dem erobernden Heer mitmarschieren. Der Mörder des Stadtschultheißen Johann Heinrich Rieber war tot.

Kapitel 21

Ein Mann – so viel wert wie ganz Mexiko

Ausschnitt aus Robert E. Lees Brief an seinen Sohn Custis
vom 11. April 1847.

Robert E. Lees erste Schlacht war vorüber. Am 27. März 1847 hielt er seine Gefühle in einem Brief an seine Frau fest. Das Papier ist jetzt braun vom Alter, wie von Mehltau gesprenkelt und brüchig. Stücke des Papiers sind abgebrochen, so dass einige Wörter fehlen. Aber die verblasste Tinte spiegelt immer noch Lees Betrachtung über den Zufall, mit dem das Schicksal den Tod auf dem Schlachtfeld zuteilt. Er berichtete von zwei Männern, die während der Belagerung fielen, und dankte Gott, dass er ihn und seinen Bruder Smith verschont hatte.[352]

Lees Kommentar über die zwei auf amerikanischer Seite gefallenen Männer betraf wohl auch Gottlob Rüb. Hauptmann Vinton, der andere erwähnte Mann, fiel am 22. März, ehe die

Marinebatterie das Feuer eröffnet hatte. Rüb war der einzige Tote des Heeres an der Marinebatterie. Obwohl auch andere Soldaten bei den anderen Batterien in den Scharmützeln mit den Mexikanern getötet wurden, hätte Lee nicht aus erster Hand von ihnen erfahren.[353]

Lee schrieb am 11. April einen zweiten Brief an seinen ältesten Sohn, worin er seine Gefühle für einen Mann mit gebrochenem Oberschenkel aufarbeitete, der zu seiner Sicherheit in einen Schützengraben gelegt worden war. Lee beschrieb die Hitze, und wie man den Mann zum Schutz gegen die Sonne mit Buschwerk abgedeckt hatte. Sie konnten ihm nicht einmal frisches Wasser reichen, denn das erbarmungslose gegnerische Feuer machte es unmöglich für sie, den Gefechtsstand zu verlassen und etwas für ihn zu holen. Das Sperrfeuer der Marinegeschütze ließ die Erde beben und muss ihn schmerzhaft gequält haben, aber der Mann beklagte sich nicht. Am Abend, als sie endlich eine Gelegenheit fanden, ihn auf einer Trage wegzubringen, tötete ihn eine einschlagende mexikanische Granate.

Auch ein Seekadett, der an der Marinebatterie diente, erwähnte den Mann mit dem Beinbruch: »Einer unserer Leute hatte ein gebrochenes Bein, und während er auf dem Sand lag, unweit von dort, wo ich stand, wurde er wieder am gleichen Glied getroffen, und wieder wurde es zersplittert.«[354]

Der Tod jenes Mannes muss Lee tief beeindruckt haben. »Ich bezweifle, dass ganz Mexiko das Leben dieses Mannes aufwiegt«, schrieb Lee seinem Sohn.[355]

Der Mann, von dem Lee annahm, dass er so viel wert sei wie ganz Mexiko, ist in der Literatur zum Diskussionsthema geworden. Bei seiner ersten Kriegserfahrung musste Lee splitternde Knochen und vergossenes Blut innerlich verarbeiten, etwas, was auf den Schultafeln in West Point nicht dargestellt werden konnte; er machte seine erste Bekanntschaft mit dem Tod und dem Leid auf dem Schlachtfeld vor Veracruz. Lees

Biografin Elizabeth Brown Pryor zitiert diesen Brief, um Lees Anteilnahme am Elend eines einzelnen Soldaten zu zeigen, obwohl er eigentlich in die für die Kriegsführung viel bedeutenderen Aufgaben wie Organisation und Planung eingebunden war. Ein einzelnes Sterben kann einen tieferen Eindruck hinterlassen als die unpersönlichen Kriegsstatistiken, schreibt sie.[356]

Bernice-Marie Yates zitiert den Brief, um Tiefe und Häufigkeit des Briefwechsels zwischen Lee und seinem 14-jährigen Sohn nachzuzeichnen. Diese Korrespondenz war Lees Methode, diesem den Krieg, Menschlichkeit und Mitgefühl zu vermitteln.[357]

Während seiner Zeit in Mexiko war Lee bestrebt, das Leben seiner Kinder durch seine Briefe zu formen. Eine seiner Methoden war, ihnen Vorbilder für ihr Leben zu geben. Lee betrachtete Pflichtgefühl als wesentlichen Eckpfeiler des Charakters, schreibt Elizabeth Brown Pryor, und als seine Kinder heranwuchsen, wurde Lee sogar noch besessener davon, ihnen das einzuschärfen. Lee gebrauchte nie die Begriffe Pflicht oder Mut in seinen Briefen. Dennoch wurde der Mann, der so viel wert war wie ganz Mexiko, Lees Unterrichtsgegenstand, als er versuchte, seinen Sohn zu lehren, was sie bedeuten.[358]

Der vielleicht überraschendste Teil des Briefes ist, dass Lee mitten in Staub und Getöse, zwischen Explosionen und Bomben, beim Versuch, sich die Fähigkeit anzueignen, kühl und gelassen zu bleiben, an mehr dachte als an seine eigene Sicherheit und die taktische Überlegung, wie er das Feuer lenken sollte. Die Qualen eines einzelnen Mannes, in einem Graben unter einem Schatten spendenden Busch abgelegt, drangen immer noch in sein Bewusstsein.

Aber niemand hat je danach gefragt, wer der Mann war.

Er muss einer der Gefallenen bei der Marinebatterie gewesen sein, denn Lee erwähnt die 32-Pfünder und Paixhans-Kano-

nen – das Marinegeschütz. Militärische Berichte ans Kriegsministerium zählen acht Gefallene bei der Batterie während
der dreitägigen Gefechtstätigkeit. Sieben davon waren Seeleute, und der achte, Gottlob Rüb, war der einzige Heeresan-
gehörige. Angaben aus anderen Quellen schließen die Seeleute
aus. Sie starben jeder einen anderen Tod, entweder im Lazarett
oder an Kopfverletzungen an ihren Geschützen. Weitere Quellen deuten auf den einzigen Mann, der am Nachmittag (oder
»Abend«, wie Lee es im Südstaatendialekt ausdrückt) und in
einem Schützengraben starb. Dieser Mann war Rüb.[359] (Der
Anhang enthält eine genauere Erörterung der Quellen hierzu.)

Robert E. Lee hatte nicht wissen können, dass Rüb ein Mörder war, oder dass das Königreich Württemberg ihn wegen
der Ermordung des Bönnigheimer Stadtschultheißen suchte.
Wahrscheinlich kannte er nicht einmal Rübs Namen.

Welche Ironie der Geschichte, dass der Täter in Deutschlands ungewöhnlichstem ungelösten Mordfall zu dem Mann
wurde, der Robert E. Lee in seiner ersten Schlacht so tief beeindruckte.

Vierter Teil

Eine internationale Lösung, 1872

Kapitel 22

Post aus Amerika

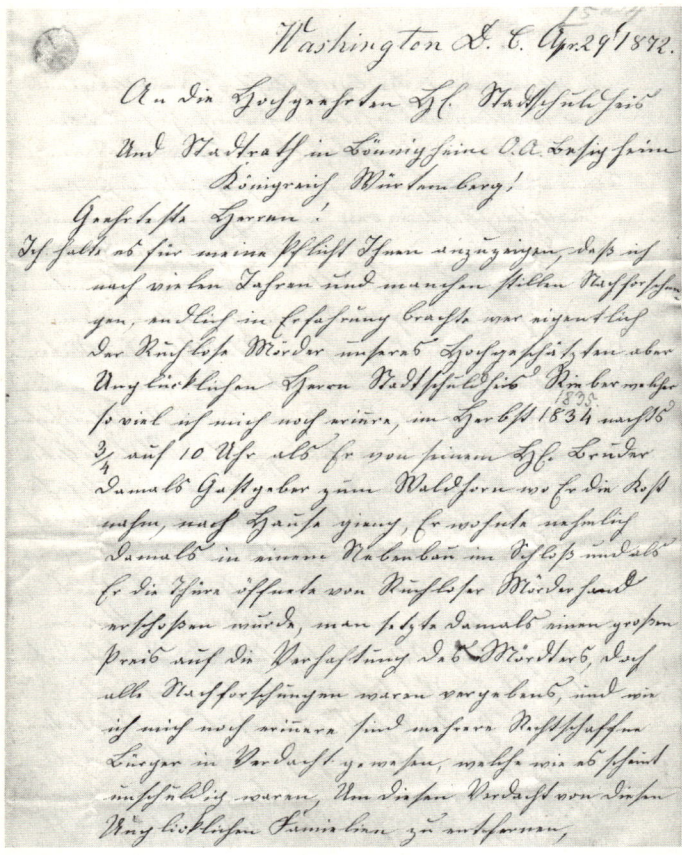

Erste Seite des Briefes von Frederick Rupp nach Bönnigheim, 1872.

Als Frederick Rupp, der Kammmacher, den Bönnigheims Gerüchteküche aus dem Land vertrieben hatte, in Washington,

D.C., seine ungewöhnliche Entdeckung machte, waren seit dem Ende des Mexikanisch-Amerikanischen Kriegs schon Jahre ins Land gegangen. Der weiträumige Landgürtel, den die Vereinigten Staaten im Krieg erobert hatten, zerstörte das politische Gleichgewicht zwischen Nord und Süd. Zachary Taylor, der Held von Nord-Mexiko, wurde Präsident. Aber während seiner kurzen Amtszeit – er starb im Amt – konnte er das Kräfteverhältnis nicht wieder ausgleichen. Auch seinen Nachfolgern gelang das nicht.

Das Land entbrannte in einem Bürgerkrieg. Robert E. Lee lehnte General Scotts Angebot ab, das Kommando der Unionsarmee zu übernehmen. Er war nicht bereit, gegen seinen eigenen Staat zu kämpfen, führte stattdessen die Armee von Nord-Virginia, und seine Kapitulation vor General Ulysses S. Grant bei Appomattox war das nominelle Ende des Bürgerkriegs. Lee wurde Präsident des »Washington College«, heute die »Washington and Lee University«, eine Privatuniversität in Lexington, Virginia. In dieser Stellung gewann er die Hochachtung des Nordens, auch wegen seines Eingeständnisses der Niederlage und seiner tatkräftigen Unterstützung für den Wiederaufbau. Seit dem frühen 20. Jahrhundert wurde Lee immer mehr der Ruf eines Volkshelden zuteil, besonders im Süden der Vereinigten Staaten. Lee starb im Oktober 1870 und ist in einer Kapelle auf dem Universitätscampus beigesetzt.[360]

Mit Unterstützung eines deutschen Landprämienmaklers und der Württembergischen Botschaft in Philadelphia erarbeitete Hauptmann Binder eine Dokumentation, die in Württemberg für die Verwaltung von Rübs Grundbesitz benötigt wurde. Zwei überlebende ältere Schwestern erbten die Landprämie, die Rüb als Dank für seine Dienste während des Krieges erhalten hatte.[361]

Frederick Rupp zog 1855 mit seiner Familie von Pennsylvania nach Washington, D.C. Dort verdiente er seinen Lebensunterhalt als Konditor und mit dem Vertrieb einer von ihm entwickelten medizinischen Salbe. In dieser Zeit, im Jahr 1872, machte er bei einer Unterhaltung eine zufällige Entdeckung, die sein Gewissen heftig belastete. Schließlich fühlte er sich jedoch verpflichtet, seine Entdeckung nach Bönnigheim mitzuteilen.[362]

Am 29. April 1872 schrieb er einen Brief, der heute im Württembergischen Staatsarchiv Ludwigsburg aufbewahrt wird. Das ursprünglich weiße Papier ist vom Alter vergilbt, aber die schwarze Tinte ist noch immer lesbar. In einer Ecke befindet sich ein brauner Fleck, in der anderen eine Archivnummer, mit blauem Buntstift notiert. Der Brieftext ist in deutscher Sprache, geschrieben in den langgeschweiften Lettern der alten deutschen Kurrentschrift.

»Washington, D.C. 29ᵗ April 1872
An die Hochgeehrten H[erren] Stadtschuldheis [sic!]
Und Stadtrath in Bönnigheim O.A. [Oberamt] Besigheim
Königreich Würtemberg!

Geehrteste Herren!
Ich halte es für meine Pflicht Ihnen anzuzeigen, daß ich nach vielen Jahren und manchen stillen Nachforschungen, endlich in Erfahrung brachte wer eigentlich der Ruchlose Mörder unseres Hochgeschätzten aber Unglücklichen Herrn Stadtschulthes Rieber [war] welcher so viel ich mich erinnre, im Herbst 1834 [korrigiert mit Bleistift, um 1835 zu lauten] nachts 3/4 auf 10 Uhr als Er von seinem H[errn] Bruder damals Gastgeber zum Waldhorn wo Er die Kost nahm, nach Hause gieng, Er wohnte nehmlich damals in einem Nebenbau im Schloß und als Er die Thüre öffnete von Ruchloser Mörderhand erschoßen wurde, man setzte damals einen großen Preis auf die Verhaftung des Mördters [sic!], doch alle

Nachforschungen waren vergebens, und wie ich mich noch erinnere, sind mehrere Rechtschaffne Bürger in Verdacht gewesen, welche wie es scheint unschuldig waren, Um diesen Verdacht von diesen Unglicklichen Famielien zu entfernen so ist es meine Heilige Pflicht, Ihnen alles genau zu berichten, was ich kürzlich durch Zufall über den Ruchlosen Meichelmörder erfahren habe und wer er war, und wie ich es erfuhr, Nehmlich ich war in Gesellschaft wo von allerley gesprochen wurde, under anderem auch von Mordgeschichten die leider in diesem Lande sehr oft vorkommen, und so mit erzählte ich auch die Traurige Geschichte von dem Mord unsers Seel[i] g[en] Herrn Stadtschuldheis Rieber und als ich dieses erwähnte so sagte einer von meinen Freunden. Ich habe den Mörder eures Stadtschuldheisen gekannt. Er hat mir alles erzählt in Philadelphia damals wie Er ankam von Europa dann ist Er hier Soldat geworden mußte nach Mexico, und ist dort gefallen im Kriege unter Gen[era]l Taylor der Name dieses Elenden soll nehmlich Gottlieb Rieb gewesen sein, Er war gebürtigt [sic!] aus Stetten am Heuchelberg O.A. Brackenheim Die Ursache dieser schrecklichen That soll gewesen sein, nehmlich, besagter G. Rieb hatte zu der Zeit eine Ablikation [Bewerbung] eingereicht an das Königliche Forstamt um Waldschütz zu werden, allein es kam abschläglich, weil wie er glaubte, H[err] Stadtschuldheis Rieber gegen Ihn war und somit bekam er diese Stelle nicht und somit volbrachte Er aus Haß diese schrecklich blutige That, dieses ist was ich erfahren habe. Nun haben Sie die Güte, und sehen Sie nach ob besagter Gottlieb Rieb zu dieser Zeit sich um eine solche Stelle bey dem Königlichen Forstamt beworben hat, und wenn [wann] Er nach Amerika ausgewandert ist, das wird Ihnen dann einigermaßen Aufschluß geben ob Er wirklich der Mörder sein konnte oder war, so daß die schwarze That auf dem wirklichen Mörder u. seiner Famielie [sic!], u. nicht auf Unschuldigen ruht, was den Mörder betrift so glaube ich daß der gerechte Richter schon lange sein Urtheil über Ihn gefällt hat welchem niemand entgehen kann. Wenn wirklich dieser Mensch der Ruchlose Mörder war, so bewährt sich auch das Sprichwort wieder, Es wird kein Faden so klein gesponnen er kommt endlich an die Sonne, doch manchmal zu spät um den Thäter zu bestrafen auf dieser Welt. Aber Gott ist Gerecht, und Seine Wege sind nicht unsre Wege, und seinen Gerechten Strafen kann kein Mensch entgehen, ist es nicht Zeitlich so ist es Ewig. In der Hoffnung daß Sie mich bald über diese so hoch Wichtige Sache benachrichtigen Empfehle ich mich Ihnen Gehorsamst, und Hoffe daß Sie sich meiner Freundsch[aftlich] erinnern.

Mein Name ist August Friederich W. Rupp, gebohren in Bönnigheim O.A. Besigheim Königreich Würtemberg den 4. May 1811. Unsere Famielie [sic!] hatte die Unvergessliche Heimath den 17ten Juli 1836 verlaßen um unser Glück in Amerika zu versuchen wir landeten glücklich den 11ten Novbr. desselben Jahres, nach dem wir ein lange, aber Gott sey Dank nicht gefährliche Seereise durchgemacht hatten Der Liebe Gott hat mich reichlich gesegnet wir sind gesund und haben unser auskommen meine Famielie besteht aus Acht lebenden und Acht uns schon vorangegangenen Kindern wovon Vier schon Verheirathet sind. Es geht uns Gott sey Dank allen gut. Da ich nicht glaube daß nach so vielen Jahren sich noch Freunde unsrer erinnern, so bitte ich die noch lebende die sich unsrer Freundschaftl[ich] erinnern, vielmal zu Grüßen.

N.B. Ich [Ist] Herr Stadtschuldheis Fink [sic!] noch am Leben, so sein Sie Tausendmal Gegrüßt mit Ihrer Famielie [sic!] so wie auch H[err] Marstaller.

Meine Addreße ist wie folgt-
    A Fredr Rupp
    No 812 O Str, betw[een] 8 & 9th
    Washington D. C. America«[363]

Bönnigheims ehemaliger Kammmacher gab den Brief zur Post. Nun musste er abwarten, wie Bönnigheim darauf reagieren würde.

Kapitel 23

Neuerliche Untersuchung und Abschluss des Falls

Als der Brief ankam, gab dieser seiner äußeren Erscheinung nach kein Anzeichen, dass er einen 37 Jahre alten Kriminalfall lösen würde. Adressiert an »Hochlch [Hochlöbliches] Stadtschuldheis-Amt Boennigheim«, trug der Umschlag schwarze und rote Poststempel mit dem Datum »New York May 1«, »New York May 2«, »Washington D.C. [Datum unleserlich]« und eine handgeschriebene Notiz, »Per Bremer Steamer«. Eine Absenderadresse fehlte. Obwohl das Jahr unleserlich war, machte sich Postmeister Gottlieb Eberhard darüber keine Gedanken. Der kahlköpfige, weißbärtige und bebrillte 61-Jährige drehte das Kuvert um und stempelte mit zwei dumpfen Schlägen die Rückseite mit seinem eigenen Postsiegel »Bönnigheim 17.5.1872«. Vermutlich ahnte er nichts. So klein die Stadt war, hatte Bönnigheim doch viele Auswanderer, die Briefe aus Amerika schickten.[364]

Der Brief wurde zum Rathaus in der Stadtmitte gebracht. Die Geschichte überliefert den Namen des Überbringers nicht. Aber ein Forstassistent beschrieb die Annahme des Briefs in seinen Erinnerungen: Er platzte herein wie eine Bombe.[365]

Stadtschultheiß Gottlieb Konrad Finckh war Schultheiß Riebers Nachfolger. Sobald Schultheiß Finckh 1836 die führungslos gewordene Stadtverwaltung übernommen hatte, hatte er die blutige Kleidung seines Vorgängers in einem Kasten im Rathaus ausstellen lassen, zur Erinnerung daran, dass der Mordfall noch nicht gelöst war. Die folgenden 36 Jahre über sahen sich die Rathausbesucher dem Anblick der blutgetränkten, nun vom Alter braunen und verkrusteten Kleidungsstücke ausgeliefert. Als 1872 der Brief aus Amerika ankam, hingen die Kleider immer noch da.

Finckh war jetzt 36 Jahre im Amt und genoss den Ruf, eine »außerordentlich ruhige« Persönlichkeit zu sein. Es ist nur ein einziger Vorfall bekannt, zu dem er die Fassung verlor – und das war wegen des Briefs.[366]

Der Stadtschultheiß riss den Umschlag auf, entnahm die vier Seiten und las sie. »Gottlieb Rieb«, stand da. Das sei der Name von Bönnigheims lang gesuchtem Mörder. Aus der Gemeinde Stetten am Heuchelberg, 15 Kilometer entfernt.

Den Brief hatte aber der frühere Kammmacher Friedrich Rupp geschrieben, und das war ein Problem. War er nicht einst verdächtig gewesen – wenn nicht in den Augen des Oberamtsrichters Hammer, so doch in den Augen seiner Mitbürger? Wenn der Brief die Wahrheit berichten sollte, bedeutete dies, dass das Pendel des Schicksals den Sündenbock mit einem gewaltigen Schwung zum Helden der Stadt gemacht hatte. Rupp hätte damit den Fall nach fast vier Jahrzehnten gelöst, und das auch noch von den Vereinigten Staaten aus! Aber jeder hätte sich so eine Geschichte ausdenken können. Hatte Rupp die Geschichte vielleicht nur erfunden, um als alter Mann seinen Namen reinzuwaschen?

Was den Brief so faszinierend machte, war, dass Rupp die Wahrheit seiner Behauptung beweisen konnte. Denn »Gottlieb Rieb« hatte sich offenbar kurz vor dem Mord um eine Stelle bei der Forstverwaltung beworben. Da Rupp zu keiner Zeit für das Forstamt gearbeitet hatte, konnte er diese Einzelheit nicht kennen. Er hatte nie Zugang zu den Personalakten gehabt. Wenn im Forstamt ein Vermerk über die Bewerbung vorläge, würde dies bedeuten, dass Rupp die Wahrheit schrieb, denn hier handelte es sich um Täterwissen.

Mit dem Brief in der Hand stürmte der Stadtschultheiß aus seinem Dienstzimmer, eilte das prächtige Treppenhaus hinunter und marschierte hinüber zum Forstamt im Schloss. Ein junger Forstassistent namens Carl Adolf Stock hielt sich dort auf, als

Schultheiß Finckh ankam. Finckh war »ziemlich aufgeregt«, schrieb Stock später in seinen Erinnerungen. Der Schultheiß forderte die Forstbediensteten auf, den Brief zu lesen und die alten Akten durchzusehen. Sie sollten nach irgendeinem Bezug auf die Bewerbung von 1835 suchen.[367]

Stock fand etwas. Der großgewachsene, schlanke Mann, in späteren Jahren mit einem langen herabhängenden Schnurrbart abgebildet, arbeitete sich durch alte Protokollbücher. Darin fand er ein Memorandum des ehemaligen Forstmeisters, Baron Friedrich Carl Eduard von Sternenfels, worin am 5. Oktober 1835 die Dienstbewerbung eines Jägerburschen mit ähnlichem Namen dokumentiert wurde. Das Forstamt hatte entschieden, ihn nicht anzustellen, denn als man sich nach seinem Ruf erkundigt hatte, hatte man erfahren, dass er ein »haltloser, liederlicher Mensch« sei.[368]

»Es wird kaum zu zweifeln sein«, schrieb Stock in seinen Erinnerungen, »dass diese Erzählung [von Rupp] auf Wahrheit beruht.« Er bedauerte, dass Förster Ludwig Schwarzwälder im Vorjahr verstorben war. Ihn hatten die Leute fälschlich des Mordes beschuldigt, als sie von Oberamtsrichter Hammers Interesse für seine Schusswaffe erfahren hatten; und Schwarzwälder erlebte so den Tag nicht mehr, an dem Friedrich Rupps Brief auch seine Ehre rettete.[369]

Finckh wollte eine wasserdichte Bestätigung der von Rupp gelieferten Aufklärung des Falles und schrieb einen Brief an den Stadtschultheißen von Stetten am Heuchelberg, Gottlob Rübs Geburtsort. Er erbat weitere Auskünfte über Bönnigheims neuen Verdächtigen. Zunächst erhielt er einen Antwortbrief aus Schwaigern, einer Nachbarstadt von Stetten. Der Brief eines ehemaligen Ortsvorstehers in Stetten bestätigte den schlechten Leumund des Jägers Rüb und erklärte auch die Ungereimtheiten wegen seines Namens. Der Schreiber kennzeich-

nete Rübs Charakter, indem er den Ausdruck »Thunichtgut«
ganz allein in eine Zeile setzte:

»Verehrtester Freund!

Ihre Zuschrift wegen Entdekung des Mörders Ihres Herrn
AmtsVorgängers, war mir ebenso interessant als überraschend,
daß aber der Verbrecher, ein Sohn des verstorbenen braven
und würdigen Schulmeister Rüb in Stetten der Jäger Gottlob
nicht Gottlieb Rüb seyn soll, sezte mich wahrhaft in Erstaunen.
Ich kenne diesen Mann zwar nicht näher, weil ich erst im Jahre
1838 OrtsVorsteher in Stetten wurde, während Rüb schon 3
Jahre zuvor nach Amerika ausgewandert war, nach dem er
zuvor durch seinen wirklich leichtsinnigen, ich glaube sagen
zu dürfen, liederlichen Lebenswandel seinem wakern Vater
Drangsale aller Art, und Kummer und Sorgen in schwerer
Menge bereitet hatte, als Jägerpursche oder Waldschüze auf
keiner Stelle parirte, und alle paar Monate seinem guten Vater
zur Last fiel. Allgemein stand Gottlob Rüb, ein sonst stattlicher
und kräftiger Mann, in dem Ruf eines

Thunichtgut,

eigentlich schlechte Streiche hörte ich ihm aber nicht nach-
sagen; der Grund seiner Auswanderung war, daß er seines
üblen Rufes wegen, im Vaterlande nirgends mehr eine Wald-
schüzen Stelle finden konnte, ob er aber des schweren Verbrechens dieses Mordes fähig war, vermag ich nicht zu be-
urtheilen, weil ich seinen Charakter nicht genau kenne. Daß
Rüb in den 1840er Jahren im Mexicanischen Kriege seinen
Tod fand, ist mir genau bekannt, es wurde ihm vom Senat
der amerikaischen FreyStaaten seiner Kriegsdienstleistungen
wegen eine Prämie von 100 Acker [acres] Land ausgesezt, und
durch meine Vermittlung von einem seiner Neffen dem Sohne
des verstorbenen Gräflich Degenfeldschen Förster Mezler in
Steppach bezogen, deßen Vater der in Stetten wohnenden, jetzt
aber auch gestorbenen Schwester des im Felde gebliebenen

Kriegers für ihren Erbtheil an diesen 100 Acker Land, eine angemessene GeldEntschädigung zahlte. Weitere Aufschlüße zu geben bin ich nicht im Stande, hoffe übrigens, daß durch die Ihnen zugekommene Nachricht der Verdacht der Theilnahme von unschuldigen Dritten abgewendet wird.

Mich Ihnen und Ihrer Frau Gemahlin freundschaftlich empfehlend,

Schwaigern den 26ten May 1872

res: Notar

Schuster«

Am 22. Mai 1872 nahm die damals neu errichtete Staatsanwaltschaft Heilbronn den Mordfall Rieber wieder auf. Ein ganzes Bündel von neuen Gesetzen, erlassen 1868/69, hatte Württembergs Kriminaljustizwesen neu geordnet und diese Anwaltschaft ins Leben gerufen, die heute noch besteht. Riebers Ermordung war einer der ersten von ihr behandelten Mordfälle. Der Oberstaatsanwalt, Ernst von Hochstetter, ließ die alten Akten aus dem Archiv heraussuchen, den Briefwechsel aus Bönnigheim abholen und die Beweismittel untersuchen.[370]

Von besonderer Wichtigkeit für die Heilbronner Staatsanwälte war Stocks Fund im Forstarchiv. In seinem Memorandum zu der Akte notierte der Staatsanwalt die Dokumente zu Gottlob Rübs Bewerbung bei der Forstverwaltung im Oktober 1835 und die Gründe für dessen Ablehnung.[371]

Im August 1872 schloss der Staatsanwalt den Fall als endgültig gelöst ab. 37 Jahre waren seit dem Mord vergangen. Der untersuchende Oberamtsrichter Hammer war in der Zwischenzeit verstorben. Kriege waren geführt worden, neue Staatsgebilde entstanden. Und der Halleysche Komet, der den Nachthimmel während des Mordes und der Untersuchung beherrscht hatte, befand sich nun nur noch wenige Monate vom Aphel, seinem größten Abstand von der Sonne.[372]

Staatsanwalt von Hochstetter nahm sich ein vorgedrucktes Formblatt auf dem Aktendeckel vor. Der Deckel enthielt den handgeschriebenen Namen des Angeklagten und die Anklage: »Acten / der Staats-Anwaltschaft / K. Kreis-Gerichts-Hof Heilbronn / betreffend / eine Anzeige / gegen / N.N. Rüb, Gottlieb von Stetten Oberamt Brakenheim / ehemaliger Jägerpursche / Vergehen: Ermordung des Stadtschultheißen Rieber in Bönnigheim«

Unten befand sich ein Abschnitt »Erledigung« mit vier Möglichkeiten zur Auswahl, die der Ermittler ankreuzen konnte. Er wählte diejenige, die »durch beruhend Erklären [sic!]« lautete, und setzte das Datum dazu: »7. August 1872«.[373]

Hochstetter wird nicht bewusst gewesen sein, dass die Heilbronner Staatsanwaltschaft mit seinem Federstrich zwei deutsche Rekorde gebrochen hatte. Keine Staatsanwaltschaft im Deutschland des 19. Jahrhunderts hatte je aufgrund eines Hinweises aus den Vereinigten Staaten einen Mordfall abgeschlossen. Und kein anderer Mord im damaligen Deutschland wurde nach so langer Zeit von einem Dritten gelöst.

Rüb war nun offiziell als Johann Heinrich Riebers Mörder entlarvt. Sein Schicksal im Mexikanisch-Amerikanischen Krieg kam weiterer Untersuchung und Verfolgung zuvor. Die Bönnigheimer erfuhren nie etwas von Robert E. Lees Verbindung zu Rübs Tod – und es hätte sie wohl kaum berührt, wenn sie es erfahren hätten. Das war Angelegenheit der amerikanischen Historiker, die umgekehrt vom Vorleben des vor Veracruz gefallenen Freiwilligen nie erfuhren. Es war ein Zufall, der einen von Deutschlands ungewöhnlichsten Mordfällen mit der ersten Schlacht des späteren Bürgerkriegshelden und seinem ergreifenden Brief nach Hause verknüpfte.

Nachdem der Fall jetzt amtlich als gelöst abgeschlossen war, leitete die Staatsanwaltschaft die Akte zur Aufbewahrung ans Staatsarchiv weiter.

Nachwort der amerikanischen Ausgabe dieses Buches, 2016

Unbeglichene Schuld

Bönnigheims Bürgermeister a. D., Kornelius Bamberger, neben dem Denkmal, das die Stadt 2015 zur Erinnerung an das Mordopfer Johann Heinrich Rieber errichten ließ.

Frederick Rupps Grabstein in Washington, D.C.

Zweihundert Gulden … das belief sich (nach heutigem Wert)
auf fast 4.500 Euro.[374]

Die Belohnung für Angaben, die zur Namhaftmachung des Mörders führen könnten, war nicht völlig vergessen. Der ehemalige Kammmacher Friedrich Rupp erwähnte in seinem Brief nach Bönnigheim: »Man setzte damals einen großen Preis auf die Verhaftung des Mördters [sic!].« Aber Rupp hatte etwas Entscheidendes falsch verstanden: Die Belohnung galt nicht für die *Verhaftung* des Mörders, sondern für Angaben zu seiner *Entdeckung*. Und der Wortlaut im Protokoll des Bönnigheimer Stadtrats hat auch nie festgelegt, dass der Mörder noch am Leben sein müsse, wenn der Hinweis erfolge. Als der Staatsanwalt den Fall 1872 abgeschlossen hatte, war Rupp also nach 37 Jahren der Erste mit einem gültigen Rechtsanspruch auf die Belohnung.

Hat Bönnigheim sie je ausbezahlt? In den Ermittlungsakten deutet nichts darauf hin; aber die Belohnung war Angelegenheit der Stadtverwaltung, nicht der Staatsanwaltschaft. Der richtige Ort für eine Suche waren also die Stadtratsprotokolle.

Bönnigheims Stadtratsprotokolle von 1872 und 1873 schweigen sich über die Angelegenheit ebenfalls aus, aber man muss mit Sorgfalt vorgehen. Gegen Ende des Zweiten Weltkriegs zerstörte eine Bombe den größten Teil von Bönnigheims Archiv. Will man sichergehen, dass die Belohnung (nicht) ausbezahlt wurde, muss man an anderer Stelle nachschauen.

In der Annahme, dass Zeitungen einen Artikel über die Auszahlung einer Belohnung für die Lösung eines 37 Jahre zurückliegenden Mordfalls veröffentlichen würden, schaute ich die örtlichen Zeitungen von 1872 und 1873 durch. Eine Ludwigsburger Zeitung brachte einen Artikel darüber, dass Rupps Angaben den Mordfall Rieber gelöst hatten, erwähnte die Belohnung aber nicht. Über den Fall erschienen keine weiteren Artikel. Ausgaben der Heilbronner Zeitung, die einen Artikel über den Mord 1835 (wie er in Kapitel 9 diskutiert wird) gebracht hatte, fehlen für die kritischen Jahre 1872 und

1873. Die Stuttgarter Zeitung, in der 1835 auch ein Text über den Rieber-Mordfall erschienen war, schwieg 37 Jahre später über die Lösung des Falles und über die Belohnung.[375]

Könnte vielleicht eine Washingtoner Zeitung die Geschichte gebracht haben, dass einer der Einwohner für die Lösung eines nahezu vier Jahrzehnte zurückliegenden Mordes eine Belohnung aus Deutschland erhalten hätte? Um diese Möglichkeit auszuschließen, beauftragte ich eine pensionierte Archivarin in Washington, die entsprechenden Zeitungen dort für mich durchzusehen. Sie konnte jedoch keine Zeitung finden, die Rupp im Zusammenhang mit dem Mord oder der Belohnung erwähnt hätte.

Anscheinend hat Bönnigheim die Belohnung nie bezahlt. Falls dies tatsächlich nicht geschah, was war der Grund dafür? Die ursprüngliche Untersuchungsakte enthält eine gute Erklärung hierfür. Im Laufe seiner Untersuchung von 1835 nahm Untersuchungsrichter Hammer die Urschriften der Stadtratsprotokolle, die die Belohnung auslobten, zu seinen Ermittlungsakten. Er benutzte die Protokolle als Grundlage für eine Pressemitteilung, die seinen Aufruf an etwaige Zeugen enthielt (siehe Kapitel 9). Als der Heilbronner Staatsanwalt den Mordfall Rieber wieder aufnahm, holte er Hammers ursprüngliche Ermittlungsakte aus dem Archiv und verleibte sie seiner eigenen ein. Dann wurden diese Akten wieder archiviert – als Kriminalfall im Staatsarchiv, nicht in den städtischen Unterlagen von Bönnigheim.

Sicher lebten 1872 noch Bönnigheimer Bürger, die sich an die Belohnung erinnerten. Aber bevor der Stadtrat die Auszahlung eines solch gewichtigen Betrags rechtfertigen konnte, brauchte man wahrscheinlich den urschriftlichen Beleg dieser Auslobung. Und dieser Beleg fehlte ja im Bönnigheimer Archiv – und es ist höchst wahrscheinlich, dass 1872 kein Mensch mehr eine Ahnung hatte, wo er zu finden wäre.

2014 legte ich dem damaligen Bürgermeister von Bönnigheim, Kornelius Bamberger, die Ergebnisse meiner Nachforschungen vor. Der Aspekt, der ihn am meisten beschäftigte,
war, dass sein Amtsvorgänger ermordet worden war und allem Anschein nach die Belohnung für den Hinweis, der zur
Identifikation des Täters hätten führen können, nicht ausge-
zahlt worden war. Er sah die Stadt nicht gesetzlich zur Auszahlung der Belohnung verpflichtet – nach dem Ablauf von
180 Jahren war der Stadtratsbeschluss von 1835 nicht mehr
vollstreckbar. Aber er war der Meinung, dass es angemessen
sei, Friedrich Rupp und seinen Nachfahren eine Anerkennung
zuteil werden zu lassen.

Meine Washingtoner Archivarin ist auch Genealogin, und
sie machte zwei von Friedrich Rupps Ururenkeln, die noch
immer in den USA leben, ausfindig. Bürgermeister Bamberger
beschloss, diesen Nachfahren eine nachträgliche Belohnung
von 200 Euro statt der 200 Gulden anzubieten. Bei einem Treffen der Bönnigheimer Historischen Gesellschaft im März 2015
schilderte Bürgermeister Bamberger seine Absicht, die Nachfahren nach Bönnigheim einzuladen und ihnen die Belohnung
zu überreichen. Ein Vertreter einer örtlichen Bank sowie ein
Bürger kündigten an, sie würden zur Belohnung beitragen und
sie auf 1.000 Euro erhöhen.

Bürgermeister Bamberger und ich formulierten Briefe an
die Nachfahren, in denen wir die Geschichte kurz zusammen-
fassten, und legten die Kopie eines Artikels, den ich bereits
über den Mordfall Rieber auf Deutsch veröffentlicht hatte, sowie eine Übersetzung bei. Wir luden sie ein, zu einem formel-
len Empfang mit Übergabe der Belohnung nach Bönnigheim
zu kommen, und ich bot ihnen an, für ihren Flug und drei
Übernachtungen in einem Hotel aufzukommen. Bürgermeister
Bamberger ersuchte das Deutsche Konsulat in den USA, die
Briefe zuzustellen.

Ein Jahr später, im Juni 2016, ging dieses Buch in den USA in Druck, und die Stadt Bönnigheim wartete immer noch auf eine Antwort von Friedrich Rupps Nachfahren. Wir fürchteten, dass die Nachfahren den Brief trotz des diplomatischen Poststempels als einen Scherz oder gar einen Betrugsversuch angesehen haben könnten.

Ich hoffte, dass die Veröffentlichung dieses Buchs Friedrich Rupps Nachfahren überzeugen würde, dass weder die Geschichte noch die Belohnung ein übler Scherz sei. An sie richtete ich meine Schlussworte:

Bönnigheim war durch den Mord an seinem Stadtschultheiß vor 180 Jahre am Boden zerstört, und Ihr Ururgroßvater hat seinen Platz in der Stadtgeschichte dadurch verdient, dass er den Mörder benannt hat, und auch in der deutschen Geschichte, weil er einige Rekorde der Kriminalgeschichte brach.

Aber die Stadt hat Ihrem Vorfahr Unrecht getan, nicht nur einmal, sondern zweimal. Die Leute in der Stadt verdächtigten ihn irrtümlich des Mordes, und ihr hinterhältiger Tratsch trieb ihn und seine Familie aus Württemberg in die Vereinigten Staaten. Als er den Fall schließlich löste, bewies er nicht nur seine eigene, sondern auch die Unschuld einiger anderer Bönnigheimer, die wie er verdächtigt worden waren. Er löste Bönnigheims größtes Geheimnis. Die Stadt aber versäumte es, ihm die verdiente Belohnung zu geben.

Die Stadt Bönnigheim, die sich zwischen die Weinberge des Neckartals im nördlichen Teil von Württemberg schmiegt, hat die Fehler der Vergangenheit erkannt. Wenn Sie sich entscheiden, zum Geburtsort Ihres Ururgroßvaters zurückzukehren, werden Sie willkommen geheißen als die Nachfahren eines Helden der Stadt.

Ich hoffe, Sie überlegen es sich.

Nachwort der deutschen Ausgabe dieses Buches, 2019

Bönnigheim und Gaithersburg, Maryland, USA, 2018: Eine Belohnung nach 183 Jahren und ein möglicher Weltrekord

Die Übergabe der Belohnung am 19. Mai 2018 in Gaithersburg, Maryland, USA. Von links nach rechts: Vier Nachkommen von Frederick Rupp – Richard Humphreys, Cheryl Fischer-Johnson, Jennifer Manion und Patricia Beisner, der Gaithersburger Bürgermeister Jud Ashman und der Bönnigheimer Bürgermeister a. D. Kornelius Bamberger.

Was ein Buch doch für einen Unterschied machen kann!

Bis August 2017 hatten Bürgermeister Kornelius Bamberger und ich nichts von Friedrich Rupps Nachfahren gehört. Unser Schreiben lag nun schon zwei Jahre zurück, und es war klar, dass sie unser Angebot, die Belohnung von 1835 auszuzahlen, für einen Betrugsversuch hielten. Wir versuchten, eine Nachfahrin telefonisch zu erreichen, die zunächst begeistert war. Ihr gefiel der Gedanke, dass ihr Ururgroßvater einen Mordfall gelöst hatte, und sie zeigte sich bereit, nach Deutschland zu reisen, um die Belohnung in Empfang zu nehmen. Als wir sie dann einige Wochen später anriefen, mussten wir feststellen, dass sie unsere Telefonnummer gesperrt hatte. Die deutsche Telefongesellschaft konnte uns zwar mit ihr verbinden, aber sobald wir uns zu erkennen gaben, legte sie auf.

Die im September 2017 bevorstehende Veröffentlichung dieses Buches in den USA erhöhte unsere Glaubwürdigkeit ganz entscheidend. Mein amerikanischer Verlag, The Kent State University Press, sandte jedem bekannten Nachfahren ein Vorab-Exemplar des Buchs, und ich schrieb sie alle an und bat sie, unser Angebot zu überdenken. Aus Deutschland schickte Bürgermeister Bamberger je einen Brief und ein Buch an die Bürgermeister der Gemeinden in den USA, in denen die Nachfahren leben. Er bat sie um ihre diplomatische Hilfe. Wenn die amerikanischen Bürgermeister sich über das Internet oder das Deutsche Konsulat von seiner Stellung als deutscher Bürgermeister überzeugen und sich an ihn oder meinen amerikanischen Verlag wenden würden, um sich zu vergewissern, dass es bei dieser Belohnung mit rechten Dingen zuging, dann konnten sie uns weiterhelfen. »Wenn Sie sich davon überzeugt haben, dass die Geschichte wahr ist, hätten Sie dann die Freundlichkeit, [die Nachfahren] über unsere Absichten zu informieren und sie zu einer künftigen Übergabe der Belohnung einzuladen?«, schrieb Bürgermeister Bamberger. »Weil sie Sie als [Vertreter der Gemeinde] kennen, würden sie die Belohnung vielleicht eher für glaubwürdig halten.«[376]

Diese Vorgehensweise hatte Erfolg.

Zwei der Nachfahren Friedrich Rupps leben in Gaithersburg, Maryland, Heimat eines der größten Literaturfestivals in den USA (Gaithersburg Book Festival). Der Bürgermeister von Gaithersburg, Jud Ashman, antwortete binnen einer Woche und bereitete eine internationale Telefonkonferenz vor, bei der über die Belohnung gesprochen werden sollte. Bürgermeister Ashman lud uns ein, am 19. Mai 2018 am Literaturfestival teilzunehmen. Er bat Bürgermeister Bamberger, die Belohnung als Teil meiner Buchvorstellung zu übergeben. Die Stadtverwaltung von Gaithersburg benachrichtigte auch die zwei Nachkommen, und diesmal erklärten sie sich bereit, mitzumachen.

»In den letzten acht Jahren konnte das Gaithersburger Buchfestival mit vielen wunderbaren Geschichten aufwarten«, sagte Bürgermeister Ashman. »Aber ich kann mich nicht an eine einzige erinnern, die so faszinierend gewesen wäre wie diese.«[377]

In den Monaten vor unserer Reise reagierte die Einwohnerschaft von Bönnigheim so begeistert wie Gaithersburgs Bürgermeister. Nachdem einige Zeitungen über die Belohnung berichtet hatten,[378] kamen viele Leute auf Bürgermeister Bamberger zu und sagten ihm, was für eine liebenswürdige Geste sie es fänden, in die USA zu fahren und die früheren Versäumnisse der Stadt wiedergutzumachen. Verschiedene Organisationen und Persönlichkeiten, die Historische Gesellschaft Bönnigheim als örtlicher Geschichtsverein, die Volks- und Raiffeisenbank und Ernst Albeck trugen zu der ursprünglichen Belohnung bei, erhöhten sie auf 1.000 Euro und trugen einen Teil der Reisekosten von Bürgermeister Bamberger. Diese finanzielle und politische Unterstützung unterstrich die Tatsache, dass die Belohnung nicht vom Bürgermeister oder der Stadtverwaltung alleine kam. Die ganze Stadt trug die Belohnung und die diplomatische Geste an die Nachfahren Rupps mit.

Bis Mai 2018 war es uns gelungen, fünf von Friedrich Rupps Nachfahren aufzuspüren und mit ihnen in Verbindung zu treten. Vier von ihnen konnten teilnehmen. Auch der fünfte erhielt am Ende seinen Anteil an der Belohnung.

Beim Gaithersburger Buchfestival am 19. Mai 2018, fast 183 Jahre, nachdem Rüb Stadtschultheiß Rieber ermordet, und 146 Jahre, nachdem Friedrich Rupp den Fall gelöst hatte, ehrte schließlich Bürgermeister Bamberger Rupps Nachfahren mit der finanziellen Anerkennung, die der Stadtrat 1835 vorgesehen hatte. Wir waren mit ungefähr 100 Zuschauern im größten Zelt des Festivals versammelt, und über und um uns schwebten die Fernsehkameras, mit denen C-SPAN2 die Veranstaltung auf Book TV überall in den USA live übertrug.

Gaithersburgs Bürgermeister Ashman hob in seiner Ansprache die Einzigartigkeit der Umstände von Riebers Ermordung hervor. »Das ist eine erstaunliche, seltsame Geschichte. Wir erleben mit, wie eine Mordsache zu Ende gebracht wird, die vor 183 Jahren im Südwesten Deutschlands, in einer Stadt namens Bönnigheim, ihren Anfang nahm. Wer hätte sich vorstellen können, dass die Angelegenheit zwei Jahrhunderte später in der 7.000 Kilometer entfernten Stadt Gaithersburg enden würde?«[379]

Bürgermeister Bambergers Eröffnungsworte wurden mit Applaus begrüßt: »Ich freue mich, zusammen mit meinem Sohn Marcus und Frau Ackermann hier zu sein. Für mich ist es der erste Besuch in Ihrem Land. Mein erster Eindruck ist: Es ist ein wunderbares Land mit wunderbaren Menschen!« Doch die Zuhörer wurden still, als er auf den Mord an Rieber zu sprechen kam: »Deutsche und amerikanische Städte haben vieles gemeinsam – nicht nur die durch Einwanderung entstandenen Verbindungen. Im Falle von Bönnigheim und Gaithersburg verbindet uns die ungewöhnliche Geschichte eines Verbrechens. Ein Mörder erschoss 1835 meinen Amtsvorgänger.

Als Bönnigheim eine Belohnung von 200 Gulden auslobte für Hinweise, die zur Namhaftmachung des Mörders führen könnten – wer hätte da gedacht, dass sie schließlich nach so langen Jahren beim Gaithersburger Buchfestival und an Bürger von Gaithersburg ausbezahlt würde?

Der Mord an Johann Heinrich Rieber verstörte im 19. Jahrhundert meine Stadt. Obwohl ein erstklassiger Untersuchungsbeamter die Spuren verfolgte, hatten die Menschen in der Stadt selbst Verdächtige im Auge, und einer von ihnen war ein 25-jähriger Kammmacher namens Friedrich Rupp. Wir wissen jetzt, dass er es nicht war. Aber Bönnigheim tat ihm Unrecht. Das Geschwätz verwandelte sein Leben in einen Alptraum und zwang ihn dazu, ein Jahr später in die Vereinigten Staaten auszuwandern.

Rupp begann in Washington, D.C., ein neues Leben. Dort fand er 1872 den entscheidenden Schlüssel – den Beweis, der den Fall endgültig aufklärte. Der deutsche Staatsanwalt konnte Rupps Hinweis bestätigen und den Fall zu den Akten legen.

Aber Bönnigheim tat Rupp erneut Unrecht. Wir haben ihm die Belohnung nie bezahlt. Das passierte, weil die Stadtratsprotokolle, in denen der Fall 1835 festgehalten worden war, an falscher Stelle abgelegt wurden. Wir waren uns dieses Fehlers nie bewusst, bis Ann Marie Ackermann ihn wiederentdeckte, als sie für ihr Buch, ›Death of an Assassin – Tod eines Mörders‹, recherchierte. 183 Jahre sind seit dem Mord vergangen. 146 sind vergangen, seit Rupp seine Belohnung hätte empfangen sollen. Das ist eine lange Zeit …

Dass so viele Jahre vergangen sind, macht für mich als Bürgermeister keinen Unterschied; die Ermordung des obersten Stadtverwalters wird immer ein düsteres Kapitel der Geschichte Bönnigheims bleiben. Bönnigheim sollte – selbst nach so vielen Jahren – die Belohnung übergeben, denn die Gerechtigkeit ist meiner Stadt wichtig. Am Ende sollte immer die Wahrheit stehen, und damit auch die Anerkennung und das Geld.

Mein Dank geht an Mayor Jud Ashman und die Stadt Gaithersburg dafür, dass sie uns die Möglichkeit gab, dass die Übergabe dieser Belohnung hier stattfinden konnte. Sie waren der Erste, der uns glaubte! Ihre Schirmherrschaft gab meiner Stadt die nötige Glaubwürdigkeit, so dass wir die Nachfahren Rupps und die Presse überzeugen konnten, dass diese Geschichte wahr ist. Ihre Gastfreundschaft hat es mir, dem Bürgermeister von Bönnigheim, ermöglicht, die erste diplomatische Reise der Stadt in die USA anzutreten.

Aber mein höchster Dank gilt den Nachfahren von Friedrich Rupp. Mit der Auszahlung der Belohnung möchte ich mehr tun, als nur Bönnigheims Unrecht aus der Vergangenheit gutzumachen. Ich verleihe Ihnen auch den inoffiziellen Titel ›Helden der Stadt‹. Wenn Sie je in die Heimat Ihres Vorfahren kommen sollten, wird Bönnigheim Sie als Berühmtheiten unseres Orts empfangen. Ihr Vorfahr Friedrich Rupp wurde ein Held für Bönnigheim, weil er das schlimmste Verbrechen in unserer Stadtgeschichte aufgedeckt hat. Und die beste Art, ihn zu ehren, ist, dass wir heute Sie ehren können.«[380]

Dann las Bürgermeister Bamberger die Namen der Nachfahren vor, während sie nacheinander die Bühne betraten. Beide Bürgermeister hießen sie willkommen. Inmitten eines Blitzlichtgewitters übergab Bürgermeister Bamberger ihnen einen überdimensionalen Scheck über 1.000 Euro und verteilte 1.200 Dollar in bar an sie.

Nach der Übergabe der Belohnung gab es bewegende Stellungnahmen von zwei der Nachkommen. Richard V. Humphreys stand auf und richtete das Wort an die Menge im Zelt. »Ich stelle keine Fragen. Ich will einfach danken«, sagte er. »Die größte Belohnung, die ich erhalten habe, ist ein Ergebnis Ihrer Arbeit – die Genealogie meiner Familie. Heute weiß ich, wo meine Großmutter und mein Großvater beerdigt sind, und ich habe nun eine umfassendere Vorstellung von meinen

Vorfahren und dem Ort, aus dem wir stammen. Dafür danke ich Ihnen sehr. Ich weiß es sehr zu schätzen, und *das* ist meine Belohnung.«[381]

Patricia Beisner, eine weitere Nachfahrin, schrieb mir am Tag nach dem Buchfestival eine E-Mail: »Ich habe mir immer schon gesagt: ›Alles, was geschieht, hat seinen Grund.‹ Aber ich muss Ihnen sagen, die meiste Zeit frage ich mich doch, warum etwas geschehen ist oder aus welchem Grund sich eine bestimmte Situation ergeben hat. Besonders seit meine Mutter [Barbara Schaefer, die Ururenkelin von Friedrich Rupp] vor anderthalb Jahren verstarb.

Sie war meine beste Freundin, und wir sprachen zwei- oder dreimal am Tag miteinander, obwohl sie sechs Monate im Jahr in Florida lebte. Ich sah zu ihr auf, ich bewunderte sie, lachte mit ihr und konnte ihr alles sagen. Sie war meine ›Komplizin‹, wenn man so will … und an dem Tag, da sie von uns ging, ging ein Teil von mir mit ihr.

Es ist für mich so ein Kampf gewesen, und ich versuche immer wieder, kleine Geschenke zu entdecken, die sie mir vom Himmel schickt – und der gestrige Tag war so ein Geschenk. Wir hatten wohl alle unsere Gründe, zum Buchfestival zu kommen. Mein Cousin Rich hat erklärt, wie viel Freude Sie ihm schenkten, indem sie unseren Stammbaum zusammenstellten. Für Bürgermeister Bamberger bedeutete es eine Reise in die USA, um meiner Familie Dank zu sagen. Für Sie war es der Schlusspunkt für einen rätselhaften Mordfall in Ihrer Stadt, und der führte zur Übergabe einer Belohnung, die vor so langer Zeit ausgelobt worden war. Für mich war es eine Ehrung für meine Mutter. Sie war eine erstaunliche Frau und zweifelte nicht daran, dass Ihre Geschichte der Wahrheit entsprach. Sie glaubte an das Gute in den Menschen und war sich sicher, dass Sie es ernst meinten und sie nicht vorführen wollten. Sie verstand sich gut auf Menschen und sie hätte sich wie im Paradies gefühlt, hätte sie sich mit all den Menschen beim Festival, besonders mit jemandem wie Ihnen, treffen und unterhalten können.

Ich halte es für wichtig, dass Sie erfahren, was der gestrige Tag für mich bedeutete. Sie haben mir ein Geschenk gemacht! Durch Sie konnte ich meine Mutter ehren – und für mich ist das von unschätzbarem Wert!!! Ich danke Ihnen nochmals für alles!!«[382]

Von Mai bis Juli 2018 erfuhr Friedrich Rupp durch die Medien endlich die Anerkennung, die er verdiente. Die Nachricht von der Belohnung verbreitete sich in der internationalen Presse. Ein Artikel der Washington Post wurde überall in den USA und an das World News Network verkauft.[383] Die Deutsche Presseagentur (dpa international) führte mit Bürgermeister Bamberger und mir ein Interview, was dann einen Online-Artikel bei der Deutschen Welle zur Folge hatte.[384] Dieser Artikel wiederum wurde von ungarischen und malaysischen Zeitungen aufgegriffen. Und in Deutschland berichteten regionale Zeitungen über die Reise Bürgermeister Bambergers in die USA und über die Belohnung an Rupps Nachfahren.[385]

In Vorbereitung auf das Gaithersburger Buchfestival hatte sich die Stadt Bönnigheim im April 2018 bei Guinness um einen neuen Weltrekord-Titel beworben. Guinness hat aber bislang keinen Eintrag für die am längsten nicht bezahlte Belohnung in einem Mordfall, und so wäre der erste Schritt, Guinness dazu zu bringen, dies als eine neue Kategorie anzuerkennen. Guinness wies die Bewerbung im Juli 2018 ab. Die Zurückweisung war kein Urteil darüber, ob Bönnigheim einen Weltrekord gebrochen hat, sondern darüber, ob unser vorgeschlagener Rekord in das Guinness-Buch der Rekorde, um die sich Menschen bewerben können, eingereiht werden sollte. Bürgermeister Bamberger trat im Juli in den Ruhestand, und Bönnigheims neuer Bürgermeister, Albrecht Dautel, ist offen dafür, eine neue Bewerbung abzugeben.

»Ich weiß von keinem anderen Mordfall, in dem die Belohnung nach so langer Zeit ausbezahlt wurde«, sagt Fred Rosen, der Verfasser des »*Historical Atlas of American Crime*«.[386] Vom 22. Oktober 1835, an dem die Stadt die Belohnung auslobte, bis zu ihrer Auszahlung am 19. Mai 2018 waren 182 Jahre, sechs Monate und 27 Tage vergangen. Wenn man die 45 Schaltjahre zwischen 1835 und 2018 einrechnet, so beläuft sich das Alter der Belohnung auf 66.734 Tage. Die Städte Bönnigheim und Gaithersburg fordern jedermann dazu auf, diesen Rekord zu schlagen.

Der Zweck der Belohnung war es natürlich nicht, einen Weltrekord zu gewinnen. Der Sinn war, einen 183 Jahre alten Mordfall zu einem gerechten und angemessenen Ende zu bringen und Rupp und seine Nachfahren zu ehren.

* * *

Kehren Tote zurück, um zu sehen, wie ihnen Recht geschieht? Halten sie Wache über ihre Familien? Ich kann die Fragen nicht beantworten. Aber ein Vorfall beim Festival erscheint wie eine übersinnliche Fußnote zu Patricia Beisners Empfindungen. Wenige Minuten, ehe die Übergabe der Belohnung stattfand, ging ein Raunen durch die Zuhörerschaft. Ein weißes Eichhörnchen schlüpfte unter das Zelt und rannte mehrere Male über das Podest. Rupps Nachfahren, verschiedene Mitglieder des Publikums und Helfer beim Buchfestival sahen es.

Ein weißes Tier, so erklärte einer der Helfer, ist in der Mythologie der amerikanischen Ureinwohner ein Geist. Und ungewöhnlich war es, denn er hatte noch nie ein weißes Eichhörnchen in Gaithersburg gesehen. Das Gespräch der Besucher nach der Übergabe der Belohnung drehte sich um die eine Frage: Bedeutete das Eichhörnchen etwas? Sollte es für jemanden aus der Vergangenheit stehen, der zurückgekommen war, um die Zeremonie zu verfolgen? Der wahrscheinlichste Kandidat dafür, dachten die Leute, war Rupp, der wiedergekommen war, um seine Familie zu sehen.

Anhang

Quellen, die belegen, dass Lee in seinem Brief über Gottlob Rüb geschrieben hat.

Gottlob Rübs Militärstammrolle mit Notiz über seinen Tod an der Marine-batterie. Das Datum 26. März ist wahrscheinlich ein Schreibfehler. Alle an-deren primären Quellen setzen Rübs Tod auf den 25. März.

Bevor man klären kann, wer nun genau Gegenstand von Lees brieflicher Bewunderung war, muss man die Unstimmigkeiten in den Quellen klären, was Datum und Uhrzeit von Rübs Tod und die Schreibung seines Namens angeht.

Das Datum von Gottlob Rübs Tod

Obwohl die Militärstammrolle berichtet, sein Tod sei am 26. März 1847 eingetreten[387], legen alle anderen Quellen Rübs Tod auf den 25. März. Diese sind General Scotts »Liste der Gefallenen, Verwundeten und Vermissten« für das Kriegsministerium und die Tagebücher von vier Soldaten aus Rübs Regiment.[388] Auch der Zeitungsbericht von John of York, einem dem Regiment zugewiesenen Kriegsberichterstatter, legt den Todeszeitpunkt auf den 25. März.[389] Ein weiterer Zeitungsartikel – der veröffentlichte Brief eines Seekadetten – erwähnt des Tod eines Freiwilligen während seines eigenen Dienstes an den Geschützen. Dieser Seekadett war unter Kapitän Mayo von fünf Uhr nachmittags am 24. März bis zum 25. März an der Batterie eingesetzt, aber nicht am 26. März.[390] Die Angabe »26. März« in Gottlob Rübs Militärstammrolle rührt wahrscheinlich von einem Fehler der Schreibstube her; keine andere Primärquelle datiert auf den 26. März.

Die Uhrzeit von Rübs Tod

Ein Gefreiter in Gottlobs Kompanie schrieb, dass Rüb am »Mittag« starb; ein anderer stellte fest, dass er am »Nachmittag« getötet wurde.[391] Obwohl Robert E. Lee den Todeszeitpunkt des Mannes, den er bewunderte, auf den »Abend« legte, könnte Rüb gemeint sein, weil im Sprachgebrauch der Südstaaten »Abend« den Nachmittag einschließt.[392]

Die Schreibung von Rübs Namen

Es gibt jede Menge Unstimmigkeiten in der Schreibweise von Rübs Namen, die den Leser verwirren und die Frage aufwerfen, ob der Gefreite, der in der Marinebatterie getötet wurde, überhaupt der Deutsche Gottlob Rüb aus Stetten am Heuchelberg in Württemberg gewesen sein kann.

Scotts Bericht listet den in der Batterie getöteten Schützen als »Gothlib Reip« auf und schreibt ihn der falschen Kompanie (G) zu.[393] Oswandel nennt ihn »Rupe«, die Musterliste verzeichnet ihn abwechselnd als »Reeb« und »Rueb«, und eine veröffentlichte Liste der Freiwilligen aus Pennsylvania verwendet »Gottlieb« statt »Gottlob« und verwechselt den Vornamen mit dem Familiennamen, indem sie ihn unter »Gottlieb, Rueb« aufführt.[394] Ein Zeitungsbericht nennt ihn »Raap«.[395] Die Musterungsliste überliefert auch ein Alter, das nicht dem von Gottlobs Geburtsdatum in Stetten entspricht, was nur zu noch mehr Verwirrung beiträgt.

Trotz der interkulturellen Namensverwirrung kann als sicher gelten, dass der Soldat, der in der Marinebatterie starb, Gottlob Rüb war. Rübs Nachlassverfahren, sowohl in Deutschland, wie in den Vereinigten Staaten, machen deutlich, dass der in der Schlacht um Veracruz gefallene Gefreite derselbe Gottlob Rüb aus Stetten am Heuchelberg war, dem die Staatsanwaltschaft Heilbronn später den Mord an Stadtschultheiß Rieber zuschrieb. Nach seinem Tod beschäftigten seine zwei überlebenden Schwestern einen Mittelsmann, der ihnen dabei helfen sollte, ihren Anspruch auf seine Landprämie durchzusetzen, die Freiwillige als Ausgleich für ihre Kriegsdienste gewährt bekamen.

Notarielle Unterlagen aus Deutschland im US-Nationalarchiv identifizieren den getöteten Soldaten als *Gottlieb* Friedrich Rueb, geboren am 30. Dezember 1804 in Stetten am Heuchelberg in Württemberg, Sohn des Johannes Rueb, Schulmeister in Stetten. Alle übrigen Dokumente, einschließlich der, die die Schwestern des Verstorbenen geschrieben hatten, benutzen den Namen *Gottlob*.[396] Ein zusätzlicher Brief von einem ehemaligen Lehrer, der in der Nähe von Stetten unterrichtet hatte und später nach Philadelphia gezogen war, identifiziert den Soldaten als »Gottlob Rueb or Rub, Comp. E. Captain Binder«, Sohn des Stettener Lehrers.[397]

In Deutschland belegen die Akten zu Rübs Nachlassverfahren ebenfalls, dass er aus Stetten war und im Mexikanischen Krieg starb. Sie enthalten einen Brief vom Württembergischen Konsulat in Philadelphia, das sich auf die Aussage von Hauptmann Binder bezog und feststellt, Gottlob Rüb sei der erste Mann in seiner Kompanie gewesen, der angeschossen und getötet wurde.[398] Diese Berichte belegen die Identität des verstorbenen Soldaten.

Todesfälle in der Marinebatterie am 24. und 25. März 1847
Insgesamt acht Mann fielen in der Marinebatterie bei der Belagerung von Veracruz. Die Verlustliste des Heeres führt dagegen nur einen einzigen Soldaten auf, einen Freiwilligen, der am 25. März 1847 in der Marinebatterie fiel, nämlich Gottlob Rüb.[399] Die anderen sieben Gefallenen waren Angehörige der Marine. Kapitän Aulicks Bericht für den 24. März umfasste – mit Rang und Schiff – folgende Männer:
»Wm. Marcus, Seemann, Mississippi
Jno. Williams, Geschützführer, Raritan
Jno. Harrington, Bootsmannsmaat, St. Mary's
Daniel McGinnis, Matrose auf erster Fahrt, St. Mary's
Jno. Fookey [Tookey?], Seemann, Potomac.«[400]
Kapitän Mayos Bericht für den 25. März meldet zwei Gefallene in der Marinebatterie ohne Nenneung ihrer Schiffe:
»Seekadett T. B. Shubrick
John Williamson, Seemann.«[401]

Die Quellen, die die Todesart dieser Männer beschreiben, deuten zusätzlich auf Rüb. Lee schrieb von einem Mann, der am »Abend« fiel, und zwar entweder in einem Schützengraben, oder während er aus dem Schützengraben getragen wurde, nachdem er vorher bereits ein Bein gebrochen hatte. Der Mann hatte nahezu den ganzen Tag, während der ganzen Zeit des heftigen Beschusses, verwundet im Graben gelegen.[402]

Es ist verhältnismäßig einfach, die fünf Matrosen, die am 24. März fielen, auszuschließen. Das Logbuch der »USS Potomac« bezeugt, dass einer von ihnen, John Tookey, verwundet ins Lazarett gebracht wurde. Spätere Einträge erwähnen seinen Tod nicht, daher muss Tookey im Lazarett gestorben sein.[403] Ein Matrose schrieb in seinen Erinnerungen, vier Seeleute seien gefallen, gleich nachdem die Batterie am 24. März um zehn Uhr morgens die Tätigkeit aufgenommen hatte; ein anderer schrieb, vier Matrosen seien an diesem Tag »auf der Stelle« gefallen.[404] Ein anderer Teilnehmer legt den Tod von dreien von ihnen auf ungefähr eine Stunde später, also ungefähr elf Uhr morgens.[405] Diese vier Todesfälle könnten auf Marcus, Williams, Harrington und McGinnis zutreffen. Dass sie am Morgen fielen, nicht am Nachmittag, schließt sie wie Tookey aus.

Die Logbücher geben zudem an, die Matrosen seien an ihren Geschützen gefallen, nicht in oder bei einem Schützengraben. William Marcus wurde laut des Logbuchs der »USS Mississippi« »in Ausübung seiner Pflicht« getötet, was vermuten lässt, dass er an den Kanonen war.[406] Das Logbuch der »USS St. Mary's« stellt ausdrücklich fest, dass Harrington und McGinness [McGinnis] an ihren Kanonen fielen.[407] Leider fehlt das Logbuch der »USS Raritan« für diesen Zeitabschnitt, darum ist es nicht möglich, dort etwas über den Tod von Williams herauszufinden.[408] Ein Kriegsreporter in Veracruz berichtete, dass jeder der am 24. März Gefallenen einen Kopfschuss erlitt. Die Mexikaner schossen jedesmal auf sie, wenn sie den Kopf über die Brustwehr streckten.[409]

Alles deutet darauf hin, dass der Mann, von dem Lee schrieb, am 25. März 1847 gestorben ist. Weitere Informationen deuten gleichfalls auf den 25. Das schwerste Feuer war am 25.,[410] was zu Lees Beschreibung passt. Das Feuer hatte während des Nachmittags des 24. auf beiden Seiten nachgelassen; einerseits wegen eines mächtigen Sturms, andererseits aber auch, weil auf der amerikanischen Seite die Munition ausging.[411]

Wenden wir uns dem 25. März zu, dann können wir Seekadett Shubrick leicht ausschließen. Eine Reihe von Quellen beschreiben, wie er während oder kurz nach der Visiereinrichtung seines Geschützes getroffen wurde.[412] John Williamson ist schwerer auszuschließen, weil in den Logbüchern über seine Todesart nichts erwähnt wird und ich auch keine unmittelbare Auskunft in Zeitungen oder anderen Augenzeugenberichten finden konnte. Mittelbar jedoch schließt ein Augenzeugenbericht Williamson aus. In einem Schriftstück über die am 25. März einschlagenden Kanonenkugeln berichtet ein Marineoffizier, »hin und wieder kam eine durch die Schießscharten gepfiffen und riss einem armen Kameraden den Kopf ab«.[413] Der Schreiber deutet damit an, dass das mehr als ein Mal geschah. Wenn an jenem Tag mehr als ein Mann durch die Schießscharten getötet wurde, dann müsste der zweite Williamson gewesen sein.

Fazit

Rüb war der einzige Gefallene in der Batterie, von dem wir wissen, dass er zum Todeszeitpunkt in oder bei einem Schützengraben lag.[414] Es war auch der Einzige, von dem man weiß, dass er am Nachmittag getötet wurde.[415] Der Brief des einen Seekadetten, der von fünf Uhr nachmittags am 24. März bis zum 25. März hindurch Dienst leistete, berichtet auch von dem Mann, dessen Bein zweimal gebrochen war.[416] Die Quellen machen es also insgesamt mehr als wahrscheinlich, dass Robert E. Lee die fraglichen Zeilen über den lang gesuchten Mörder aus Württemberg verfasst hat.

Man muss jedoch vorsichtig sein. Die Marine legte zu jener

Zeit beim Verfassen ihrer Aufzeichnungen wenig Sorgfalt an den Tag. Sie hatte kein System wie die Stammrollen beim Heer; keiner der als Ausfälle verzeichneten Matrosen lässt sich in den Berichten über die bei der Marine Dienstverpflichteten jener Zeit finden.[417] Zusätzlich stimmen die Logbucheinträge nicht mit den amtlichen Verlustlisten der Marine überein. Nach dem Brief des Seekadetten gab es am 25. März zwei Todesfälle, Shubrick und einen »Mann von der Albany«. John Williamsons Tod ist im Logbuch der »USS Albany« nicht erwähnt. Stattdessen nennt es den Tod eines anderen Matrosen, Richard Simms, der in den Verlustlisten überhaupt nicht geführt wurde. Da dieser Eintrag am 26. März gemacht wurde und die Rückkehr der Seeleute mit Simms' Leiche um Viertel vor sechs am Abend jenes Tages zu ihrem Schiff erwähnt, wäre es möglich, dass Simms während des Zusammenstoßes am frühen Morgen des 26. März, vor der Feuerpause, starb.[418]

Einer, der während der Belagerung auf der »USS Mississippi« diente, schrieb, sein Schiff habe bei der Belagerung von Veracruz drei Mann verloren – Shubrick, Marcus und einen anderen Mann, an dessen Namen er sich nicht mehr erinnern könne.[419] Weil die amtlichen Verlustlisten nur zwei Gefallene von der »Mississippi« bei der Marinebatterie nennen, könnte es einen Vermissten gegeben haben. Dieser Brief verrät nicht, wo der dritte Mann fiel. Diese Berichte von weiteren Todesfällen, verbunden mit dem Mangel an genaueren Angaben über die Todesfälle, von denen wir etwas wissen, bringen ein Element der Ungewissheit in die Schlussfolgerung. Der Kriegshistoriker K. Jack Bauer wies darauf hin, dass die Marineverluste im Mexikanisch-Amerikanischen Krieg niemals genau bestätigt worden sind.[420] Jedoch stützt das historische Material, das bislang vorliegt, die These, dass es sich bei Gottlob Rüb um den von Lee so bewundernd beschriebenen Soldaten handelt.

Die Geschichte der Deutschen Kompanie von Pennsylvania im Mexikanisch-Amerikanischen Krieg

Schon vor dem Mexikanisch-Amerikanischen Krieg rief der Gouverneur die deutsche Garde von Philadelphia gelegentlich zum Militärdienst. Zwei Kompanien kämpften im Zweiten Seminolenkrieg in Florida (1835–1842). Als im Mai 1844 in Philadelphia die Nativisten-Aufstände[421] ausbrachen, rief die Stadt die Staatsgarde. Erfüllt von einwandererfeindlichen und antikatholischen Ressentiments plünderte der einheimische Pöbel irische Häuser und verbrannte katholische Kirchen. Der Sheriff von Philadelphia setzte die Staatsgarde ein, deren Kommandeur eine deutsche Kompanie, die »Washington Leichte Infanterie« einsetzte, um die Kirche Johannes des Evangelisten nahe der 13. und der Market Street, einen Block östlich des heutigen Rathauses von Philadelphia, zu schützen. Die Offiziere hatten ihre Kompanie dort bei der Johannes-Kirche im Stich gelassen, als die Lage brenzlig wurde. Der am 28. August 1815 in Aurich (heute *Vaihingen-Enz*, Landkreis Ludwigsburg) in Württemberg geborene Feldwebel John F[rederick] Ballier –später General im Bürgerkrieg – ergriff das Kommando. Starke Windböen durchpeitschten die Stadt während des Aufruhrs, wirbelten Staubwolken auf und drohten, die Feuer auf andere Gebäude überspringen zu lassen. Die deutsche Gemeinde schrieb es später Balliers kaltblütiger Entschiedenheit zu, dass sowohl die Kirche als auch die Gebäude in der Umgebung erhalten blieben.[422]

Diese Kompanie, die »Washington Leichte Infanterie«, war es, die im Mexikanisch-Amerikanischen Krieg als Deutsche Kompanie Philadelphia, E-Kompanie des 1. Pennsylvania-Regiments, Dienst leistete. Nach der Belagerung von Veracruz marschierte die Kompanie mit Scott nach Mexico City. Sie nahm am 18. April 1847 an der Schlacht von Cerro Gordo gegen Santa Anna teil, ohne irgendwelche Verluste zu erleiden.[423]

Scotts Streitkräfte besetzten Ende April auf ihrem Marsch gegen Mexico City die Festung San Carlos de Perote. Das 1. Pennsylvania-Regiment kam am 8. Mai bei der Festung an und besetzte sie. Seine Aufgaben umfassten den Schutz des Heeresnachschubs von Veracruz nach Mexico City, Geleit für Gefangene, kleinere Gefechte und die Jagd auf Freischärler. Die Kompanien exerzierten, und ein Mitglied der C-Kompanie lobte die »Washington Leichte Infanterie« für ihre hervorragenden Leistungen im Zielschießen. Hauptmann Frederick W. Binder führte ein Sonderkommando von je fünf Mann aus jeder Kompanie an, das das Gebiet auskundschaften sollte.[424]

Die Festung diente bis Kriegsende als amerikanisches Lazarett. Viele Männer litten an Durchfall und Austrocknung, was zum Tod führen konnte.[425]

Im August, immer noch in Perote stationiert, war Hauptmann Binder drei Wochen lang schwer krank.[426] Laut seinem späteren Pensionsgesuch litt Binder an einer ernsthaften »Gehirnentzündung« oder einem Sonnenstich.[427] Hauptmann Binder selbst beschrieb sein Leiden als Schmerz in der Frontalregion der linken Kopfhälfte, der seine ganze Dienstzeit und noch ein Jahr danach andauerte. In Perote fiel er ins Delirium und musste ins Lazarett eingeliefert werden.[428] Der Oberst des 1. Pennsylvania-Regiments sorgte sich um Binders vollständige Heilung und gab an, dass Binder sich nie wieder völlig vom Sonnenstich erholt hatte. Seine Gesundheit war von da an »erschüttert« und »beeinträchtigt«.[429]

Am 17. September 1847 wurden 30 von Hauptmann Binders Leuten wegen Ungehorsams vom Kriegsgericht verurteilt. Jeder büßte fünf Dollar seines Solds als Strafe ein. Ein preußischer Offizier, der als Attaché bei der US-Armee eingesetzt war, hielt fest, dass Oberst Wynkoop, der Standortkommandeur von Perote, seine Freiwilligen zu dieser Zeit nicht mehr im Griff hatte. Sie waren dauernd in Eigentumsdelikte verwickelt, einschießlich der Beraubung von mexikanischen Frauen in Perote auf offener Straße, Diebstahl in ihren eigenen Unterkünften, Einbruch und Diebstahl in der mexikanischen Kirche. Die Kriegsgerichtsverfahren folgten – wobei die anderen zeitgleich dort stationierten Kompanien keine so große Zahl an Kriegsgerichtsverfahren zu absolvieren hatten.[430]

Die »Washington Leichte Infanterie« nahm im Weiteren am 9. Oktober 1847 an der Schlacht von Huamantla im mexikanischen Bundesstaat Tlaxcala teil, doch die Mexikaner waren geflohen, ehe das 1. Pennsylvania nahe genug gekommen war. Die Kompanie erlitt keine Verluste. Diese Schlacht war die letzte bedeutende des Krieges. Von den insgesamt 97 Mann, die in Hauptmann Binders deutscher Kompanie standen, starben 22 im Dienst, meist an Krankheit. Rüb war der einzige Gefallene. Ein Feldwebel verschwand unter geheimnisvollen Umständen im Spätjahr 1847 – vermutlich wurde er ermordet; ein anderer ertrank in einem Mühlteich.[431]

Hauptmann Binder kehrte mit seiner Kompanie am 15. Juli 1848 nach Pittsburgh zurück und neun Tage später nach Philadelphia. Am 5. August wurden sie ausgemustert. Die deutsche Zeitung von Philadelphia berichtete über das allgemein positive Auftreten der »Washington Leichten Infanterie« und über das Lob der Kompanie für ihren Hauptmann. Philadelphia feierte ihre Heimkehr mit einer Parade, einer Reihe von Banketten, dem Läuten der Kirchenglocken, Musik und Fahnenschmuck. Hauptmann Binder, behängt mit Ehrenkränzen, führte die Parade an. Die Läden schlossen, und die Leute säumten die Straße, um den marschierenden Soldaten Kränze zuzuwerfen. »Captain Binder's Quick Step«, komponiert, um die Heimkehr der Kompanie zu feiern, muss bei diesen Festlichkeiten zum ersten Mal gespielt worden sein.[432]

Philadelphia gab am 3. August 1848 ein riesiges Bankett

für die »Washington Leichte Infanterie« in der Military Hall. 300 Personen waren anwesend. Oberst Francis M. Wynkoop hielt eine Ansprache und betonte, das Verhalten der Deutschen während des Krieges habe ihn die Hingabe der Einwanderer an ihr neues Vaterland mit eigenen Augen sehen lassen. Oberstleutnant Samuel W. Black sprach über die Belagerung von Veracruz und über Rübs Tod. Seine Worte waren »herzzerreißend«, wie die örtliche deutsche Zeitung schrieb.[433]

Eine von Hauptmann Binders letzten Pflichten, die mit dem Krieg zu tun hatten, war die Erledigung von Rübs zwischenstaatlichem Nachlassverfahren. Er übergab dem Württembergischen Konsulat in Philadelphia eine amtliche Erklärung über Rübs Tod. Vielleicht, um dessen Familie etwas Trost zukommen zu lassen, merkte Binder an, Gottlob Rüb sei der *erste* Mann gewesen, der in der Kompanie gefallen sei (tatsächlich war er der *einzige* Gefallene der Kompanie).

Binder blieb weiterhin bei der örtlichen Garde, als diese einberufen wurde, um im Oktober 1849 den Rassenaufstand von Philadelphia niederzuschlagen. Auch diente er als Wachhabender Hauptmann für den alten Bezirk Kensington.[434]

Danach aber verließ Frederick W. Binder das Glück. Im Oktober 1850 wurde er wegen Mordversuchs an einem Polizeibeamten festgenommen, wenn auch auf Kaution entlassen. Der Zwischenfall ereignete sich bei einem deutschen Ball in Northern Liberties, einem Stadtteil von Philadelphia. Das Opfer griff in einen Streit um eine Frau ein. Jemand löschte die Lichter, und in der Dunkelheit empfing das Opfer drei ernsthafte Stichwunden auf seiner linken Seite. Der Verletzte beschuldigte Binder, ihn niedergestochen zu haben. Die Befragung bei der Haftprüfung legte den Schwerpunkt auf dessen Voreingenommenheit gegen Hauptmann Binder. Der verletzte Polizeibeamte starb später. Die Anklage gegen Binder wegen Mordes wurde im Februar 1851 fallengelassen.[435]

Etwa um die gleiche Zeit, in den frühen 1850er Jahren, erlitt Hauptmann Binder eine Lähmung der linken Seite. Dennoch war er im Stande, weiter zu arbeiten. Die Volkszählung (»Census«) von 1860 weist ihn als Rechtsanwalt aus, und die Steuerliste des Internal Revenue Service (IRS), der Bundessteuerbehörde der Vereinigten Staaten, führt ihn in den frühen 1860ern als Spirituosenhändler. In den späten 1850ern war er auch Stadtrat und Polizeirichter im 15. Bezirk von Philadelphia.[436]

Um 1865 war Hauptmann Binder Eigentümer einer riesigen Bierhalle in Philadelphia in der 6. und Arch Street. Im April 1865 kam ein Mann in das Lokal, schlug Binder nieder und trat ihn mit Füßen. Binder wurde so ernsthaft verletzt, dass sein Arzt daran zweifelte, dass er überleben würde. Es gelang ihm aber, durchzukommen. Der Mann wurde festgenommen und wegen Körperverletzung mit Tötungsabsicht angeklagt.[437]

Gegen Ende seines Lebens ersuchte Binder um eine Militärpension auf Grundlage seiner Lähmung, als deren Ursache er den Sonnenstich, den er im Mexikanisch-Amerikanischen Krieg erlitten hatte, angab. Das Heer hatte Zweifel. Der prüfende Arzt sah keinen medizinischen Zusammenhang zwischen dem Sonnenstich und der einige Jahre darauf erfolgten Lähmung. Binders unklare Antworten brachten den Arzt dazu, ihn als Simulanten einzustufen. Nirgendwo in Hauptmann Binders Antrag auf Pension wird erwähnt, dass er seine Kindheit als Patient der Stuttgarter orthopädischen Klinik verbrachte oder ob seine damalige Behinderung für die spätere medizinische Verfassung des Hauptmanns eine Rolle gespielt haben könnte. Binder starb im Januar 1876.[438]

Verschiedene Mitglieder der »Washington Leichten Infanterie« zeichneten sich als Offiziere im Bürgerkrieg aus. John F. Ballier, der Feldwebel, der in Abwesenheit seines kommandierenden Offiziers während des Aufruhrs in Philadelphia 1844

das Kommando der »Washington Leichten Infanterie« übernommen hatte, diente nicht nur als Schütze in Hautpmann
Binders Kompanie im Mexikanisch-Amerikanischen Krieg,
sondern auch als Stellvertretender Quartiermeister für das 1.
Pennsylvania-Regiment. Von April bis August 1861 half er
bei der Aufstellung des 21. Pennsylvania-Regiments, in welchem er als Oberst diente. Nach der Auflösung des 21. Regiments stellte Binder ein neues Regiment auf und fügte neue
Rekruten hinzu. Auch hier diente er wieder als Oberst. Das
so entstandene 98. Pennsylvania-Regiment war fast komplett
deutsch. Ballier wurde bei Salem Heights (bei Fredericksburg,
Virginia) und Fort Stevens (im Nordwesten von Washington,
D.C.) verwundet. Präsident Abraham Lincoln beförderte ihn
am 13. Juli 1864 ehrenhalber zum Brigadegeneral.[439]

Nach seiner Rückkehr aus dem Krieg schrieb Ballier für
Bates' Geschichte der Pennsylvania-Freiwilligen (»History of
Pennsylvania Volunteers, 1861-5«) das Kapitel über das 98.
Regiment. Er diente auch als Mitglied eines Kriegsgerichts in
Washington, D.C. Nach der Ermordung Lincolns ernannte
Präsident Johnson ihn zum Tagesinspektor am Zollhaus Phi-
ladelphia. Ballier war auch einer der Begründer des Cannstat-
ter-Volksfest-Vereins von Philadelphia, der bis heute besteht,
und diente ihm von 1873 an als Vizepräsident.[440]

Obwohl Ballier in Deutschland Bäcker gelernt hatte und
diesen Beruf auch in Philadelphia ausübte, könnte ein bisher
übersehener Punkt in seiner Biografie seinen militärischen
Erfolg erklären. Zu seiner weiterführenden Schulbildung besuchte er ab 1832 eine Kadettenanstalt in Stuttgart, die einer
seiner Verwandten gegründet hatte. Dort wurde der künftige
General Ballier zum ersten Mal mit Militärstrategie vertraut
gemacht.[441]

John Koltes, 2. Unteroffizier unter Hauptmann Binder im Mexikanisch-Amerikanischen Krieg, befehligte die im April 1861

aufgestellte Bürgerwehr von Pennsylvania als Hauptmann. Auch Deutsche dienten in der Bürgerwehr. Der deutsche »Männerchor« schloss sich als Einheit an. Koltes organisierte die Gruppe als Schützenkompanie und bereitete sie auf den aktiven Wehrdienst vor. Dann diente er ab September 1861 als Oberst der 73. Freiwilligen Pennsylvania-Infanterie, bis er im August 1862 in der zweiten Schlacht am Bull Run (bei Manassas im nördlichen Virginia) fiel.[442]

Adam Kramer, ein Unteroffizier bei der »Washington Leichten Infanterie« während des Mexikanisch-Amerikanischen Kriegs, schloss sich der 15. Pennsylvania-Kavallerie an, in der er vom Gefreiten zum Hauptmann der M-Kompanie aufstieg. Nach dem Krieg diente er weiter in der regulären Armee und ging im Januar 1897 als Major der 6. US-Kavallerie in den Ruhestand.[443]

Henry Hohnstein, der zusammen mit Ballier als Gefreiter in der »Washington Leichten Infanterie« in Mexiko gedient hatte, wurde Oberleutnant in der I-Kompanie von Balliers 98. Regiment. In dieser Position diente er bis zu seinem Tod am 23. Dezember 1861.[444]

Charles Angeroth, ein anderer Gefreiter in Binders Kompanie, wurde 1861 Oberstleutnant bei der 27. Pennsylvania-Infanterie und 1862 Oberst bei der 2. Schweren Pennsylvania-Artillerie.[445] Er starb im Januar 1882.

Mindestens ein weiteres Mitglied der »Washington Leichten Infanterie« diente im Bürgerkrieg. William Kohler war als Gefreiter in der C- und D-Kompanie von Balliers 98. Regiment und wurde 1881 Feldwebel. Und auch Henry Simon, ein weiterer von Binders Gefreiten, soll während des Bürgerkriegs in der 2. US-Artillerie gedient haben, doch diese Information lässt sich nicht vollständig belegen.[446]

AEKSaH	Archiv der Evangelischen Kirche, Stetten am Heuchelberg
AEKB	Archiv der Evangelischen Kirche, Bönnigheim
BRBML	Beinecke Rare Book and Manuscript Library, Yale University, New Haven, Connecticut, USA
BMCOC	Bryn Mawr College Online Collections, Philadelphia, Pennsylvania, USA
BUDL	Brown University Digital Library, Providence, Rhode Island, USA
CCC	Constitutio Criminalis Carolina
ER	Eheregister
FR	Familienregister
HSP	Historical Society of Pennsylvania, Philadelphia, Pennsylvania, USA
HGB	Historische Gesellschaft Bönnigheim

Ermitt-lungsakte	Kreisgerichtshof Esslingen: Kriminalsenat (1817–1870), Verfahren gegen: Täter nicht ermittelt; Tatzeit: 21.10.1835; Tatort: Bönnigheim/Oberamt Besigheim; Tat: Stadtschultheiß Rieber wird vor seinem Haus erschossen; Erledigung: Verfahren gegen verschiedene Verdächtige am 17.02.1836 eingestellt, E319 Bü 146, Staatsarchiv Ludwigsburg
JFBP	John F. Ballier Papers (1831–1892), German Amer. Col., Ms. Coll. 11, Joseph Horner Memorial Library, German Society of Pennsylvania, Philadelphia, Pennsylvania, USA
JHML	Joseph Horner Memorial Library, German Society of Pennsylvania, Philadelphia, Pennsylvania, USA
LOC	Library of Congress, Washington, D.C., USA
StALB	Staatsarchiv Ludwigsburg, Landesarchiv Baden-Württemberg
HStAS	Hauptstaatsarchiv Stuttgart, Landesarchiv Baden-Württemberg
NA	National Archives and Records Administration, Washington, D.C., USA
PB	Protokollbuch (Teil der Ermittlungsakte)
PSA	Pennsylvania State Archives, Harrisburg, Pennsylvania, USA

RG	*record group* (Archivbestand)
SAB	Stadtarchiv Bönnigheim
SAS-SAH	Stadtarchiv Schwaigern, Teilarchiv Gemeinde Stetten am Heuchelberg
SBPC	Susanne Behling, Privatarchiv
SR	Sterberegister
VHS	Virginia Historical Society, Richmond, Virginia, USA
WLB	Württembergische Landesbibliothek, Stuttgart
WS	*witness statement(s)* (Zeugenaussagen)
UTASC	University of Texas Arlington Special Collections, Texas, USA

Währungsumrechnungen stützen sich auf:
Deutsche Bundesbank Eurosystem, »Kaufkraftäquivalente historischer Beträge in deutschen Währungen«; aufgerufen Februar 2016, http://www.bundesbank.de/Redaktion/DE/Downloads/Statistiken/Unternehmen_Und_Private_Haushalte/Preise/kaufkraftaequivalente_historischer_betraege_in_deutschen_waehrungen.pdf?__blob=publicationFile.

Die Umrechnung von Längen-, Inhalts- und Gewichtsangaben stützen sich auf:
von Hippel, Wolfgang: *Maß und Gewicht im Gebiet des Königreichs Württemberg und der Fürstentümer Hollenzollern am Ende des 18. Jahrhunderts.* Stuttgart: Kohlhammer, 2000.

S. 9: Ralf Michelfelder, Präsident des Landeskriminalamts Baden-Württemberg. Mit freundlicher Genehmigung des Landeskriminalamts.

S. 22: Bönnigheims Schloss mit dem St.-Georgs-Brunnen im Vordergrund. Foto: Ann Marie Ackermann.

S. 35: Der Tatort vom Schloss aus gesehen. Foto: Ann Marie Ackermann.

S. 57: Die Schießerei auf dem Kirchhof laut Oberamtsrichter Hammers Tatortskizze. Quelle: Ermittlungsakte (Staatsarchiv Ludwigsburg, E 319 Bü 146); Abdruck mit freundlicher Genehmigung des Staatsarchivs Ludwigsburg.

S. 71: Pfarrer Christoph Ulrich Hahn. F. Brandseph, um 1870, Abdruck mit freundlicher Genehmigung der Württembergischen Landesbibliothek, Graphische Sammlungen.

S. 71: Stadtschultheiß Riebers Grab, ca. 1935. Abdruck mit freundlicher Genehmigung von Jochen Richter, Bönnigheim.

S. 77: Der Fluchtweg des Mörders laut Oberamtsrichter Hammers Tatortskizze. Quelle: Ermittlungsakte (Staatsarchiv Ludwigsburg, E 319 Bü 146); Abdruck mit freundlicher Genehmigung des Staatsarchivs Ludwigsburg.

S. 90: Haarzüge im Vergleich zu üblichen Zügen. Abdruck mit freundlicher Genehmigung von Volker Schäfer, Landeskriminalamt Baden-Württemberg.

S. 90: Rehposten mit Streifen. Abdruck mit freundlicher Genehmigung von Volker Schäfer, Landeskriminalamt Baden-Württemberg.

S. 108: Die Pfeiffer-Hütte im Strombergwald. Foto: Ann Marie Ackermann.

S. 118: Der Heuchelberg. Foto: Ann Marie Ackermann.

S. 118: Zeitgenössische topografische Karte mit der Hügelkette des Heuchelbergs, dem Nordwestzipfel der Strombergkette und dem Zabertal dazwischen. Ausschnitt aus dem Topographischen Atlas des Königreichs Württemberg, Blatt 9, Besigheim 1844, mit Genehmigung des Landesamts für Geoinformation und Landentwicklung Baden-Württemberg; Hervorhebungen durch Ann Marie Ackermann.

S. 127: Zerstörung des amerikanischen Dampfboots »Caroline«, um 1920. Quelle: Library of Congress, Washington, D.C., USA.

S. 136: Robert E. Lee, ca. 1846. Quelle: Library of Congress, Washington, D.C., USA.

S. 146: Hauptmann Frederick W. Binder. Abbildung aus: *The Illustrated New Age* (Philadelphia), 21. April 1874.

S. 146: Washington Garde. Quelle: Library of Congress, Washington, D.C., USA.

S. 156: Die Isla de Lobos ca. 1847 vor dem Angriff auf Veracruz, von H. Dacre. Quelle: Library of Congress, Washington, D.C., USA.

S. 162: Die Festung San Juan de Ulúa mit Veracruz im Hintergrund. Quelle: Library of Congress, Washington, D.C., USA.

S. 168: Landung der amerikanischen Streitkräfte unter General Scott bei Veracruz am 9. März 1847. Quelle: Library of Congress, Washington, D.C., USA.

S. 168: Detail einer Skizze vom Angriff auf Veracruz, hinter den amerikanischen Linien von einem amerikanischen Offizier gezeichnet. Quelle: John Darragh Wilkins Memorandum and Letters, Western Americana Collection, BRBML.

S. 175: Die Marinebatterie während der Belagerung von Veracruz, um 1848. Quelle: Library of Congress, Washington, D.C., USA.

S. 175: Karte der Belagerung von Veracruz vom US-Armee-Corps der Topografischen Ingenieure, 1847. Mit freundlicher Genehmigung der »Special Collections«, The University of Texas at Arlington Library, Arlington, Texas.

S. 176: Detail dieser Karte: Mit freundlicher Genehmigung der »Special Collections«, The University of Texas at Arlington Library, Arlington, Texas.

S. 185: Robert E. Lees Brief an seinen Sohn Custis vom 11. April 1847. Mit freundlicher Genehmigung der Virginia Historical Society.

S. 190: Erste Seite des Briefes von Frederick Rupp nach Bönnigheim 1872. Quelle: Ermittlungsakte (Staatsarchiv Ludwigsburg, E 319 Bü 146); Abdruck mit freundlicher Genehmigung des Staatsarchivs Ludwigsburg.

S. 203: Bönnigheims Bürgermeister a. D., Kornelius Bamberger, neben dem Denkmal, das die Stadt 2015 zur Erinnerung an das Mordopfer Johann Heinrich Rieber errichten ließ. Mit freundlicher Genehmigung von Inge Hermann.

S. 204: Frederick Rupps Grabstein in Washington, D.C. Mit freundlicher Genehmigung von Michael McCormick.

S. 209: Die Übergabe der Belohnung am 19. Mai 2018 in Gaithersburg, Maryland, USA. Foto: Ann Marie Ackermann.

S. 220: Gottlob Rübs Militärstammrollenkarte mit der Notiz über seinen Tod an der Marinebatterie. Quelle: National Archives, Washington, D.C., digitales Foto mit freundlicher Genehmigung von Fold3.com.

Dank

Es ist unmöglich, eine Forschungsarbeit dieser Art durchzuführen, ohne den Beistand einer ganzen Menge von Personen in Anspruch zu nehmen. Sie sind in gewisser Hinsicht die wahren Helden dieses Buches, denn sie haben geholfen, diese Geschichte ans Tageslicht zu bringen.

In Deutschland haben mir folgende Personen und Institute Hilfe und Rat geboten: Kurt Sartorius (Historische Gesellschaft Bönnigheim), Dr. Hermann Stierle (Archiv des Evang. Pfarramts Bönnigheim), Helga Engster-Möck (Stadtarchiv Bönnigheim), Kornelius Bamberger (Bürgermeister a. D. von Bönnigheim), Albrecht Hartmann (Stadtarchiv Schwaigern, Gemeinde Stetten am Heuchelberg), Annette Schuhkraft und Pfarrer Martin Bulmann (Evang. Pfarramt Stetten am Heuchelberg), Dr. Martin Häußermann (Staatsarchiv Ludwigsburg), Wolfram Berner, M.A. (Kreisarchiv Ludwigsburg), Hans-Peter Rosenberger (Evang. Pfarramt Kirchheim am Neckar), Volker Schäfer (Landeskriminalamt Baden-Württemberg), Sandy Kruger (Stadtarchiv Besigheim), Elisabeth Biechl, Axel Pantermühl, Adalbert Schmezer, Markus Beck und Horst Seizinger, und nicht zu vergessen die Damen und Herren Mitarbeiter des Hauptstaatsarchivs Stuttgart, des Staatsarchivs Ludwigsburg, des Stadtarchivs Heilbronn, des Stadtarchivs Ludwigsburg und der Württembergischen Landesbibliothek in Stuttgart. Ohne sie alle wäre dieses Buch nie zur Reife gediehen.

und der Riefen mit Genehmigung von Volker Schäfer, Landeskriminalamt Baden-Württemberg, die Fotografie von Stadtschultheiß Riebers Grab mit Genehmigung von Jochen Richter und die topografische Karte mit Genehmigung des Landesamts für Geoinformation und Landentwicklung Baden-Württemberg. Der Stadtgemeinde Schwaigern drücke ich für die Erlaubnis, aus ihrem Buch »Schwaigern. Heimatbuch der Stadt Schwaigern« zu zitieren, ebenso meinen Dank aus.

Das Erlernen der alten deutschen Schrift war sehr wesentlich für diese Forschung, und ich danke Dr. Hermann Stierle, Helga Engster-Möck, Elisabeth Biechl, Hans-Peter Rosenberger, Dr. Jürgen Ackermann und Dr. Otfried Kies dafür, dass sie mir geholfen haben, schwierige Stellen der deutschen Archivtexte lesen und entziffern zu lernen.

Da es nicht zweckmäßig gewesen wäre, jedes Mal, wenn ich eine Forschungsaufgabe hatte, in die USA zu fliegen, halfen mir mehrere Forscher in verschiedenen Instituten. Besonderer Dank gilt Gail McCormick, Dorothy Clark, Michael Blaakman, James M. Beidler und Ralph Elder. Lee Shepard (Virginia Historical Society), Randy Hackenburg, Glenn F. Williams, Donald A. Clark, Wallace L. McKeehan und Andrew Hazekamp bearbeiteten ebenfalls gelegentlich Fragen. Während meiner Forschungsreise in die USA boten mir David Baugh (Philadelphia Archives), Chrissy Bellizzi und Bettina Hess (Horner Library of the German Society of Pennsylvania) und der Mitarbeiterstab der Historical Society of Pennsylvania und der Huntington Library in liebenswürdiger Weise ihre Hilfe an.

Textmaterial aus dem Briefwechsel von Robert E. Lee wird wiedergegeben mit der Erlaubnis der Virginia Historical Society, das Zitat aus Douglas Southall Freemans »R. E. Lee« mit freundlicher Erlaubnis von Simon & Schuster und das Zitat aus

Michael Kordas »Clouds of Glory« mit freundlicher Genehmigung von HarperCollins. Die Universität von Nord-Carolina erlaubte mir Wiedergaben aus dem Tagebuch von Daniel Harvey Hill. Die Abbildung des Briefs von Robert E. Lee wird wiedergegeben mit der Genehmigung der Virginia Historical Society; die Karte von Veracruz mit Genehmigung der University of Texas in Arlington und das Bild von Friedrich/Frederick Rupps Grab mit der Genehmigung von Michael McCormick.

Carolyn Walker und Jill Swenson boten mir beim Fortschreiten meines Werks redaktionellen Rat. Brian Neugebauer, Angela Buckley und James Rada sowie auch verschiedene Familienmitglieder hier in Deutschland – Dieter Ackermann, Dr. Jürgen Ackermann, Irmgard Ackermann, Alexander Ackermann und Renate Aigner – gaben mir als Probeleser Rückmeldungen. Vielen Dank dafür. Meine Lektorinnen bei Kent State University Press und beim Silberburg-Verlag machten einen entscheidenden Unterschied für meinen Text. Vielen Dank an Joyce Harrison, Valerie Ahwee, Bettina Kimpel und Dr. Sabine Besenfelder.

Ich bin dem Fotostudio Richter und dem Fotostudio Inge Hermann in Bönnigheim sehr dankbar für ihre Hilfe bei den Illustrationen des Buchs und dafür, dass sie mir freundlich erlaubt haben, ihre Fotografien abzudrucken. Besonderer Dank an Inge Hermann für die Mithilfe beim Formatieren der Bilder.

Mein Dank geht auch an Malte Mory, meinen Horn-Lehrer, der als Erster der Meinung war, mein Forschungsprojekt könnte ein gutes Buch werden. Manchmal haben Musiker auch ein gutes Auge für Literatur.

Die Übersetzung ins Deutsche besorgte in dankenswerter Weise Dr. Otfried Kies in Brackenheim-Hausen.

Meinen Lieben, Dieter, Alexander und Dennis Ackermann, Euch danke ich so sehr für Eure Geduld während dieser Arbeit.

Und nicht zuletzt bedanke ich mich bei den Unterstützern dieses Projekts, der Stadtgemeinde Bönnigheim, Ernst Albeck, der Historischen Gesellschaft Bönnigheim und der VR Bank Bönnigheim, die im Mai 2018 die Übergabe der Belohnung in den USA ermöglichten.

Bibliografie

Unveröffentlichte Quellen und Archivalien in Deutschland

Archiv der Evangelischen Kirche, Bönnigheim
Familienregister
Eheregister
Sterberegister

Archiv der Evangelischen Kirche, Stetten am Heuchelberg
Familienblätter 1638-1807, Bd. 2 [Umschrift des Familienregisters Stetten, Bd. 1]

Historische Gesellschaft Bönnigheim
Stock, C.A., »Auszüge aus dem Lebensbericht von Carl Adolf Stock, Forstdirektor i.R. mit Bezug zu Bönnigheim 1867-1881« [Transkription].

Hauptstaatsarchiv Stuttgart
Konsulat Philadelphia: Bewerbungen und Ernennungen zum Konsul: Friedrich Klett, Wilhelm Ludwig Kiderlin/1842-1865; E50/60 Bü 189

Staatsarchiv Ludwigsburg
Aufnahme von Staatspfleglingen in die orthopädische Heilanstalt Paulinenhilfe in Stuttgart (vor 1850 Armenabteilung des Paulineninstituts), E 163 Bü 931
Auswandererverzeichnisse (1815, 1817-60), F 154 I Bü 167
Auswanderungen in verschiedenen Gemeinden/1832, F 154 I Bü 170
Auswanderungen in verschiedenen Gemeinden/1836, F 154 I Bü 174

Auswanderungen, Stetten Bd. 1 (1807-1850), Oberamt Brackenheim, F 158 I Bü 173

Auswanderungsverzeichnis, Oberamt Brackenheim (1830-1863, 1865-1872, 1880-1881), F 158 I Bü 176a

Fabrikation und Verkauf von Abschraubgewehren / 1820-1821, E 245 I Bü 1499

Forstamt Bönnigheim (1818-1886), Findbuch, F 105 II

Kreisgerichtshof/Landgericht Ellwangen: Kriminalsenat bzw. Strafkammer (1813-1949), Findbuch E 341 I

Kreisgerichtshof Esslingen: Kriminalsenat (1817-1870), Findbuch E 319

Kreisgerichtshof Esslingen: Kriminalsenat (1817-1870), Verfahren gegen: Friedrich Pfeiffer aus Ruit wegen Mord (1822-1823), E 319 Bü 135a

Kreisgerichtshof Esslingen: Kriminalsenat (1817-1870), Verfahren gegen: Täter nicht ermittelt; Tatzeit: 21.10.1835; Tatort: Bönnigheim/Oberamt Besigheim; Tat: Stadtschultheiß Rieber wird vor seinem Haus erschossen; Erledigung: Verfahren gegen verschiedene Verdächtige am 17.02.1836 eingestellt, E 319 Bü 146 [Ermittlungsakte]

Kreisgerichtshof Tübingen: Kriminalsenat (1818-1869), Findbuch E 331

Kriminalsenat Tübingen: Strafsache gegen Johann Georg Fischer wegen Mordes (1824), Findbuch E 331 Bü 69

Kreisgerichtshof Ulm: Kriminalsenat (1819-1868), Findbuch, E 350

Kriminalsenat Ulm: Strafsache gegen Philipp Jakob Speidel wegen Raubmordes (1845), E 350 Bü 52

Nachlassteilung des in Amerika umgekommenen Gottlieb Friedrich Rüb von Stetten, Amtsgericht Brackenheim, F 258 Bü 370

Oberjustizkollegium des 1. Senats, ab 1811 Kriminaltribunal Esslingen, Inquisitionen und Prozesse, Findbuch D 70

Personalakten der Forstamtassistenten des Forstamts Bönnigheim/1822-1886, F 105 I Bü 243

Personalakten der Forstmeister des Forstamts Bönnigheim,
F 105 I Bü 242

Reißende und wütende Tiere (Wölfe, wütende Füchse und
Hunde); deren Auftreten und Bekämpfung/1822-1864,
F 105 I Bü 9

Stetten Bd. 1/1807-1850, F 158 I Bü 173

Stadtarchiv Bönnigheim

Bau von Dohlen und Wasserleitungen zu dem Brunnen im
Schlossgarten und Garten des Forstamtes; Bau der Haupt-
wasserleitung und des Pumpwerkes in der Taubstummen-
anstalt (Kostenvoranschlag) F 40 Bü 135 o, (Flurkarten und
Stadtplan Bönnigheim 1832)

Bauplan, »Waschküchengebäude«, K 4812C.

Güter-Buch, Theil 3, B 919.

Nachlass Karl Friedrich Rieber, A 2663b.

Nachlass Georg Michael Rupp, Kammacher (1833), A 7240

Nachlass Elisabeth Zipperlen, Ordner »Berühmte Söhne«, Abteilung »Stadtschultheiß Heinrich Rieber«.

Privat-Inventarium über die Hinterlassenschaft des Heinrich
Rieber, Schultheiß in Bönnigheim, A 2664 (1835).

**Stadtarchiv Schwaigern, Gemeindearchiv Stetten am Heu-
chelberg**

Bürgerrechtsverzichts-Urkunden, 1800-1850. A 429.

Gerichts- und Gemeinderatsprotokolle 1807-1816. B 264;
1816-1819 B 265; 1827-1833 B 267; 1819-1827 B 261; 1834-
1838. B 268.

Register über die Steuer- und Güterbücher, 1839. B 349.

Ruggerichtsprotokoll 1821-1912. B 318.

Steuerbuch VIII. Theil. B 335.

Schuldklagprotokoll, B 301, 20. September 1834 (unnumme-
riert).

Schultheissenamtsprotokoll 1833-43. B 251.

Verzeichnis der aktiven Gemeinde-Bürger, 1828. B 513.

Untersuchungs-Sache gegen den Forstwart Gottlob Friedrich Rüb von Stetten (K. Oberamts-gericht Heilbronn, 1829), A 55a (Mitteilung gerichtlicher Strafen) (16. Juni 1829).

Unveröffentlichte Quellen und Archivalien in den Vereinigten Staaten von Amerika

Susanne Behling, Privatarchiv

Hiney, Elias F.: Mexican American War Diary, Privatarchiv Susanne Behling; aufgerufen Februar 2014, http://homepages. rootsweb.ancestry.com/~sam/elias.html.

Beinecke Rare Book and Manuscript Library, Yale University

Mexican War Articles, Western Americana Collection, Mss WA MSS S-561.

Brown University Digital Library

Nagle, James: Diary of Capt. James Nagle, Co. B, 1st Regiment, Pennsylvania Volunteers. Brown Olio series; aufgerufen November 2015, https://repository.library.brown.edu/viewers/readers/set/bdr:40635#page/2/mode/2up.

Bryn Mawr College Online Collections

Erwin, Joseph Warner: Journal (1839-1854). Transcribed by S. Hamill Horne. Places in Time collection, Textual Documents; aufgerufen September 2015, http://www.brynmawr. edu/iconog/jwe/jweint.html.

College of William and Mary Digital Archive

Burdsall, Anna: Diary (1840-1841). Transcribed. Charles Campbell Papers, Mss. 65 C17, Series 3, MsV. 7; aufgerufen Juni 2015, https://digitalarchive.wm.edu/handle/10288/13758.

Historical Society of Pennsylvania, Philadelphia

Kreitzer, John: Journal, John Kreitzer Papers, collection no. Am. 68835.

Joseph Horner Memorial Library, German Society of Pennsylvania, Philadelphia

John F. Ballier papers (1831-1892), German Amer. Col., Ms. Coll. 11.

Library of Congress, Washington, D.C.

deButts-Ely collection of Lee family papers, MSS2911
Louis McLane Correspondence, 1795-1894, MMC-3116
Henry Eld Papers, 1831-1849, MMC-0404

National Archives and Records Administration, Washington, D.C.

Binder, Fred W.; 3 [handschriftlich], Zeile 3, District 1, Monthly and Special Lists, September 1862-August 1863, Pennsylvania, US IRS Tax Assessment Lists, 1862-1918 (NA Microfilm Publication M787, Roll 1); RG 58. (Steuerliste USA)

Binder, F.W.; 432B [gestempelt], Zeile 22, Walnut Ward, Philadelphia County, PA, *Seventh Census of the United States, 1850* (NA Microfilm Publication M432, Roll 813); RG 29.

Binder, F.W.; 102A [gestempelt], Zeile 1, 1st Div., 12th Ward, Philadelphia County, PA, *Eighth Census of the United States, 1860* (NA Microfilm Publication M653, roll 1162); RG 29.

Bounty Land Files, Act of 47-160 W.T. 67401, Gottlob (sic) Rueb or Rieb, 1847, Grade: Priv., Co. E, 1st Regiment, Pa. Vols., Can. no. 2335, Bundle 19.

Compiled Service Records of Volunteer Soldiers Who Served During the Mexican War (1846-1848); Pennsylvania, 1st Regiment, Company E (NA Microfilm Publication M1028, Catalog ID 654520, Roll 0005); RG 94.

Fiatkowsky family; 261B [gestempelt], Zeilen 10-19, Philipsburg, Beaver County, PA, *Seventh Census of the United States, 1850* (NA Microfilm Publication M432, Roll 750); RG 29.

Hospital Tickets and Cast Papers, compiled 1825-1889, Department of the Navy, Records of the Bureau of Medicine and Surgery (ID: 2694723); RG 52.

Kimmerle, John G.; 404A [gestempelt], Zeile 26, Montgomery Township, Franklin County, OH, *Seventh Census of the United States*, 1850 (NA Microfilm Publication M432, Roll 697); RG 29; aufgerufen Mai 2015, FamilySearch, https://familysearch.org/ark:/61903/1:1:MXQM-HXF.

Letters Received by the Office of the Adjutant General Main Series, 1822-1860 (NA Microfilm Publication M567), RG 94.

Logs of US Naval Ships, 1801-1915, Logs of Ships and Stations, 1801-1946, Records of the Bureau of Naval Personnel, RG 24.

Old War Invalid Pension Application File No. 2995, Pension Certificate No. 7739, Frederick W. Binder, Captain, Company E, 1st Pennsylvania Regiment.

Records of the Adjutant General's Office, 1780's-1917 Fourth Regiment, Roll 25, 1831-1840, Roll 26, 1840-1850; RG 94.

Records Regarding Enlisted Men who Served in the Navy, 1842-1885; Bureau of Navigation, Records of the Bureau of Naval Personnel, RG 24.

Rub, Gottlob; 182 [handschriftlich], Zeile 33 (4. Februar 1840). Descriptive and Historical Register of Enlistments in the U.S. Army, 1798-1914, Records of the Adjutant General's Office, 1780's-1917, (NA Microfilm Publication M233), RG 94.

Rupp family; 294A [gestempelt], Zeilen 13-18, Lancaster North West Ward, Lancaster County, PA, *Seventh Census of the United States*, 1850 (NA Microfilm Publication M432, Roll 788), RG 29.

Rupp family; 144 [handschriftlich], Zeilen 36-40, 145, line 1, Washington Ward 7, District of Columbia, *Eighth Census of the United States*, 1860 (NA Microfilm Publication M653, Roll 102), RG 29.

Rupp family, *Petronella* Passenger Manifest, 15. November 1836; 1041B [auf der Rückseite gestempelt], Zeile 13-18, 46; Passenger Lists of Vessels Arriving at New York, 1820-

1897 (NA Microfilm Publication M237, roll 32), Records of the U.S. Customs Service, RG 36.

Soldier's Certificate No. 7739 (File No. 2995), Frederick W. Binder, Captain, Company E, 1st Pennsylvania Volunteers, Mexican War; Case Files of Pension Applications Based on Death or Disability Incurred in the Mexican War (»Old Wars«), 1847-1930; Case Files of Pension Applications Based on Death or Disability Incurred in Service Between 1783 and 1861 (»Old Wars«), Records of the Department of Veterans Affairs, RG 15.

Pennsylvania State Archives, Harrisburg

Schultz, John R.: Journal (9. Dezember 1846 – 8. Januar 1848). Diaries and Journals Collection, MG-6.

Philadelphia Department of Records, City Archives

Clerk of Criminal Sessions, Docket, RG 23.1
Clerk of Criminal Sessions, Minute Book, RG 23.2
Clerk of Criminal Sessions, Forfeited Recognizances, RG 23.3
County Recorder's Court, RG 26.1; Equity Docket, RG 20.5
Court Dockets 1836-40, 1845-46
Mayor's Court Docket, RG 130.1
Mayor's Minute Books, RG 130.2
Mayor's Grand Petit Juror's Docket, RG 130.4
Quarter Sessions, Oyer & Terminer Docket, RG 21.3
Quarter Sessions, Minute Book, RG 21.4
Quarter Sessions, Bills of Indictments, RG 21.46
Proceedings in Equity, RG 20.19
Prothonotary of District Court, Appearance Docket, RG 22.1
Prothonotary of District Court, Debits, Single Bill, RG 22.14
Prothonotary of District Court, RG 22.18
Registration Commission, Insolvency Petitions, 1836-40, 1845-46, RG 20.30

University of Texas Arlington Special Collections
Brown, Alex and Chauncey: Mexican War letters, 1846-1848. U.S.-Mexico War Collections, GA51; aufgerufen Oktober 2015, http://library.uta.edu/usmexicowar/item.php?content_id=294.

Virginia Historical Society, Richmond, Virginia
Talcott family papers, Mss1 T1434.
George Bolling Lee Papers, 1841-1868, Mss1 L5114.
deButts-Ely family papers, Mss1 L51c.

Zeitungen & Zeitschriften
Age (Philadelphia)
Allgemeine Forst- und Jagdzeitung
Allgemeine Zeitung von und für Bayern
Army and Navy Chronicle
Commercial Advertiser (New York, NY, USA)
Congressional Globe
Critic-Record (Washington, D.C., USA)
Evening Star (Washington, D.C., USA)
Heilbronner Intelligenz-Blatt
Ludwigsburger Tagblatt
Monroe Democrat (Rochester, NY, USA)
Newark Daily Advertiser
New York Daily Tribune
Niles' National Register
North American (Philadelphia, PA, USA)
Oakland Tribune
Philadelphia Demokrat (Deutsche Zeitung, Philadelphia, PA, USA)
Philadelphia Inquirer
Philadelphia Volksblatt (Deutsche Zeitung, Philadelphia, PA, USA)
Pennsylvanische Staats-Zeitung (Deutsche Zeitung, Harrisburg, PA, USA)

Public Ledger (Philadelphia, PA, USA)
Regensburger Zeitung
Schwäbische Chronik (Stuttgart)
Trenton State Gazette
Vedette (Washington, D.C., USA)

Veröffentlichte Quellen

Adjutant General's Office. Regulations for the Uniform and Dress of the Army of the United States (Juni 1839); aufgerufen Juni 2015, http://www.history.army.mil/reference/1839U.htm.

Anderson, Robert: *An Artillery Officer in the Mexican War 1846-7: Letters of Robert Anderson.* New York: G. P. Putnam's Sons, 1911.

Ballentine, George: *Autobiography of an English Solider in the United States Army ...* New York: String & Townsend, 1853.

Bates, Samuel H.: History of Pennsylvania Volunteers, 1861-5; Prepared in Compliance with Acts of the Legislature. Bd. 3. Harrisburg: B. Singerly, 1870; aufgerufen Februar 2016, http://www.pacivilwar.com/bates.html.

Bauer, K. Jack: *The Mexican War 1846-1848.* New York: Macmillan, 1974.

Bauer, K. Jack: *Surfboats and Horse Marines: U.S. Naval Operations in the Mexican War, 1846-48.* Annapolis, United States Naval Institute, 1969.

Becker, Monika: *Kriminalität, Herrschaft und Gesellschaft im Königreich Württemberg.* Freiburg i. Br.: edition iuscrim, 2001.

Blackwood, Emma Jerome, Hg.: *To Mexico with Scott: Letters of Captain E. Kirby Smith to His Wife.* Cambridge: Harvard University Press, 1917.

Block, Eugene B.: *Science vs. Crime: The Evolution of the Police Lab.* San Francisco: Craigmont Publications, 1979.

Bösken, Clemens-Peter: *Das Ende der großen rheinischen Räuber- und Mörderbande*. Erfurt: Sutton, 2011.

Brandt, Hartwig: *Parlamentarismus in Württemberg, 1819-1870, Anatomie eines deutschen Landtags*. Düsseldorf: Droste, 1987.

Bronner, Johann Philipp: *Der Weinbau im Königreich Württemberg*. Zweite Abteilung. Heidelberg: Universitätsbuchhandlung von C.F. Winter, 1837.

Brunner, Bernd: *Nach Amerika: Die Geschichte der deutschen Auswanderung*. München: C.H. Beck, 2009.

Bullitt, Thomas W.: »Lee and Scott.«, in: *Southern Historical Society Papers*. 11 (1883), S. 443-454.

Campbell, Randolph B.: *Gone to Texas: A History of the Lone Star State*. Oxford: Oxford University Press, 2003.

Cast, Friederich: *Historisches und genealogisches Adelsbuch des Königreiches Württemberg ...* Stuttgart: J.A. Gärtner, 1839.

Churchill, Winston: *A History of the English-Speaking Peoples*. Bd. 4: *The Great Democracies*. London: Cassill and Company, 1958.

Clary, David A.: *Eagles and Empire: The United States, Mexico, and the Struggle for a Continent*. New York: Bantam Books, 2009.

Clark, Donald A.: *The Notorious »Bull« Nelson: Murdered Civil War General*. Carbondale: Southern Illinois University Press, 2011.

Clark, Paul C. Jr. and Edward H. Moseley: »D-Day Veracruz 1847 – A Grand Design.«, in: *Joint Force Quarterly* 10 (Winter 1995-1996), S. 102-115.

Clement, Werner, Hg.: *Schwaigern: Heimatbuch der Stadt Schwaigern mit den Teilorten Massenbach, Stetten a. H. und Niederhofen*. Schwaigern: Stadtverwaltung, 1994.

Complete History of the Late Mexican War ... New York: F.J. Dow, 1850.

Connelly, Thomas L.: *The Marble Man: Robert E. Lee and His Image in American Society.* New York: Alfred A. Knopf, 1977.

Conner, Philip Syng Physick: *The Home Squadron under Commodore Conner in the Mexican War.* O.O, o.V., 1896.

Conway, James and David F. Jamroz: *Detroit's Historic Fort Wayne.* Charleston, SC: Arcadia Publishing, 2007.

Crocker, H.W., III.: *Robert E. Lee on Leadership: Executive Lessons in Character, Courage, and Vision.* New York: Three Rivers Press, 1999.

Cuthbert, Norma B.: »To Molly: Five Early Letters from Robert E. Lee to His Wife 1832-1835.« in: *Huntington Library Quarterly* 15(3) (Mai 1952), S. 257-276.

Dalkowski, Sebastian: »Die Retter des Abendbrots.« in: *Der Tagesspiegel,* 2. November 2012.

Dana, Napoleon Jackson Tecumseh: *Monterrey is Ours! The Mexican War Letters of Lieutenant Dana 1845-1847.* Hg. von Robert H. Ferrell. Lexington: University Press of Kentucky, 1990.

Dyer, Alexander B.: »Fourth Regiment of Artillery.« in: *Journal of the Military Service Institution* 11 (1890), S. 843-868.

Ehrensperger, Vera: *Besigheimer Häuserbuch.* Besigheim: Stadt Besigheim, 1993.

Eppenauer, Johann Baptist: *Ueber den Kometen Halley und seine bisherigen Erscheinungen.* Bamberg: Literarisch-Artistisches Institut, 1846.

An Eyewitness: »The Capture of Vera Cruz.« in: *The Knickerbocker.* (Juli 1847) 30, S. 1-8.

Feuerbach, Paul Johann Anselm von: *Aktenmäßige Darstellung merkwürdiger Verbrechen.* 1811. 3. Auflage, Aalen: Scientia, 1984.

Fischer, Hermann Eberhard: *Behandlung der Schusswunden.* Bd. 2 von *Handbuch der Kriegschirurgie*, Bd. 17b von *Deutsche Chirurgie*. Stuttgart: Ferdinand Enke, 1882.

Fischer, Hermann Eberhard: *Uebersicht der Gesamtliteratur der Kriegschirurgie.* Bd. 1 von *Handbuch der Kriegschirur-*

gie, Bd. 17a von *Deutsche Chirurgie*. Stuttgart: Ferdinand Enke, 1882.

Foos, Paul: *A Short, Offhand, Killing Affair: Soldiers and Social Conflict during the Mexican-American War*. Chapel Hill: The University of North Carolina Press, 2002.

Forry, Samuel: *The Climate of the United States and its Endemic Influences ...* New-York: J. & H.G. Langley, 1842.

Franck, Salamo: »Auf meinen Jesum will ich sterben«. Gedichte, in *Württembergisches Gesangbuch zum Gebrauch für Kirchen und Schulen*. Stuttgart: Hof- und Kanzleidrucker Cottas Erben, 1819.

Freeman, Douglas Southall: *R. E. Lee: A Biography*. Bd. 1. New York: Charles Scribner's Sons, 1942.

Frevert, Ute: *Die kasernierte Nation: Militärdienst und Zivilgesellschaft in Deutschland*. München: C.H. Beck, 2001.

Frost, J.: *The Mexican War and Its Warriors ...* New Haven, Connecticut: H. Mansfield, 1850.

Furber, George C.: *The Twelve Months Volunteer; or Journal of a Private in the Tennessee Regiment of Cavalry, in the Campaign, in Mexico, 1846-7 ...* Cincinnati: J.A. & U.P. James, 1850.

Gammel, H. P. N.: *The Laws of Texas, 1822-1897*. Bd. 1. Austin: Gammel Book, 1898.

Glaser, J. and R. Nowak: »Strafsache: Mord oder Totschlag?« in: *Allgemeine österreichische Gerichts-Zeitung*, 18 (13. September 1867), S. 300-302.

Goltdammer, Theodor., Hg.: *Archiv für Preußisches Strafrecht*. Bd. 8. Berlin: Verlag der königlichen Geheimen Ober-Hofbuchdruckerei R. Decker, 1860.

Goodman, David: *Spanish Naval Power, 1589-1665: Reconstruction and Defeat*. Cambridge: Cambridge University Press, 1997.

Grant, Ulysses S.: *Personal Memoirs of U.S. Grant*. New York: Charles L. Webster & Company, 1885-86.

Greenberg Amy S.: *A Wicked War: Polk, Clay, Lincoln, and the*

1846 U.S. Invasion of Mexico. New York: Alfred A. Knopf, 2012.

Grone, Carl von, und A.C.E. Grone: *Brief über Nord-Amerika und Mexiko und den zwischen beiden geführten Krieg.* Braunschweig: Georg Westermann, 1850.

Groß, Dominik: *Die Entwicklung der innerlichen und äusseren Leichenschau in historischer und ethischer Sicht.* Würzburg: Königshausen & Neumann, 2002.

Gross, Hanns: *Handbuch der Untersuchungsrichter als System der Kriminalistik.* 3. vermehrte Auflage. Graz: Leuschner & Lubensky's Universitäts-Buchhandlung, 1899.

Gundert: *Rede am Grabe des Herrn Eduard von Hammer.* Esslingen: A. Mann, 1850.

Gürth, Peter: *Alte Heimat, Neue Welt: Nordamerika-Auswanderer aus Baden-Württemberg.* Tübingen: Silberburg, 2012.

Gwinner, Wilhelm Heinrich: *Die Königlich Württembergischen Forstdienst-Prüfungen von den Jahren 1831 und 1832: mit einem Verzeichniß der von 1818 bis 1832 geprüften und für fähig erklärten Forstleute.* Stuttgart: Metzler, 1833.

Gwinner, Wilhelm Heinrich: *Die Königlich Württembergischen Forstdienst-Prüfungen von 1818 bis 1830 ...* Stuttgart: Metzler, 1830.

Gwynne, S.C.: *Empire of the Summer Moon.* New York: Scribner, 2010.

Hackenburg, Randy W.: *Pennsylvania in the War with Mexico: The Volunteer Regiments.* Shippensburg, Pennsylvania: White Mane Publishing Company, 1992.

Hahn, Christoph Ulrich: *Beschreibung des Kantons Appenzell mit besonderer Rücksicht auf seine Kuranstalten.* Heilbronn: J.D.Claß, 1827.

Hahn, Christoph Ulrich: *Rede nach der Beerdigung des durch Mörderhand den Seinigen entrissenen Stadtschultheissen J.H. Rieber.* Nürtingen: J.S. Senner, 1835.

Hammer, Eduard: »Ueber den Zustand der Rechtspflege bei

den Ortsobrigkeiten in Württemberg.« in: *Jahrbücher der Gesetzgebung und Rechtspflege* 2 (1826), S. 311-328.

Hartman, G.W.: *A Private's Own Journal* ... Greencastle, PA: E. Robinson, 1849.

Hartmann, Carl Friedrich Alexander: *Populäres Handbuch über die allgemeine Technologie.* Bd. 1. Berlin: Verlag der Buchhandlung Carl Friedrich Amelang, 1841.

Hatch, Alden: *Heroes of Annapolis.* New York: Julian Messner, 1943.

Haumer, Stefanie: »1863: The Creation of the First National Society and the Beginning of the Movement's History«, in: *International Review of the Red Cross* 94 (888) (Winter 2012), S. 1-9.

Heard, Brian J.: *Handbook of Firearms and Ballistics: Examining and Interpreting Forensic Evidence.* 2. Auflage, Chichester, West Sussex: Wiley & Sons, 2008.

Helbich, Wolfgang: »German Immigrants in the American Civil War«, in: *The German Presence in the U.S.A.* Hg. von Josef Raab und Jan Wirrer. Berlin: Lit Verlag, 2008.

Henderson, Thomas: *Hints on the Medical Examination of Recruits for the Army and on the Discharge of Soldiers from the Service on Surgeon's Certificate.* 1840. überarb. Auflage, Philadelphia: J.B. Lippincott, 1856.

Herschel, John F. W.: *Results of Astronomical Observations Made During the Years 1834,5,6,7,8, at the Cape of Good Hope.* London: Smith, Elder & Co., Cornhill, 1847.

Hitchcock, Ethan Allen: *Fifty Years in Camp and Field: Diary of Major-General Ethan Allen Hitchcock.* Hg. von W.A. Croffut. New York: G.P. Putnam's Sons, 1909.

Hitzig, Julius Eduard, Hg.: *Annalen der deutschen und ausländischen Criminal-Rechtspflege.* 73 Bde. Berlin: Dümmler, 1818-1835; Altenburg: Pierer 1837-1840; Leipzig: Hermann Theodor Schletter, 1840-1855.

Hitzig, Julius Eduard und W. Alexis Häring, Hg.: *Der neue Pitaval: eine Sammlung der interessantesten Criminalgeschich-*

ten aller Länder aus älterer und neuerer Zeit. 36 Bde. Leipzig, Brockhaus, 1842-1890.

Hughes, Nathaniel Cheairs Jr. and Timothy D. Johnson, Hg.: *A Fighter From Way Back: The Mexican War Diary of Lt. Daniel Harvey Hill, 4th Artillery.* Kent: Kent State University Press, 2002.

Jones, J. William: *Life and Letters of Robert Edward Lee, Soldier and Man.* 1906.

Kappler, Friedrich: *Handbuch der Literatur des Criminalrechts und dessen philosophischer und medizinischer Hülfwissenschaften.* Stuttgart: J. Scheible's Buchhandlung, 1838.

Kemp, L.W.: »Battle of San Jacinto.« Texas State Historical Association, Handbook of Texas; aufgerufen Januar 2016, https://tshaonline.org/handbook/online/articles/qes04.

Kendall, George Wilkins: *Dispatches from the Mexican War.* Hg. von Lawrence Delbert Cress. Norman: University of Oklahoma Press, 1999.

Kesper-Biermann, Sylvia: *Einheit und Recht: Strafgesetzgebung und Kriminalrechtsexperten in Deutschland vom Beginn des 19. Jahrhunderts bis zum Reichsstrafgesetzbuch 1871.* Frankfurt a. M.: Klostermann, 2009.

Kies, Otfried: »Der Wolf ist tot! Die Erlegung des letzten Wolfs in Württemberg«, in: *Ganerbenblätter der Historischen Gesellschaft Bönnigheim* 20 (1997), S. 46-57.

Königlich-Württembergisches Hof- und Staatshandbuch. Stuttgart: Joh. Friedr. Steinkopf, Ausgaben 1831, 1835 und 1843.

Königliches Finanz-Ministerium: *Instruktionen für die königlichen Forstwarthe und Waldschützen.* Stuttgart 1822.

Königliches statistisch-topographisches Bureau: *Beschreibung des Oberamts Besigheim.* Stuttgart 1853.

Königliches statistisch-topographisches Bureau: *Beschreibung des Oberamts Brackenheim.* Stuttgart 1873.

Kitchen, D. C.: *Record of the Wyoming Artillerists.* Tunkhannock, Pennsylvania: Alvin Day, 1874.

Korda, Michael: *Clouds of Glory: The Life and Legend of Ro-*

bert E. Lee. New York: Success Research Corporation, Harper Collins, 2014.

Kraft, B.: »Kritisches zur gerichtlichen Schußuntersuchung«, in: *Archiv für Kriminologie* 87 (1930), S. 133-177.

Kurz, Josef, Kurt Sartorius, Werner Holbein und Dieter Gerlinger: *Die wechselvolle Geschichte einer Ganerbenstadt Bönnigheim.* Bönnigheim: Stadt Bönnigheim, 1984.

Lacassagne, Alexandre: »De la déformation des balles de revolver, soit dans l'arme, soit sur le squelette«, in: *Archives de l'anthropologie criminelle* 4 (1889), S. 70-79; aufgerufen April 2015, https://criminocorpus.org/fr/ref/114/1987/.

Laennec, R. T. H.: *Treatise on the Diseases of the Chest and on Mediate Auscultation.* 3. überarb. Auflage, London: Thomas & George Underwood 1829.

Langbein, John H.: *Torture and the Law of Proof.* Chicago: University of Chicago Press, 1977.

La Roche, Sophie von: »*Ich bin mehr Herz als Kopf*«: *Ein Lebensbild in Briefen.* Hg. von Michael Maurer. München: C.H. Beck, 1983.

Linck, Otto: »Der Wolf von Cleebronn«, in: *Zeitschrift des Zabergäuvereins* 1955, Nr. 2, S. 17-20.

Lloyd, J.A.: »An Account of an Observatory Constructed at the Mauritius: Communicated by Sir J. Herschel«, in: *Monthly Notices of the Royal Astronomical Society* 3 (8. April 1836), S. 187-190.

Long, A. L.: *Memoirs of Robert E. Lee.* New York: J.M. Stoddart, 1887.

Mansfeld, Edward Deering: *The Mexican War: A History of its Origin.* 10. Auflage, New York: A.S. Barnes, 1849.

Mayer, Brantz: *Mexico As It Was and As It Is.* Philadelphia: G.B. Zieber, 1847.

McCaffrey, James M.: *Army of Manifest Destiny: The American Soldier in the Mexican War 1846-1847.* New York: New York University Press, 1992.

McCrery, Nigel: *Silent Witnesses: A History of Forensic Science.* London: Random House, 2013.

McElroy's Philadelphia City Directory. Philadelphia: E. C. & J. Biddle, 1845, 1847 und 1858.

McLaughlin, Shaun J.: *The Patriot War Along the New York-Canada Border: Raiders and Rebels.* Charleston: History Press, 2012.

McWilliams, Joseph: »A Westmoreland Guard in Mexico, 1847-1848: The Journal of William Joseph McWilliams.« Hg. von John William Larner, Jr., in: *Western Pennsylvania Historical Magazine* 52 (3) (Juli 1969), S. 213-40.

Meade, George Gordon: *The Life and Letters of George Gordon Meade, Major-General of the United States Army.* New York: Charles Scribner's Sons, 1913.

Meighörner, Jeannine: *Sophie von La Roche: »Was ich als Frau dafür halte.« Deutschlands erste Bestsellerautorin.* Erfurt: Sutton, 2006.

Mims, Forrest: »Weather records from the siege of the Alamo.« mySA: San Antonio's Home Page. Stand 28. Februar 2012; aufgerufen Januar 2014, http://www.mysanantonio.com/life/article/Weather-records-from-the-siege-of-the-Alamo-3365437.php.

Mittermaier, C. J. A.: *Die Lehre vom Beweise im deutschen Strafprozesse.* Darmstadt: Johann Wilhelm Heyer's Verlagsbuchhandlung, 1834.

Moore, H. Judge: *Scott's Campaign in Mexico.* Charleston: J.B. Nixon, 1849.

Montero, Pablo: »Guerra, Navagación y Piratería«, in: *San Juan de Ulúa: Puerta de la Historia.* Bd. 1: Instituto Nacional de Antropología e Historia/Internacional de Contendedores Asociados de Veracruz, 1996.

Montgomery, Thomas Lynch, Hg.: *Pennsylvania Archives: Sixth Series.* Bd. 10. Harrisburg, PA: Harrisburg Publishing, State Printer, 1907.

Moody, John A., Robert H. Meade und David R. Jones: *Lewis and Clark's Observations and Measurements of Geomorphology and Hydrology, and Changes of Time*. Circular 1246. Reston, Virginia: U.S. Department of the Interior, U.S. Geological Survey, 2003.

Müller, Corinna: *Um Kopf und Kragen: Historische Kriminalfälle der frühen Neuzeit im heutigen Württemberg*. Heidelberg: verlag regionalkultur, 2011.

Müller, Corinna: *Verurteilt: Historische Kriminalfälle aus Alt-Württemberg*. Erfurt: Sutton, 2014.

Norris, Walter Biscoe: Westmoreland County, Virginia, 1653-1983. Westmoreland County Board of Supervisors, 1983.

Ordinances and Joint Resolutions of the Select and Common Councils of the Consolidated City of Philadelphia as Passed by Them and Approved by the Mayor, from January First to December Thirty-First, 1858. Philadelphia: Bicking & Guilbert, 1858.

Oswandel, J. Jacob: *Notes of the Mexican War 1846-47-48*. Überarb. Auflage. Philadelphia: o.V., 1885.

Parker, William Harwar: *Recollections of a Naval Officer*. 1883. Nachdruck, Annapolis: Naval Institute Press, 1985.

Payne-James, Jason und Margaret Stark: »Clinical Forensic Medicine: History and Development«, in: *Clinical Forensic Medicine: A Physician's Guide*, 3. Auflage. Hg. von Margaret Stark. New York: Humana Press, 2011, S. 1-44.

Peña, José Enrique de la: *With Santa Anna in Texas: A Personal Narrative,* übersetzt und hg. von Carmen Perry. Überarb. Auflage. College Station: Texas A&M University Press, 1999.

Pérez-Mallaína, Pablo E.: *Spain's Men of the Sea: Daily Life in the Indies Fleets in the Sixteenth Century*. Baltimore: Johns Hopkins University Press, 1998.

Peskin, Allan: *Winfield Scott and the Profession of Arms*. Kent: Kent State University Press, 2003.

Peskin, Allan, Hg.: *Volunteers: The Mexican War Journals of Private Richard Coulter and Sergeant Thomas Barclay, Company E, Second Pennsylvania Infantry.* Kent, Ohio: Kent State University Press, 1991.

Peters, Edward: *Folter: Geschichte der Peinlichen Befragung.* 1985. Hamburg: Europäische Verlagsanstalt, 2003.

Pflieger, Klaus, Hg.: *Die Geschichte(n) der württembergischen Staatsanwaltschaften.* Vaihingen/Enz: IPa Verlag, 2009.

Pryor, Elizabeth Brown: *Reading the Man: A Portrait of Robert E. Lee Through His Private Letters.* New York: Penguin Books, 2007.

Quellmalz, Alfred: »Dr. Christoph Ulrich Hahn«, in: *Lebensbilder aus Schwaben und Franken.* Bd. 8, S. 176-211. Stuttgart: Kohlhammer, 1962.

Rattermann, Heinrich Armin: »General August Moor, Part IV Mexico«, in: *Der deutsche Pionier* 16 (1884-85), S. 482-512.

Reilly, Tom: *War with Mexico! America's Reporters Cover the Battlefront.* Hg. von Manley Witten. Lawrence: University Press of Kansas, 2010.

Richardson, R. S.: »An Attempt to Determine the Mass of Pluto from Its Disturbing Effect on Halley's Comet«, in: *Publications of the Astronomical Society of the Pacific* 54 (31) (1942) S. 19-23; aufgerufen Dezember 2015, http://adsabs.harvard.edu/full/1942PASP...54...19R.

Rollwagen, Christoph: »Halley (1986): Begleiter der Jahrhunderte«, in: Astro Corner. Stand 9. Juni 2010; aufgerufen Oktober 2013, http://www.astrocorner.de/index/02_wissen/01_kosmologie/01_sonnensystem/06_kometen/1p.php.

Rosengarten, J. G.: *The German Soldier in the Wars of the United States.* 2. Auflage. Philadelphia: Lippincott, 1890.

Sargent, Chauncey Forward: *Gathering Laurels in Mexico: The Diary of an American Soldier in the Mexican-American War.* Hg. von Ann Brown Janes. Lincoln, Massachusetts: Cottage Press, 1990.

Sauer, Paul: *Im Namen des Königs: Strafgesetzgebung und Straf-*

vollzug im Königreich Württemberg von 1806 bis 1871. Stuttgart: Theiss, 1984.

Schaaf, Fred: *Comet of the Century: From Halley to Hale-Bopp.* New York: Springer, 1997.

Schäffer, M., Hg.: *Archiv für practische Rechtswissenschaft.* Bd. 1. Regensburg: G. Joseph Manz, 1852.

Scharf, Thomas: *History of Philadelphia: 1609-1884.* Bd. 1. Philadelphia: L.H. Everts, 1884.

Schild, Wolfgang: »Geschichte des Verfahrens«, in: Ch. Hickeldey, Hg.: *Justiz in alter Zeit.* Rothenburg o.d.T.: Mittelalterliches Kriminalmuseum, 1984.

Schild, Wolfgang: *»Von peinlicher Frag«: Die Folter als rechtliches Beweisverfahren.* Rothenburg o.d.T.: Mittelalterliches Kriminalmuseum, [ca. 1999].

Schmal, Helmut: Verpflanzt, aber nicht entwurzelt: Die Auswanderung aus Hessen-Darmstadt (Provinz Rheinhessen) nach Wisconsin im 19. Jahrhundert. (Mainzer Studien zur Neueren Geschichte, Bd. 1). Frankfurt a. M.: Peter Lang, 2000.

Schmidlin, Johann Gottlieb: *Handbuch der württembergischen Forst-Gesetzgebung, oder systematische Zusammenstellung aller über das Jagd-, Fischerey- und Holz-Wesen.* Bd. 1. Stuttgart: Metzler, 1822.

Schrag, Zachary M.: »Nativist Riots of 1844.« *Encylopedia of Greater Philadelphia.* Stand 2013; aufgerufen September 2015, http://philadelphiaencyclopedia.org/archive/nativist-riots-of-1844/.

Schuler, Hans-Karl, Jürgen Häußermann und Joachim Winter: *Zur Geschichte des Forstberufs und der forstlichen Ausbildung.* (Schriftenreihe der Fachhochschule Rottenburg, Bd. 18). Rottenburg a.N.: Fachhochschule Rottenburg, Hochschule für Forstwirtschaft, 2004.

Schultz, Ronald und Eugen Heck: *Ensinger Bilderbogen.* Ensingen: Gemeinde Ensingen, 1971.

Schulz, Thomas: »Aus der Geschichte des Oberamts Besigheim«, in: *Ludwigsburger Geschichtsblätter* 64 (2010), S. 151-180.

Scott, Winfield: *Memoirs of Lieut.-General Scott, LL.D., Written by Himself.* New York: Sheldon, 1864.

Semmes, Rafael: *Service Afloat and Ashore During the Mexican War.* Cincinnati: Wm. H. Moore, 1851.

Smith, Gustavus W.: *Company »A«, Corps of Engineers, U.S.A., 1846-1848 in the Mexican War.* o.O.: Battalion Press, 1896.

Smith, Justin H.: *The War with Mexico.* Bd. II. New York: Macmillan, 1919.

Stadler, Hans und Udo Wilken: *Pädagogik bei Körperbehinderung.* (Studientexte zur Geschichte der Behindertenpädagogik, Bd. 4). Weinheim: Beltz, 2004.

Starr, Douglas: *The Killer of Little Shepherds: A True Story and the Birth of Forensic Science.* New York: Alfred A. Knopf, 2010.

Steele, Lisa: »Ballistics«, in: *Science for Lawyers.* Hg. von Eric Yorke Drogin. Chicago: American Bar Association, 2008.

Stierle, Herman: »Die Auswanderer aus Bönnigheim seit dem 18. Jahrhundert«, in: *Ganerbenblätter* 23/24 (2000/01), S. 40-68.

Taylor, Frank H.: *Philadelphia in the Civil War: 1861-1865.* City of Philadelphia 1913.

Texas Declaration of Independence. Republic of Texas, 1836. Texas State Library and Archives Commission; aufgerufen Januar 2014, https://www.tsl.texas.gov/treasures/republic/declare-01.html.

Thomas, Emory M.: *Robert E. Lee: A Biography.* New York: W. W. Norton & Co., 1995.

Thomas, Hugh: *Rivers of Gold: The Rise of the Spanish Empire.* London: Weidenfeld & Nicolson, 2003.

Thorwald, Jürgen: *Das Jahrhundert der Detektive: Weg und Abenteuer der Kriminalistik.* Zürich: Droemer, 1964.

Tortora, Gerard J.: *Principles of Human Anatomy.* 4. Auflage. New York: Harper & Row, 1986.

»Treaties of Velasco.« Texas State Historical Association, Handbook of Texas; aufgerufen Januar 2014, http://www.tshaonline.org/handbook/online/articles/mgt05.

Treaty of Velasco (Public and Private). Republic of Texas-Mexico, 14. Mai 1836; aufgerufen Januar 2016, http://www.upa.pdx.edu/IMS/currentprojects/TAHv3/Content/PDFs/Velasco_Texas_Treaties.pdf.

Tucker, Spencer D. u.a., Hg.: *The Encyclopedia of the Mexican-American War: A Political, Social, and Military History.* Santa Barbara, California: ABC-CLIO, 2013.

Urwin, Gregory J.W.: *The United States Infantry: An Illustrated History; 1775-1918.* Norman, Oklahoma: Univ. of Oklahoma Press, 2000.

Verhandlung in der Versammlung der Landstände des Königreichs Württemberg. Bd. 8. [Stuttgart?] 1815.

Viereck, J. C.: *Captain F.W. Binder's Quick Step, Arranged for the Piano Forte.* Nr. 6, op. 77. Philadelphia: A Fiot, 1848.

Wagner, E. J.: *The Science of Sherlock Holmes: From Baskerville Hall to the Valley of Fear, the Real Forensics Behind the Great Detective's Greatest Cases.* Hoboken, New Jersey: John Wiley & Sons, 2006.

Waskie, Anthony: *Philadelphia and the Civil War: Arsenal of the Union.* Charleston: History Press, 2011.

Watson, A. D.: »Halley's Comet and its Approaching Return.«, in: *Journal of the Royal Canadian Astronomy Society* 3 (1909), S. 210-219; aufgerufen Januar 2016, http://adsabs.harvard.edu/full/1909JRASC...3..210W.

Weigley, Russell F.: *History of the United States Army.* New York: Macmillan, 1967.

Winders, Richard Bruce: *Mr. Polk's Army: The American Military Experience in the Mexican War.* College Station: Texas A&M University Press, 1997.

Yates, Bernice-Marie: *The Perfect Gentleman: The Life and Letters and George Washington Custis Lee.* Bd. 1. o.O.: Xulon Press, 2003.

Young, John Russell, Hg.: *Memorial History of the City of Philadelphia.* Bd. 2. New York: New York History Company, 1898.

Zeh, Frederick: »Erinnerungen eines alten Artilleristen aus dem mexikanischen Kriege von 1846-1848«, in: *Der deutsche Pionier* 13 (1881), S. 56-63; aufgerufen Februar 2016, http://www.nausa.uni-oldenburg.de/pionier/j13/h02/009.html.

Zeh, Frederick: *An Immigrant Soldier in the Mexican War.* College Station: Texas A&M University Press, 1995.

Zweiter Jahres-Bericht über die Armen-Anstalt für Verkrümmte im Paulinen-Institute zu Stuttgart. Stuttgart: Königliche Hofbuchdruckerei, 1847.

Endnoten

1   Keiner der im Folgenden aufgelisteten deutschen Sammelbände berichtet über Fälle, die in den USA oder nach so einer langen Zeit aufgeklärt wurden: Pflieger, Klaus: *Die Geschichte(n) der württembergischen Staatsanwaltschaften*. Vaihingen/Enz 2009; Müller, Corinna: *Verurteilt: Historische Kriminalfälle aus Alt-Württemberg*. Erfurt 2014; Müller, Corinna: *Um Kopf und Kragen: Historische Kriminalfälle der frühen Neuzeit im heutigen Württemberg*. Heidelberg 2011; Feuerbach, Paul Johann Anselm von: *Aktenmäßige Darstellung*. Aalen, 1984; Hitzig, Julius Eduard (Hg.): *Annalen der deutschen und ausländischen Criminal-Rechtspflege*, 73 Bde., Berlin 1818-1835, Altenburg 1837-1840, Leipzig 1840-1855; Hitzig, Julius Eduard und W. Alexis Häring: *Der neue Pitaval: eine Sammlung der interessantesten Criminalgeschichten aller Länder aus älterer und neuerer Zeit*, 36 Bde., Leipzig 1842-1890. Die Geschichte berichtet von einem deutschen Mordfall, der aufgeklärt wurde, nachdem der Mörder nach langer Zeit in einem Brief aus den Vereinigten Staaten seine Schuld eingestand, vgl. Schultz, Ronald und Eugen Heck: *Ensinger Bilderbogen*. Ensingen 1971, S. 121-22.

2   Der Mangel an statistischem Material über Deutsche, die in die Vereinigten Staaten auswanderten, um der Strafverfolgung in Deutschland zu entkommen, liegt daran, dass solche Gründe in den behördlichen Akten selten erfasst wurden. Schmal, Helmut: Verpflanzt, aber nicht entwurzelt: Die Auswanderung aus Hessen-Darmstadt (Provinz Rheinhessen) nach Wisconsin im 19. Jahrhundert. Frankfurt a. M. 2000, S. 107. Natürlich hatten die Straftäter gute Gründe, über den Auslöser ihrer Auswanderung zu schweigen.

3   Kemp, L. W.: Battle of San Jacinto, in: Texas State Historical Association, Handbook of Texas, URL: https://tshaonline.org/handbook/online/articles/qes04 (Stand: 04.12.2015).

4   McCaffrey, James M.: *Army of Manifest Destiny: The American Soldier in the Mexican War 1846-1847*, New York 1992, S. 29.

5   Ebd., S. 29.

6   Orr, William J. und Robert Ryal Miller: Introduction, in: Zeh, Frederick: *An Immigrant Soldier in the Mexican War*. College Station 1995, S. XVIII, Anm. 13, S. XIX.

7   Zeh: *An Immigrant Soldier*, S. 4. Zeh bezog sich auf Kompanie E des
    1. Regiments der Pennsylvania-Freiwilligen. Fast alle Namen der
    Rekruten waren deutsch. Hackenburg, Randy W.: *Pennsylvania in
    the War with Mexico: The Volunteer Regiments*. Shippensburg 1992,
    S. 132-142. Der Hauptmann war ein deutscher Einwanderer aus
    Stuttgart. Konsulat Philadelphia: Bewerbungen und Ernennungen
    zum Konsul: Friedrich Klett, Wilhelm Ludwig Kiderlin/1842-1865,
    Hauptstaatsarchiv Stuttgart, E50/60 Bü 189; Zeh, Frederick : »Er-
    innerungen eines alten Artilleristen aus dem mexikanischen Kriege
    von 1846-1848«, in: Der deutsche Pionier 13 (1881/82), S. 57.

8   Orr, William J. und Robert Ryal Miller: Introduction, in: Zeh: *An
    Immigrant Soldier*, S. XVIII-XIX, Anm. 15-18.

9   Forschungen in den deutschen Archiven können wegen der Schäden
    während des Zweiten Weltkrieges erschwert sein. In Bönnigheim
    z. B. zerstörte eine Bombe am 7. April 1945 das Rathaus und das
    Stadtarchiv. Mit dieser Bombe verschwand auch die kommunale
    Erinnerung an das Aussehen des Stadtschultheißen Rieber; falls ein
    Portrait des Schultheißen an der Wand hing, ging es in den Flam-
    men auf. Meine Befragung älterer Bewohner in Bönnigheim über
    ihre Erinnerungen an Bilder von Schultheißen im Rathaus verlief
    ergebnislos.

    Ebenfalls zerstörte eine Bombe dasjenige Archiv in Stuttgart, das
    die Personalakten für die niedrigeren Forststellen enthielt; alle
    Informationen über das Forstamt in dieser Erzählung stammen
    aus den Personalakten für die höheren Stellen und aus einem Tage-
    buch.

    Aus diesen Gründen gibt es Lücken in der historischen Überliefe-
    rung. Ich erwähne diese Lücken nicht. Aber das, was erwähnt wird,
    ist in deutschen Archiven dokumentiert.

10 »Letter from a Midshipman«, in: *Newark Daily Advertiser*, 17. April
    1847.

11 John of York, Army Correspondence, in: *North American,* 27. April
    1847.

12 Brief Robert E. Lee an George Washington Custis Lee, Veracruz, 11.
    April 1847, deButts-Ely family papers, Virginia Historical Society.

13 Hahn, Christoph Ulrich: *Rede nach der Beerdigung des durch Mörder-
    hand den Seinigen entrissenen Stadtschultheissen J. H. Rieber.* Nür-
    tingen 1835, S. 9; AEKB, Sterberegister V:99, VI:107 (1828-1845),

Kurz, Josef u.a.: *Die wechselvolle Geschichte einer Ganerbenstadt Bönnigheim*. Bönnigheim, 1984, S. 297.

14 Kurz u.a., *Die wechselvolle Geschichte*, S. 162, 297, 363; Hahn, *Rede*, S. 9; Stadtarchiv Bönnigheim Privat-Inventarium über die Hinterlassenschaft des Heinrich Rieber, Schultheiß in Bönnigheim, 1835, A2664, S. 3.

15 Dalkowski, Die Retter des Abendbrots; Friederike Rieber, Zeugenvernehmung, Protokollbuch (PB), S. 189, Kreisgerichtshof Esslingen: Kriminalsenat (1817-1870), E 319 Bü 146, Staatsarchiv Ludwigsburg, zit. als: Ermittlungsakte; Karl Friedrich Rieber, Zeugenvernehmung, PB, 106, Ermittlungsakte.

16 Hammer, Rieber Obduktionsbericht, PB, S 34b, Ermittlungsakte; Stadtarchiv Bönnigheim, Privat-Inventarium über die Hinterlassenschaft des Heinrich Rieber, Schultheiß in Bönnigheim, 1835, A2664, S. 14.

17 Karl Friedrich Rieber, Zeugenvernehmung, PB, 14, Ermittlungsakte; Christian Ludwig Schwarzwälder, Zeugenvernehmung, PB, 16, Ermittlungsakte; Schmidlin, *Handbuch der württembergischen Forst-Gesetzgebung*, ..., § 40 [Gesetz, das die Förstertracht vorschreibt].

18 Kurz u.a., *Die wechselvolle Geschichte*, S. 144, 158.

19 Christian Ludwig Schwarzwälder, Zeugenvernehmung, PB, 16-17b, Ermittlungsakte; Meighörner, *Sophie La Roche*, S. 78.

20 Becker, *Kriminalität*, S. 40.

21 Hammer, Tatortskizze, Ermittlungsakte; Andreas Nellmann, Zeugenvernehmung, PB, 2-2b, Ermittlungsakte; Friederike Rieber, Zeugenvernehmung, PB, 106, Ermittlungsakte; Ernst Philipp Foettinger, Zeugenvernehmung, PB, 91b, Ermittlungsakte; Bronner, Johann Philipp, *Der Weinbau im Königreich Württemberg*, Zweite Abteilung, Heidelberg, 1837, S. 67 [Weinsorten in Bönnigheim].

22 Johann Heinrich Rieber, Zeugenvernehmung, PB, 9b, Ermittlungsakte; Hammer, Eduard, Memoranda und verschiedene Zeugenvernehmungen über das zweite Schießen, PB, 4b-44, Ermittlungsakte.

23 Augsburg, in: *Allgemeine Zeitung von und für Bayern*, 23. Oktober 1835.

24 Schaaf, *Comet*, S. 179; Rollwagen, *Halley*. Bei seiner Wiederkehr im Jahre 1759 kam der Komet Halley näher an die Erde als im Jahr

1835, war auf der Nordhalbkugel aber nicht so gut zu sehen. Watson, »Halley's Comet«, S. 210, 214; Eppenauer, *Ueber den Kometen Halley,* S. 9. Bis auf den 18. Oktober 1835, welcher »meistens heiter« war, beschrieb die *Schwäbische Chronik* das Wetter in Württemberg als miserabel. »Stuttgarter Witterungsbeobachtungen«, in: *Schwäbische Chronik,* 6., 9., 13., 16., 18., 23., 24. Oktober 1835.

25   Hammer, Tatortskizze, Ermittlungsakte; Johann Heinrich Rieber, Zeugenvernehmung, PB, 8b-9, Ermittlungsakte; Hammer, Memorandum, PB, 4b. Zum »Waschhaus«: Das Gebäude barg lediglich einen Waschkessel.

26   Andreas Nellmann, Zeugenvernehmung, PB, 2b, Ermittlungsakte; Johann Heinrich Rieber, Zeugenvernehmung, PB, 8b-9, Ermittlungsakte.

27   Robert E. Lee an Andrew Talcott, 21. Okt. 1835. Talcott Papers, MSS1T1434 b 165, VHS, zitiert in Emory M. Thomas, *Robert E. Lee,* S. 83.

28   Freeman, *R.E. Lee,* S. 14-17, 31.

29   Freeman, *R.E. Lee,* S. 30-85, S. 94-132; Thomas, *Robert E. Lee,* S. 32-75.

30   Freeman, *R.E. Lee,* S. 133-134; Thomas, *Robert E. Lee,* S. 81-82.

31   Thomas, 81-83; Robert E. Lee an Mary Custis Lee, 21. Aug. 1835, Mss HM 20561, The Huntington Library, San Marino, California, zitiert in Cuthbert, »Letters to Molly«, S. 271 [Zitat] Hervorhebung im Original.

32   Thomas, *Robert E. Lee,* S. 83-89; Freeman, *R.E. Lee,* S. 108, 133-134.

33   Long, *Memoirs,* S. 31.

34   Freeman, *R.E. Lee,* S. 82.

35   Robert E. Lee an Andrew Talcott, 2. Feb. 1837, Talcott Papers, MSS1T1434 b 190, VHS, zitiert in Freeman, *Robert E. Lee,* S. 84.

36   Robert E. Lee an Andrew Talcott, 23. Mai 1836, Talcott Papers, MSS1T1434 b 182, VHS; Gwynne, *Empire,* S. 25.

37   Campbell, *Gone to Texas,* S. 110-122, 127-37.

38   Gammel, *Laws of Texas,* S. 510.

39   Michael Borwarth, Zeugenvernehmung, PB, 158b-159, Ermittlungsakte.

40   Louise Hepperle, Zeugenvernehmung, PB, 4b-5b; Catharina Mayer, Zeugenvernehmung, PB, 13-13b; Heinrich Böhringer, Zeugenvernehmung, PB, 80b-81, Ermittlungsakte.

41   Ernst Phillipp Foettinger und Luise Foettinger, Zeugenvernehmung, PB, 91b-95b, Ermittlungsakte.

42   Hammer, Tatortskizze, Ermittlungsakte; Juliane Stölzle, Zeugenvernehmung, PB, 45-47b, Ermittlungsakte.

43   Hammer, Tatortskizze, Ermittlungsakte; Juliane Stölzle, Zeugenvernehmung, PB, 45-47b.

44   Friedrich Kachel, Zeugenvernehmung, PB, 11-11b, Tatortskizze, Ermittlungsakte.

45   Christoph Wenz, Zeugenvernehmung, PB, 50b-53b, Ermittlungsakte.

46   Christian Ludwig Schwarzwälder, Zeugenvernehmung, PB, 16-17b; Eduard Vischer, Zeugenvernehmung, PB, 17b-18b, Ermittlungsakte.

47   Fischer, Hermann Eberhard, *Behandlung der Schusswunden, Handbuch der Kriegschirurgie,* Bd. 2, und *Deutsche Chirurgie,* Bd. 17b, Stuttgart 1882, S. 413-1028, insbesondere S. 652 § 590.

48   Hammer, Memorandum, Zeugenvernehmung, PB, 19; Rieber Obduktionsbericht, PB, 33b-39, Ermittlungsakte.

49   Hammer, Memorandum, PB, 19; Johann Andreas Nellmann, Zeugenvernehmung, PB, 2-3b, Ermittlungsakte.

50   Johann Andreas Nellmann, Zeugenvernehmung, PB, 2-3b; Karl Friedrich Rieber, Zeugenvernehmung, PB, 13b-14; Friederike Rieber, Zeugenvernehmung, PB, 105b, Ermittlungsakte; Hahn, Christoph Ulrich, *Rede nach der Beerdigung des durch Mörderhand den Seinigen entrissenen Stadtschultheissen J. H. Rieber*, Nürtingen, 1835, S. 10.

51   Nellmann an das Oberamt Besigheim, 21. Oktober 1835, Ermittlungsakte.

52   Christoph Wenz, Zeugenvernehmung, PB, 50b-53b, Ermittlungsakte; Hahn, Christoph Ulrich, *Rede nach der Beerdigung des durch Mörderhand den Seinigen entrissenen Stadtschultheissen J. H. Rieber*, Nürtingen, 1835, S. 50b-53b, Königliches statistisch-topographisches Bureau, *Beschreibung des Oberamts Besigheim*, Stuttgart, 1962 [Zuerst 1853] S. 137; Hammer, Memoranda, PB, 1, 10b, Ermittlungsakte; Ehrensperger, Vera, *Besigheimer Häuserbuch*, Besigheim, 1993, S.

32-33; Schulz, Thomas, Aus der Geschichte des Oberamts Besigheim, in: *Ludwigsburger Geschichtsblätter* 64 (2010), S 163.

53 Christian Ludwig Schwarzwälder, Zeugenvernehmung, PB, 16-17b; Johann Andreas Nellmann, Zeugenvernehmung, PB, 2-3b; Böhringer, Chirurgischer Bericht, 21. Oktober 1835, Ermittlungsakte.

54 Heinrich Böhringer, Zeugenvernehmung, PB, 80b-81, Ermittlungsakte.

55 Heinrich Böhringer, Zeugenvernehmung, PB, 80b-81, Ermittlungsakte.

56 Nachricht Wörner und Zipperlin an das Oberamtsgericht, 21. Oktober 1835, 23.00 Uhr, Ermittlungsakte; Hammer, Memorandum, PB 1b, Ermittlungsakte.

57 Eduard Vischer, Zeugenvernehmung, PB, 17b-18b; Michael Borwarth, Zeugenvernehmung, PB, 158b-159, Ermittlungsakte.

58 Hammer, Memorandum, PB, 4, Ermittlungsakte.

59 Nachricht Wörner an das Oberamtsgericht, 22. Oktober 1835, 4.00 Uhr, Ermittlungsakte; Hammer, Memorandum, PB, 3b-4, Ermittlungsakte.

60 Hammer, Memorandum, PB, 66, Ermittlungsakte.

61 Hammer, Memoranda, PB, 1, 10b.

62 Hammer, Memoranda, PB, 1; Gross, *Handbuch*, S. 109, S. 125-126. Gross schrieb, ein guter Schreiber sei unendlich wichtig für eine Kriminaluntersuchung. Dass die Handschrift in Hammers Protokollbuch sich von der Handschrift in seinem Briefwechsel unterscheidet, zeigt an, dass Hammer einen Schreiber hatte, der die Befragungen aufschrieb.

63 Gundert, *Rede*, S. 5-6, 9-11; Hammer, »Ueber den Zustand der Rechtspflege«, S. 311-328; Brandt, *Parlamentarismus*, S. 134; *Königlich-Württembergisches Hof- und Staatshandbuch*, S. 40.

64 Hauff ans Oberamtsgericht, 22. Oktober 1835, 5 Uhr morgens, Ermittlungsakten; Wörner und Zipperlin ans Oberamtsgericht, 21. Oktober 1835, 11 Uhr morgens, Ermittlungsakten; Wörner ans Oberamtsgericht, 22. Oktober 1835, 4 Uhr morgens. Hammer, Memorandum, PB 1-1b.

65 »Witterungsbeobachtungen«, *Schwäbische Chronik* 28. Oktober 1835; Hammer, Memorandum, PB 2; Ehrensperger, *Besigheimer*

273

Häuserbuch, S. 33. Die Scabiner hießen Georg Adam Michael Völter und Gottfried Zipperlen.

66   Louise Hepperle, WS, PB 4b-5b.

67   Dies sind die Größenbezeichnungen für Fuchs- oder Dachsjagd.

68   3 *Fuß* 9 *Zoll* bzw. 3 *Schuh* 7 *Zoll*. Hammer, Memorandum, PB 6-6b.

69   Hammer, Memorandum, PB 6b-7.

70   Hammer, Memoranda, PB 5b-8, 33b.

71   Hammer, Memorandum, PB 8b.

72   Johann Heinrich Rieber, WS, PB 8b-10b.

73   Hammer, Memorandum, PB 10.

74   Eine *Quint*, auch *Quentchen, Quäntchen*.

75   Hammer, Memorandum, PB 19-19b.

76   Hammer, Memorandum, PB 8.

77   Fischer, *Uebersicht*, S. 317; Horn u.a., *Universal-Register*, S. 176; Tortora, *Human Anatomy*, S. 565, 577.

78   Fischer, *Uebersicht*, S. 318.

79   Laennec, *Treatise*, S. 504; Ermittlungsakten, PB, 8b; Hahn, *Rede*, S. 10.

80   Fischer, *Behandlung*, S. 941.

81   Hahn *Rede*, S. 10; Franck, *Württembergisches Gesangbuch*, S. 355.

82   Hahn, *Rede*, S. 10.

83   Wörner ans Oberamtsgericht, 23. Oktober 1835, 5 Uhr morgens, Ermittlungsakten.

84   Sauer, *Im Namen des Königs*, S. 14; Schild, »Geschichte des Verfahrens«, S. 198; Kappler, *Handbuch*, S. 537; Payne-James und Stark, »Clinical Forensic Medicine«, S. 4. Württemberg setzte die Carolina 1551 in Kraft.

85   CCC Art. 22, 62, & 67 (1532) [teilweise übersetzt ins Englische in: John H. Langbein, *Prosecuting Crime in the Renaissance: England, Germany, France*. Cambridge, MA: Harvard University Press, 1974, S. 261-308]; Langbein, *Torture*, S. 4-5, 145 Anm. 4; Schild, »Von peinlicher Frag«, S. 50.

86   Schild, »Von peinlicher Frag«, S. 59-84.

87   Peters, *Folter*, S. 127.

88 Mittermaier, *Beweise,* S. 410, § 54.

89 Strafprozessordnung §§ 338-339, Regierungsblatt für das Königreich Württemberg 33 (14. Juli 1843).

90 Kesper-Biermann, *Einheit und Recht,* S. 43.

91 Hammer, Memorandum, PB 20-20b, 26-27.

92 Christoph Friedrich Hepperle, WS, PB 27b-28.

93 Juliane Bleil, WS, PB 28b-29.

94 Caspar Bleil, WS, PB 32b-33b.

95 Christiana Siegel, WS, PB 74b-75.

96 Hammer, Memorandum, PB 20-20b.

97 Christian Wachter, WS, PB 20b-26; Tatortskizze in den Ermittlungs- akten.

98 Hammer, Memorandum, PB 38b-39; Groß, *Leichenschau,* S. 34, 37.

99 Groß, *Leichenschau,* S. 20-37.

100 Hauff und Jung, Memorandum, 11. November 1835, PB 34b-38.

101 Hammer, Memoranda, PB 19a, 44b.

102 Hammer, Memoranda, PB 19, 26-28; 41.

103 Hammer, Memoranda; PB 41b, 43-44; Oberamtsgericht Besigheim, Gerichtsbeschluss, 17. Februar 1836, Ermittlungsakte.

104 Hammer, Memorandum, PB 41-41b.

105 Hammer, Memorandum, PB 41b. Die Umrechnung von *Quinten* und *Granen* stützt sich auf von Hippel, *Maß und Gewicht,* S. 84, 197.

106 Ein Sattler, der diesen Pfropfen viel später in der Ermittlung begut- achtete, stellte in Frage, dass er aus Rehhaar gefertigt sei. Er meinte, es könne Kalbshaar gewesen sein. Da ein selbstgemachter Pfropfen für Büchsen selten war, hielt der Sattler es für möglich, dass er von fremder Herkunft war. Oberamtsrichter Hammer hielt fest, dass je- mand kürzlich aus dem Kavaliersbau, in dem Stadtschultheiß Rieber wohnte, ausgezogen sei. Das lässt es als möglich erscheinen, dass der »Pfropfen« ein Stück der Möbelpolstererung war, welches während des Umzugs herausgefallen war. Die Herkunft des Polstermaterials wurde nie genau festgestellt. Hammer, Memorandum, PB 149-149b.

107 *Königlich-Württembergisches Hof- und Staatshandbuch* (1835), S. 167.

108 Quellmalz, »Christoph Ulrich Hahn«, S. 176-211; Hahn, *Beschreibung*; Haumer, »1863«, S. 2.

109 Ebd., S. 182.

110 Kurz u. a., *Die wechselvolle Geschichte*, S. 299; Haumer, »1863«, S. 3, Abb. 1.

111 »Witterungsbeobachtungen«, *Schwäbische Chronik*, 28. Oktober 1835 [Wetterbericht; 7 Grad Réaumur]; AEBK, SR 5:107 [Datum der Beerdigung].

112 Hahn, *Rede*, S. 1-2.

113 Ebd., S. 4-5.

114 Ebd., S. 6-7.

115 Ebd., S. 7-8.

116 La Roche an Hirzel, 26. Juli 1771, in La Roche, »*Ich bin mehr Herz*«, S. 140 [Schwaigern, eine Stadt in der Nähe von Stetten am Heuchelberg, lag drei Wegstunden von Bönnigheim entfernt].

117 Stock, Auszüge, S. 305; Wilhelm Vogel an »Vater«, 29. Oktober 1835, Apotheker-Briefe, Museum Arzney-Küche, Bönnigheim.

118 Oberamtsgericht Besigheim an Kriminalsenat Esslingen, 7. Dezember 1835, 8 Anm. »#«; Hammer, Memorandum, PB 45.

119 Hammer, Memorandum, PB 19b-20b; Carl Gartmann, WS, PB 48b-50b, 109b-109b; Rosina Gartmann, WA, PB151-151b; Ludwig Schweiher, WS, PB 56b-57.

120 Jakob Hofmann, WS, PB 57-59; Tatortskizze, Ermittlungsakte.

121 Hammer, Memorandum, PB 68b.

122 Umwandlungen von *Fuss* und *Zoll* nach von Hippel, *Maß und Gewicht*, S. 196-197.

123 Jacob Wiedmann, WS, PB 62-64b, Hammer, Tatortskizze, Ermittlungsakte.

124 Jacob Wiedmann [Vater], WS, PB 67-68b; Juliane Sommer, WS, PB 69b-70b; Jacob Wiedmann [Sohn], schriftlicher Eid, PB 70b-71; Johann Friedrich Brenner, WS, PB 70b-71; Christian Altmann, WS, PB 71b-72; Friedrich von Hoven, WS, PB 72b; Conrad Krapf, WS, PB 73-73b; Christian Müller, WS, PB 73b-74b; Christiane Siegel, WS, PB 74b-75; Catherine Siegel, WS, PB 76-76b.

125 Gross, *Handbuch*, S. 384.

126 Ebd.

127 Schmidlin, *Handbuch*, § 163(d), § 163 Anm. 4½; Fabrikation und Verkauf, StALB. Regierungsblatt für das Königreich Württemberg, 1821, S. 51. »werden … sämmtliche Oberämter hiemit angewiesen, … die Erlaubniß zum Gewehrbesitze, welche sie einem Oberamts-Eingesessenen zur Sicherheit wegen der einsamen und abgesonderten Lage seiner Wohnung oder wegen seines Gewerbs oder wegen eines Waarenlagers ertheilen, jedesmal ausdrücklich an die Bedingung zu knüpfen, daß von derselben Abschraubgewehre ausgenommen seyen.«

128 Hammer, Memorandum, PB 34-34b.

129 Friederike Rieber, WS, PB 105b-107.

130 Hammer, Memorandum, PB 42b; Gendarme Stations-Commandant Bofinger, WS, PB 77-78; Jacob Andreas Hilligard, WS, PB 79b-80.

131 Ferdinand Kraft, WS, PB 59b-60; Johannes Maier, WS, PB 83b-85; Gottlieb Bihl, WS, PB 82-83b; Friedrich Meurer, WS, PB 87-89.

132 Johann Michael Dieterle, WS, PB 78-79b.

133 Hammer, Memorandum, PB 91b; Ernst Phillipp Foettinger und Luise Foettinger, WS, PB 91b-95b; Heinrike Foettinger, WS, PB 116-116b.

134 Hammer, Memoranda, Ermittlungsakte, 6. Dezember 1835, 11-11b, PB 98; Gottfried Kölle, WS, PB 98b-100.

135 Gottfried Kölle, WS, PB 98b-100; Christiane Elisabethe Kölle, WS, PB 100-100b [Zitat].

136 Hammer, Memorandum, WS, PB 101; Johannes Scherle, WS, PB 107b-108b; Carl Gartmann, WS, PB 108b-109b; Johanna Haug, WS, PB 109b-110b; Jacob Friedrich Haug, WS, PB 110b-111.

137 Hammer, Memorandum, Ermittlungsakte, 6. Dezember 1835, 11-11b, 15-15b.

138 Hammer, Memorandum, PB 102-102b; Stadtrat Bönnigheim, Auszug des Stadtraths-Protokolls II, Blatt 260.12, § 289, 22. Oktober 1835, und Auszug des Stadtraths-Protokolls II, Blatt 262, § 290, 28. Oktober 1835, Ermittlungsakte [Stadtratsprotokolle, die den Beschluss dokumentieren, eine Belohnung auszuloben].

139 *Heilbronner Intelligenz-Blatt*, 5. November 1835.

140 Friedrich Bleil, WS, Ermittlungsakte, 8. November 1835; Hammer, Memorandum, Ermittlungsakte, 6. Dezember 1835, 10b-11.

141 Oberamtsgericht Besigheim an Oberamtsgericht Brackenheim, 7. November 1835, und handschriftliche Antwort auf derselben Seite, [8.?] November 1835, Ermittlungsakte.

142 Oberamtsgericht Besigheim an Kriminalsenat Esslingen, 7. Dezember 1835, 6b, Ermittlungsakte.

143 Gross, *Handbuch*, S. 379.

144 Hammer, Memorandum, PB 104-105.

145 Hammer, Memorandum, PB 119b-120; Hartmann, *Populäres Handbuch,* S. 644.

146 Hammer, Memorandum, PB 119b-120; Frevert, *Die kasernierte Nation,* S. 157; Schmidlin, *Handbuch,* S. 163-164, § 111 Anm. 1; *Verhandlung in der Versammlung,* S. 172.

147 Hammer, Memoranda, PB 119b-120; 146b.

148 Hammer, Memorandum, PB 120b-121.

149 Ebd.

150 Eduard Vischer, WS, PB 161b-164; Ludwig Schwarzwälder, WS, PB 16-18b, 164-165b; Oberamtsgericht Besigheim an Kriminalsenat Esslingen, 7. Dezember 1835, Ermittlungsakte.

151 Volker Schäfer, E-Mail an die Verfasserin, 15. April 2015.

152 Lacassagne, »De la deformation«, S. 70. Weitere Literatur über die Geschichte der forensischen Ballistik siehe Starr, *Killer of Little Shepherds,* S. 46-47; Thorwald, *Jahrhundert der Detektive,* S. 488-493; Block, *Science vs. Crime,* S. 65-81.

153 Lacassagne, »De la deformation«, Steele, »Ballistics«, S. 1-29.

154 McCrery, *Silent Witnesses,* S. 51.

155 Wagner, *Science of Sherlock Holmes,* S. 63-65, 119-120.

156 Hitzig, Hg., »Notwehr, Erfüllungs-Eid«, *Annalen* 15 (1833), S. 157-172.

157 Wagner, *Science of Sherlock Holmes,* S. 120-122. Einige Quellen behaupten, das Verbrechen sei ein Mord gewesen, aber Wagner gibt an, Goddards eigene Memoiren bezeichneten das Verbrechen als »inszenierten Einbruch«.

158 Es ist bemerkenswert, dass ein deutscher Überblick über die Literatur zur forensischen Ballistik von 1930 keinen Artikel aus so früher Zeit wie der Hammers erwähnt, obwohl er deutsche und amerikanische

Ansprüche gegen die französische Behauptung der Überlegenheit auf diesem Gebiet verteidigt: Kraft, »Kritisches zur gerichtlichen Schußuntersuchung«. Vor 1835 gibt es keine Berichte über Verfahren mit ballistischen »Fingerabdrücken« in zeitgenössischen Anthologien wie Feuerbach, *Aktenmäßige Darstellung,* oder Hitzig, Hg., *Annalen.*

159 Beispiele geben Goltdammer, Hg., *Archiv,* S. 551; Schäffer, Hg., *Archiv* S. 170-171; Glaser & Nowak, Hg., »Strafsache«, S. 301.

160 Kreisgerichtshof/Landgericht Ellwangen, Findbuch, E 341 I, StALB; Kreisgerichtshof Tübingen, Findbuch, E331, StALB; Kreisgerichtshof Ulm, Findbuch, E 350, StALB; Kreisgerichtshof Esslingen (1817-1870), Findbuch, E 319, StALB; Oberjustizkollegium, Findbuch, D 70, StALB [Die Todesursache wird in den Findmitteln nicht immer aufgeführt.]; Verfahren gegen: Friedrich Pfeiffer, Bericht an den Criminal-Senat, 4.- 6. Februar 1823, StALB.

161 Heard, *Handbook,* S. 11, 81-82, 161.

162 Obwohl das Kaliber der Mordwaffe nicht bekannt und es daher beim Probeschießen nicht nachzuahmen war, könnte einen ähnliches Verhältnis von Geschossgröße zu Kaliber ausreichen, um Hammers Ergebnisse nachzubilden. Daher testete Schäfer mehrere verschiedene Geschossgrößen. Volker Schäfer im Gespräch mit der Autorin, Mai 2015.

163 Hammer, »Ueber den Zustand«.

164 Stock, *Auszüge,* S. 305-306.

165 Lloyd, »An Account of an Observatory«, S. 190; Herschel, *Astronomical Observations,* S. 401.

166 Schaaf, *Comet,* S. 179.

167 Campbell, *Gone to Texas,* S. 139, 143-5; Schaaf, *Comet,* S. 180.

168 Peña, *With Santa Anna,* S. 46; Campbell, *Gone to Texas,* S. 145-147; Greenberg, *A Wicked* War, S. 9.

169 Peña, *With Santa Anna,* S. 46; Campbell, *Gone to Texas,* S. 145-147; Greenberg, *A Wicked* War, S. 9.

170 Campbell, *Gone to Texas,* S. 146-147.

171 Texas Declaration of Independence, § 3.

172 Campbell, *Gone to Texas,* S. 156-157.

173 Kemp, »Battle of San Jacinto«.

174 Burnet, zitiert in Campbell, *Gone to Texas*, S. 160.

175 Campbell, *Gone to Texas*, S. 148, 158-60; Treaty of Velasco (öffent-lich), Republic of Texas-Mexico, Art. 3; Treaty of Velasco (geheim), Republic of Texas-Mexico, Art. 3-4.

176 Campell, *Gone to Texas*, S. 162-163.

177 Greenberg, S. 10; »Treaties of Velasco«.

178 James K. Polk, Congressional Globe, 29th Cong., 1st Sess.783-4 (1846), aufgerufen Februar 2014, http://memory.loc.gov/cgi-bin/ampage?collId=llcg&fileName=016/llcg016.db&recNum=830.

179 Abraham Lincoln, Congressional Globe, 30th Congress, 1st Sess. 154-156 (1848), aufgerufen April 2015, http://memory.loc.gov/cgi-bin/ampage?collId=llcg&fileName=019/llcg019.db&recNum=205; Greenberg, *A Wicked War*, S. 248-250.

180 Greenberg, *A Wicked War*, S. 9; Larry Schweikart, »Penny Press«, in Tucker, Hg., *Encyclopedia of the Mexican-American War*, Bd. 2, S. 499-500; Freeman, *R. E. Lee*, S. 135.

181 Kurz u. a., *Die wechselvolle Geschichte*, 420; Hammer, Memorandum, 28 Juli 1836.

182 Eduard Hammer an den Kriminalsenat, 27. Mai 1836, Ermittlungs-akte.

183 Hammer und Finckh, Memoranda zu der Akte, 28., 30. Juli 1836, Ermittlungsakte.

184 Hammer, Memorandum, 28. Juli 1836, Ermittlungsakte. Siehe auch Heinrich August Pierer, Universal-Lexikon.Altenburg: Litera-tur Comptoir, 1859, S. 284: »Gesell, 1) so v.w. Gefährte, Genoß; 2) (Handwerksgesell), Einer, welcher die Lehrzeit eines Handwerkes bestanden hat u. noch nicht Meister ist«.

185 Hammer, Memorandum, 28. Juli 1836, Ermittlungsakte.

186 Hammer, Memorandum, 28. Juli 1836, und Tatortskizze, Ermitt-lungsakte.

187 Ernst Philipp Foettinger, WS, PB 91b-93b; Luise Foettinger, WS, PB 94-95b; Heinrike Foettinger, WS, PB 116-116b.

188 Schmidlin, *Handbuch*, S. 49 § 22, S. 29 § 182.

189 Ebd. S. 47-48 § 20 [*Forstwarth, Unterförster*: Überwacher der Wild-hüter].

190 Hammer, Memorandum, 7. März 1837, Ermittlungsakte.

191 Stock, Auszüge, S. 305, HGB; Auswanderungen/1836, StALB.

192 Nachlass von Georg Michael Rupp, SAB; Güter-Buch, Theil 3, SAB. Elisabetha Gottliebin war eine geborene Leibfrid.

193 *Königlich Württembergisches Hof- und Staatshandbuch* (1835), S. 167.

194 ER III 163 und FR I 397a, AEKB; Auswanderungen/1836, StALB.

195 Gürth, *Alte Heimat*, S. 71. Familie Rupp verkaufte Haus und Weinberg 1836. Güter-Buch, 735b-737b, SAB.

196 FR I 397a, AEKB; Auswanderungen/1836, StALB.

197 FR I 397a, AEKB; Passagierliste, Petronella (Amsterdam-New York), 15. November 1836, Passagierlisten der Schiffe, die in New York anlanden, 1820-1897, NA.

198 Stock, Auszüge, S. 305, HGB.

199 Ebd., Brief Elisabeth Zipperlen an Kreisarchivpfleger Willy Müller, 22. November 1955, Nachlass Elisabeth Zipperlen, Ordner »Berühmte Söhne«, Abteilung »Stadtschultheiß Heinrich Rieber«, SAB [Stadtschultheiß Riebers blutige Kleidung wurde aber bis mindestens 1900 im Rathaus ausgestellt.]

200 Jacob Wiedmann, WS, PB 62b-63.

201 Familienblätter 1638-1807, s. v. »Rüb, Johannes«, AEKSaH; Schuster an Finckh, 26. Mai 1872. Gottlobs Geburtsangaben enthalten einen Fehler, der ihm bis ins Grab folgen sollte. Laut der Kirchenbücher wurde er *Gottlieb* Friedrich Rüb getauft, aber ein früherer Ortsvorsteher der Gemeinde Stetten klärte den Ermittler in der Sache auf, dass der Vorname in Wirklichkeit *Gottlob* war. Das Gemeindegericht Stetten benutzte beide Namensformen zur Beschreibung derselben Person. Auch seine Militärpapiere in den Vereinigten Staaten geben beide Vornamen wieder, ebenso wie Schreibvariationen seines Familiennamens. (Solche Unstimmigkeiten bei den Namen sind zeitüblich.)

202 *Königlich Württembergisches Hof- und Staatshandbuch* (1835), S. 175; Sophie La Roche an Johann Caspar Hirzel, 26. Juli 1771, in: Sophie von La Roche, *Ich bin mehr Herz,* S. 140.

203 Clement, Hg., *Schwaigern,* S. 306.

204 Steuerbuch VIII, S. 67, 72, 77, 74b, 75, 80, SAS-SAH; Clement, Hg., *Schwaigern*, S. 304-306, 314; »Forstliche Notizen über Württemberg«, *Allgemeine Forst- und Jagdzeitung,* 27. Dezember 1833.

205 Familienblätter 1638-1807, s. v. »Rüb, Johannes«, AEKSaH.

206 Königliches Finanz-Ministerium, *Instruktionen für die königlichen Forstwarthe*, S. 3, § 1; Schmidlin, *Handbuch*, S. 135-136, § 81 [Forstpersonal war befugt, auf bewaffnete Wilderer zu schießen, wenn diese sich nicht ergaben.]; Linck, »Der Wolf von Cleebronn«, S. 2, 19 [Forstwarte benutzten Gewehre, um Wölfe aufzuspüren und zu schießen].

207 Rub, Gottlob, Descriptive and Historical Register, NA; Schuster an Finckh, 26. Mai 1872, Ermittlungsakte.

208 Gerichtsprotokoll 1807-1816, B: 264, 316b, SAS-SAH; Ruggerichtsprotokoll 1821-1912, B: 318, 94, SAS-SAH.

209 Verzeichnis der aktiven Gemeinde-Bürger (1828), B513, SAS-SAH; Königliches Finanz-Ministerium, *Instruktionen*, S. 7-8, § 18; Schuler u.a., *Zur Geschichte des Forstberufs*, S. 11, 25, 63; »Forstliche Notizen über Württemberg«, *Allgemeine Forst- und Jagd-Zeitung*, S. 27, Dezember 1833.

210 Untersuchungs-Sache gegen den Forstwart Gottlob Friedrich Rüb, SAS-SAH.

211 Schuster an Finckh, 26. Mai 1872, Ermittlungsakte.

212 Gwinner, *Die Königlich Württembergischen Forstdienst-Prüfungen …,* S. 43-44.

213 Gerichtsprotokoll 1834-1838, B: 268, 8b und Index, SAS-SAH.

214 SAS-SAH, Schuldklagprotokoll, B: 301, 20. September 1834.

215 Schuler u. a., *Zur Geschichte des Forstberufs,* S. 11, 25, 42; Königliches Finanz-Ministerium, *Instruktionen,* S. 3-7, §§ 1-12.

216 Finckh an Hofstetter, 26. Juni 1872, Ermittlungsakte.

217 Rupp an Schuldheiß [sic!] und Stadtrat von Bönnigheim, 29. April 1872, Ermittlungsakte. Die Gründe für die Ablehnung werden in der Akte nicht angegeben.

218 Hammer, Memorandum, PB 5b-6b.

219 Bösken, *Das Ende,* S. 33.

220 Kurz u. a., S. 107; Bau von Dohlen, StALB.

221 Clement, Hg., *Schwaigern,* S. 75-76.

222 CCC, Art.137.

223 Kriminalsenat Tübingen: Strafsache gegen Johann Georg Fischer,

StALB; Kriminalsenat Ulm: Strafsache gegen Philipp Jakob Speidel, StALB; US Department of State, Office of the Historian, »A Guide to the United States' History of Recognition, Diplomatic, and Consular Relations, by Country, since 1776: Württemberg«, aufgerufen Dezember 2013, http://history.state.gov/countries/wurttemberg.

224 Gürth, *Alte Heimat,* S. 70-72.

225 Oberamt Brackenheim: Auswanderungen, Stetten, Bd. 1 (1807-1850), StALB; Oberamt Brackenheim: Auswanderungsverzeichnis, StALB; Bürgerrechtsverzeichnis-Urkunden, SAS-SAH.

226 Kümmerle an Finckh, 4. Juni 1872, Ermittlungsakte [Hervorhebung im Original; » Johann Georg Kümmerle« im Brief, in der Bewerbung um die Auswanderung wurde der Name »Kimmerle« gebraucht].

227 Schuster an Finckh, 26. Mai 1872, Ermittlungsakte.

228 Gürth, *Alte Heimat,* S. 71; Brunner, *Nach Amerika,* S. 57; Schmal, Verpflanzt, S. 107.

229 Brunner, *Nach Amerika*, S. 47; Stierle, »Die Auswanderer«, S. 43.

230 Auswanderungen, Stetten, Bd. 1, 7. April 1836, StALB; Kümmerle, John G., Seventh Census, NA; Bounty Land Files, NA. Einige Jahre später gaben zwei Männer eidesstattliche Erklärungen ab, um Rübs Grundstücksgeschäfte zu ermöglichen. Da sie aufgefordert wurden, Rübs Zivilstand zu klären für die Zeit, in der er in Philadelphia lebte, waren sie wohl seine Vermieter oder Nachbarn. Beide hatten ihre Adresse im Nordende des Altstadtbezirks nahe der Vine Street. Die Zeugen wohnten in der Nähe von Alderman Erety bei der Kreuzung von North Third Street und Vine Street. *McElroy's Philadelphia City Directory* (1847), s. v. »Erety«. Das Adressbuch nennt einen der Zeugen, Godfrey Goekler, auch Bäcker, in der Crown Street 96. Die Crown Street gibt es heute nicht mehr, ein Teil überdauerte als N. Lawrence Street. Der andere Zeuge, John Herman, wohnte entweder in der Fourth Street oder der Vine Street. Rüb wird in der Volkszählung 1840 nicht erwähnt, da er beim Militär war. Er erscheint in keinem Adressbuch von Philadelphia, was wohl bedeutet, dass er ein Zimmer gemietet hatte.

231 Descriptive and Historical Register of Enlistments in the US Army, NA; Records of the Adjutant General's Office, NA.

232 Die Quellen, die im Stadtarchiv Philadelphia untersucht wurden, sind im Literaturverzeichnis aufgeführt.

233 Peskin, *Winfield Scott*, S. 101; McLaughlin, *Patriot War*, S. 1-2, 181-182.

234 Peskin, *Winfield Scott*, S. 103.

235 Scott, *Memoirs*, S. 306-307.

236 Peskin, *Winfield Scott*, S. 103-111; Scott, *Memoirs*, S. 308-317.

237 Conway and Jamroz, *Fort Wayne*, S. 7; Adjutant General's Office, *Regulations for the Uniform*, S. 25-26; Urwin, *United States Infantry*, S. 58.

238 Rub, Gottlob, Descriptive and Historical Register, NA. Der Werbeoffizier schrieb Rüb als Rub, eine übliche Variante. Der Kommandeur der A-Kompanie war Brevet Major (Hauptmann im Rang eines Majors) John L. Gardner. »Stations of the Companies of the Fourth Regiment of Artillery«, *Army and Navy Chronicle,* 20. August 1835, aufgerufen Juni 2015, http://babel.hathitrust.org/cgi/pt?id=nyp.334 33009345665;view=1up;seq=304; Burdsall, *Diary*, S. 91, College of William and Mary Digital Archive.

239 Steinbeis, Paper C, Bounty Land Files, NA; Friedrich Gentner an Adjutant General, 1848, Letters Received by the Office of the Adjutant General, NA.

240 Peskin, *Winfield Scott*, S. 121.

241 Forry, *Climate*, S. 114, 131-133 [Temperaturangabe für Green Bay, Wisconsin; für Michigan sind keine Angaben auffindbar].

242 »Military Intelligence«, *Army and Navy Chronicle,* 2. September 1841, (aufgerufen Juni 2015), http://babel.hathitrust.org/cgi/pt?id =nyp.33433009300744;view=1up;seq=31; »The Army«, *Niles' National Register*, 4. Dezember 1841; Forry, *Climate*, S. 135-139; Dyer, »Fourth Regiment of Artillery«, S. 846-847; Descriptive and Historical Register of Enlistments in the US Army, NA.

243 Totenschein für Caroline Elizabeth Brown, 26. August 1927, No. 273215, Washington, D.C. Archives [er zeigt, dass die Familie 1837 in der Gegend von Philadelphia lebte]; *Hospital Tickets,* s. v. »Benjamin Rupp, private«, 6. Juli 1867, 159, NA [zeigt, dass die Familie Rupp noch 1844 in der Gegend von Philadelphia lebte]; Fiatkowsky family, *Seventh Census of the United States,* NA [Die Geburt des Sohnes zeigt an, dass die Familie Fiatkowsky noch 1841 in Maryland lebte.]; »List of Insolvents«, *Public Ledger* (Philadelphia), 4. April 1840, 1 [Frederick Rupp in Kensington, das später

ein Teil von Philadelphia wurde]; Rupp family, *Seventh Census of the United States*, NA [Nachweis der Familie Rupp in Lancaster und von Frederick Rupps Tätigkeit als Apotheker]; Rupp family *Eighth Census of the United States*, NA [Familie Rupp lebte jetzt in Washington, D.C.].

244 Korda, *Clouds of Glory*, S. 80-96.

245 Moody u. a., *Lewis and Clark's Observations* S. 46; Pryor, Reading the Man S. 111; Freeman, R. E. Lee, S. 90, 145.

246 Freeman, *R. E. Lee*, S. 138; Pryor, *Reading the Man*, S. 109, 116-118.

247 Thomas, *Robert E. Lee*, S. 90-91, 97; Pryor, *Reading the Man*, S. 114-115; Freeman, *R. E. Lee*, S. 151, 154-155, 179-183.

248 Freeman, *R. E. Lee*, S. 138; Pryor, *Reading the Man*, S. 109, 116-118.

249 Freeman, *R. E. Lee*, S. 182.

250 Freeman, *R. E. Lee*, S. 152; Pryor, *Reading the Man*, S. 111.

251 Korda, *Clouds of Glory*, S. 88.

252 Pryor, *Reading the Man*, S. 118; Crocker, *Robert E. Lee*, S. 29.

253 Freeman, *R. E. Lee*, S. 159.

254 Freeman, *R. E. Lee*, S. 159, 164-167.

255 Korda, *Clouds of Glory*, S. 3; Norris, Westmoreland County, S. 174; Washington and Lee University, General Commencement Information (2015); aufgerufen Juni 2015, http://www.wlu.edu/commencement/general-commencement-information.

256 Freeman, *R. E. Lee*, S. 160; Korda, *Clouds of Glory*, S. 3.

257 Freeman, *R. E. Lee*, S. 160, 182.

258 Freeman, *R. E. Lee*, S. 192; Bullitt, *Lee and Scott*, S. 446.

259 Thomas, *Robert E. Lee*, S. 94.

260 Freeman, *R. E. Lee*, S. 202.

261 *The Encyclopedia of the Mexican-American War*, s. v. »Manifest Destiny«; Greenberg, *A Wicked War*, S. 10; Campbell, *Gone to Texas*, S. 161, 182-183.

262 *The Encyclopedia of the Mexican-American War*, s. v. »Texas«.

263 Campbell, *Gone to Texas*, S. 185-186; Greenberg, *A Wicked War*, S. 76-79; Richard Bruce Winders, *Mr. Polk's Army: The American Military Experience in the Mexican War* College Station: Texas A&M

University Press, 1997, S. 8; *The Encyclopedia of the Mexican-American War*, s. v. »Slidell, John«.

264 Winders, *Mr. Polk's Army*, S. 8-9.

265 Winders, *Mr. Polk's Army*, S. 9-10.

266 Freeman, *R. E. Lee*, S. 201-216.

267 Peskin, *Winfield Scott*, S. 141-142.

268 Freeman, *R. E. Lee*, S. 217-218.

269 Hackenburg, *Pennsylvania in the War*, S. 2.

270 Hackenburg, *Pennsylvania in the War*, S. 2-4.

271 Weigley, *History*, S. 168; McCaffrey, *Army of Manifest Destiny*, S. 29; Zeh, *An Immigrant Soldier*, S. 4 [Zitat]; Foos, *Short, Offhand, Killing Affair*, S. 42-43. Die zwei deutschen Kompanien aus Philadelphia waren Hauptmann Frederick Binders »Washington Leichte Infanterie«, die schließlich als E-Kompanie im 1. Regiment der Pennsylvanischen Freiwilligen diente, und Hauptmann Arnold Seybergs (manchmal Syberg geschrieben) »Steuben-Füsiliere«. Die deutsche Zeitung von Harrisburg bezeichnet beide Kompanien als deutsch. »General-Befehl, No. 8: Hauptquartier, Philadelphia, December 3, 1846«, *Pennsylvania Staats-Zeitung*, 9. Dezember 1846; »Companien von Pennsylvanien«, *Pennsylvanische Staats-Zeitung*, 24. Februar 1847; »Pennsylvanische Volunteers«, *Pennsylvanische Staats-Zeitung*, 8. Juli 1846. Siehe auch Hackenburg, *Pennsylvania in the War*, S. 5-8, 317; Zeh, »Erinnerungen«, S. 57 (Zeh beschreibt eine der Kompanien aus Philadelphia im 1. Regiment von Pennsylvania als »rein deutsch«).

272 McCaffrey, *Army of Manifest Destiny*, S. 30-34.

273 Foos, *Short, Offhand, Killing Affair*, S. 42-43.

274 Diese Kompanien waren die 1. Kompanie der »Washington Nationalgarde«, die 2. Kompanie der »Washington Nationalgarde«, welche ihren Namen einige Zeit vor 1844 in »Washington Leichte Infanterie« änderte, die *Washington Jäger Compagnie* und die *Washington Voluntair* [sic!] *Compagnie*. »Bekanntmachungen: Betaillonsbefehl«, *Philadelphia Demokrat* (verschiedene Artikel und Anzeigen von 1843 bis 1846). Die Quellen für die in Philadelphia üblichen volkstümlichen Tänze von 1843 bis 1846 sind der *Philadelphia Demokrat*, 14. Februar 1844 [deutsche Walzer] und Erwin, Journal, 9. Oktober 1843, 10.-11. Februar 1845, 13.-14. Juli 1846, BMCOC.

275 Undatierter, unbetitelter Ausschnitt aus einer nicht identifizierten deutschen Zeitung (Ausschnitt beschädigt und ohne Herkunftsnachweis) betreffend zwei deutsche Kompanien aus Philadelphia im Seminolenkrieg JFBP, JHML; »General John F. Ballier« (undatierter Ausschnitt aus einer unidentifizierten deutschen Zeitung, betreffend Balliers Rolle in den »Nativist Riots«), JFBP, JHML; Rosengarten, *German Soldier,* S. 253; Schrag, »Nativist Riots«, Erwin, Journal, 7.-8. Mai 1844.

276 Erwin, Journal, 12. Mai 1846.

277 Erwin, Journal, 13., 18. Mai 1846.

278 Young, Hg., *Memorial History,* S. 173; Nachruf auf Hauptmann Binder, *Philadelphia Inquirer*, 24. Januar 1876; »Bekanntmachungen: Betaillons-Befehl«, *Philadelphia Demokrat*, 9. Januar 1844; Binder an von Hügel, 25. Mai 1859, Konsulat Philadelphia: Bewerbungen, HStAS; Stadler und Wilken, *Pädagogik bei Körperbehinderung*, S. 35-36; *Zweiter Jahres-Bericht über die Armen-Anstalt für Verkrümmte im Paulinen-Institute zu Stuttgart* (Stuttgart: Königliche Hofbuchdruckerei, 1847) [noch erhaltene Ausgabe in »Aufnahme von Staatspfleglingen«, StALB].

279 Nachruf auf Hauptmann Binder, *Philadelphia Inquirer*, 24. Januar 1876.

280 *McElroy's Philadelphia City Directory* (1845), s. v. »Binder, Frederick W.«; Binder, F.W., Seventh Census (1850), NA; Rosengarten, *German Soldier,* S. 216; Scharf, *History of Philadelphia*, S. 679; »History of General John F. Ballier«, § 3, JFBP, JHML; »From Harrisburg – Progress of the Volunteers«, *Monroe Democrat*, 25. Dezember 1846; aufgerufen Februar 2016, http://www.libraryweb.org/~digitized/newspapers/monroe_democrat/vol.XIX.pdf; Viereck, *Capt. F.W. Binder's Quick Step*; Hackenburg, *Pennsylvania in the War*, S. 132-142.

281 McCaffrey, *Army of Manifest Destiny*, S. 21-22.

282 Undatierter, unbetitelter Ausschnitt aus einer nicht identifizierten deutschen Zeitung (Ausschnitt beschädigt und ohne Herkunftsnachweis) betreffend zwei deutsche Kompanien aus Philadelphia im Seminolenkrieg JFBP, JHML; Rattermann, »General August Moor«, S. 486 Anm. 25.

283 Hackenburg, *Pennsylvania in the War*, S. 132, 143; Erwin, Journal, 7., 9. Dezember 1846.

284 Oswandel, *Notes,* S. 15; McCaffrey, *Army of Manifest Destiny,* S. 24; Henderson, *Hints,* S. 79-80, 99-100.

285 McCaffrey, *Army of Manifest Destiny,* S. 24.

286 Hackenburg, *Pennsylvania in the War,* S. 132; Oswandel, *Notes,* S. 22-30.

287 Oswandel, *Notes,* 22-27; NA, Washington, D.C., Compiled Service Records, Gottlob Reeb or Rueb, Private, 14. Dezember 1846-28. Februar 1847.

288 Hackenburg, *Pennsylvania in the War,* S. 13; Oswandel, *Notes,* S. 34-40; Peskin, Hg., *Volunteers,* S. 19 [Zitat].

289 Oswandel, *Notes,* S. 39.

290 Oswandel, *Notes,* S. 42, 44, 53 [»miserable water«]; Sargent, *Gathering Laurels,* S. 4.

291 Oswandel, *Notes,* S. 42; C. Brown to Emma Brown, 22. Februar 1847, Alex and Chauncey Brown Mexican War letters, UTASC; Sargent, *Gathering Laurels,* S. 4; Hartman, *A Private's Own Journal,* S. 6; Peskin, Hg., *Volunteers,* S. 29-32; Hiney, Mexican American War Diary, 29. Jan. 1847, SBPC; »The Island of Lobos«, Niles' National Register, 13. März 1847, aufgerufen Oktober 2015, http://www.history.vt.edu/MxAmWar/Newspapers/Niles/Nilesf1847MarApr.htm#NR72.021March131847Descriptionof; Moorse, *Scott's Campaign,* S. 1; Winders, *Mr. Polk's Army,* S. 173.

292 »The Island of Lobos«, Niles' National Register, 13. März 1847.

293 Helbich, »German Immigrants«, S. 172-173.

294 Peskin, Hg., *Volunteers,* S. 30; Kitchen, *Record,* S. 22-23 [»gallant soldier and excellent man«]; Hiney, War Diary, 14. Februar 1847. Die Armee stellte die drei Mexikaner später vor Gericht; dieses sprach sie frei. »Collection of troops and transports at Lobos Island for the demonstration on Veracruz«, Niles' National Register, 27. März 1847, aufgerufen Oktober 2015, http://www.history.vt.edu/MxAmWar/Newspapers/Niles/Nilesf1847MarApr.htm#NR72.059March-271827collectionof.

295 Hiney, War Diary, 21. Februar 1847, SBPC; Peskin, Hg., *Volunteers,* S. 33-34; Oswandel, *Notes,* S. 59; Kreitzer, Journal, HSP; Freeman, *R. E. Lee,* S. 221-222; John of York, »Army Correspondence Island of Lobos«, *North American* (Philadelphia), 23. März 1847 [Trinksprüche].

296 Oswandel, *Notes*, S. 60; Eyewitness, »The Capture of Vera Cruz«, S. 1; Peskin, *Winfield Scott*, S. 150.

297 Oswandel, *Notes*, S. 63; NA, Washington, D.C., Compiled Service Records, Gottlob Reeb or Rueb, 14. Dezember 1846-28. Februar 1847.

298 Anderson, *Mexican War,* S. 68, 71; Hughes and Johnson, Hg., *A Fighter,* S. 65 [an Bord der *Henry*], S. 69 [Zitat].

299 Thomas, *Rivers of Gold,* 417 [Zitat], S. 419-420.

300 Ebd., S. 425.

301 Montero, »Guerra, Navegación y Piratería«, S. 141-142; Goodman, *Spanish Naval Power,* S. 3-4.

302 *Complete History of the Late Mexican War,* 69; Pérez-Mallaína, *Spain's Men,* 11.

303 *Complete History of the Late Mexican War,* S. 70; Peskin, *Winfield Scott,* S. 150; Grone und Grone, *Briefe über Nord-Amerika,* S. 30; World Monuments Fund, »San Juan de Ulúa Fort«; aufgerufen Oktober 2015, https://www.wmf.org/project/san-juan-de-ul%C3%BAa-fort; Bauer, *Surfboats,* S. 83; Dana, *Monterrey is Ours!,* S. 198; »The Town ... Castle of San Juan de Ulua«, Mexican War Articles, BRBML.

304 Freeman, *R. E. Lee,* S. 227; Winfield Scott, *Memoirs,* S. 422.

305 »The Town ... Castle of San Juan de Ulua«, Mexican War Articles, BRBML.

306 Scott, *Memoirs,* S. 413-414; Clark, Jr. und Moseley, »D-Day Veracruz«, S. 108.

307 Freeman, *R. E. Lee,* S. 223; Blackwood, Hg., *To Mexico with Scott,* S. 113.

308 Freeman, *R. E. Lee,* S. 223; Bauer, *Surfboats,* S. 77.

309 Freeman, *R. E. Lee,* S. 223, Peskin, *Scott,* S. 150; Meade, *Life and Letters,* S. 187.

310 Freeman, *R. E. Lee,* S. 223.

311 Bauer, *Mexican War,* S. 244; *Encyclopedia of the Mexican-American War,* s. v. »Veracruz; Landing at and Siege of«; Clark and Moseley, »D-Day Veracruz«, S. 107. Bauer setzt die Zahl der Soldaten auf etwas über 8.600 an, die meisten Quellen aber bei 10.000, z. B. Peskin, *Winfield Scott,* S. 151.

312 Clark & Moseley, »D-Day Veracruz«, S. 107-108; Bauer, *Surfboats*, S. 236.

313 Bauer, *Mexican War*, S. 241; McCaffrey, *Army of Manifest Destiny*, S. 166; Hitchcock, *Fifty Years*, S. 390.

314 Semmes, *Service Afloat*, S. 126.

315 Clark & Moseley, »D-Day Veracruz«, S. 110; Oswandel, *Notes*, S. 83; Wm. G. Temple, »Memoir of the Landing of the United States Troops at Vera Cruz in 1847«, in: Conner, *Home Squadron*, S. 77.

316 Bauer, *Surfboats*, S. 81; Eyewitness, »The Capture of Vera Cruz«, S. 2; Semmes, *Service Afloat*, S. 127; Mansfeld, *The Mexican War*, S. 168.

317 Bauer, *Surfboats*, S. 82; Parker, *Recollections*, S. 93; Semmes, *Service Afloat*, S. 128.

318 Jeremiah Albee, »When Uncle Sam Lay Siege to Vera Cruz in 1847«, *Oakland Tribune*, 23. August 1914.

319 Bauer, *Surfboats*, S. 82.

320 Parker, *Recollections*, S. 95-96 [Zitat]; Bauer, *Mexican War*, S. 244.

321 Hughes and Johnson, Hg., *A Fighter*, S. 74; Oswandel, *Notes*, S. 74.

322 Bauer, *Mexican War*, S. 245; Clary, *Eagles and Empire*, S. 293-294; Mayer, *Mexico*, S. 3-4.

323 Reilly, *War*, S. 105; Oswandel, *Notes*, S. 71-73; Zeh, *An Immigrant Soldier*, S. 13.

324 Oswandel, *Notes*, S. 71-73; Kreitzer, Journal, S. 32-33, HSP; Smith, *Company »A«*, S. 20; Winders, *Polk's Army*, S. 173; Kitchen, *Record*, S. 30.

325 Peskin, *Scott*, S. 153-155; Bauer, *Mexican War*, S. 246-247.

326 Bauer, *Mexican War*, S. 205, 246-247.

327 Pryor, *Reading the Man*, S. 160-61; Peskin, *Winfield Scott*, S. 155, 243; Freeman, *R. E. Lee*, S. 295-299, 432.

328 Pryor, *Reading the Man*, S. 161; Freeman, *R. E. Lee*, S. 228-229.

329 Freeman, *R. E. Lee*, S. 228-229; Bauer, *Mexican War*, S. 247; Eyewitness, »Capture of Vera Cruz«, S. 3, Wm. G. Temple, »Memoir«, in: Conner, *Home Squadron*, S. 47 Anm. 4.

330 Hatch, *Heroes of Annapolis*, S. 81; Wm. G. Temple, »Memoir«, in: Conner, *Home Squadron*, S. 47 Anm. 4, S. 69-70; Bauer, *Mexican War*, S. 250.

331 Parker, *Naval Officer*, S. 103-104; Pryor, *Reading the Man*, S. 162; Oswandel, *Notes*, S. 89; Freeman, *R. E. Lee*, S. 229; Jones, *Life and Letters*, Kap. 3; Sargent, *Gathering Laurels*, S. 7.

332 Parker, *Naval Officer*, S. 105; Pryor, *Reading the Man*, S. 161-162; Freeman, *R. E. Lee*, S. 230; Peskin, *Volunteers*, S. 57.

333 Parker, *Naval Officer*, S. 108; Oswandel, *Notes*, S. 89-90.

334 Parker, *Naval Officer*, S. 108-109; Furber, *Twelve Months Volunteer*, S. 526; Allan McLane an Louis McLane, 3. April 1847, Louis McLane Correspondence, LOC; »From Vera Cruz«, *New Hampshire Gazette*, 20. April 1847; Henry Eld Papers, 24. März 1847, LOC.

335 Freeman, *R. E. Lee*, S. 231.

336 Freeman, *R. E. Lee*, S. 232; Pryor, *Reading the Man*, S. 162; Semmes, *Campaign*, S. 137.

337 United States Congress, 30th Congress, 2d Session, House Executive Document No. 1, 25. März 1847, 1182-1185; Clark & Moseley, »D-Day Veracruz«, S. 109; Furber, *Twelve Months Volunteer*, S. 526.

338 Furber, *Twelve Months Volunteer*, S. 533.

339 Freeman, *R. E. Lee*, S. 232; Parker, *Naval Officer*, S. 106; Grant, Personal Memoirs, S. 52; »Letter from a Midshipman on board the U.S. steamer Mississippi«, *Newark Daily Advertiser*, 17. April 1847; Hiney, *Diary of Mexican-American War*, 24. März 1847; Kitchen, *Record*, S. 30; Kendall, *Dispatches*, S. 176.

340 Semmes, *Service Afloat*, S. 138.

341 Ballentine, *Autobiography*, S. 155.

342 Kendall, *Dispatches*, S. 163.

343 Ebd.

344 Hitchcock, *Fifty Years*, S. 244; Frost, *Mexican War*, S. 136.

345 Eyewitness, »Capture of Veracruz«, S. 4; Clark, *Notorious »Bull« Nelson*, S. 17.

346 »Letter from a Midshipman«, *Newark Daily Advertiser*, 17. April 1847; McWilliams, »A Westmoreland Guard in Mexico«, 222; Allan McLane an Louis McLane, 3. April 1847, McLane Correspondence, LOC.

347 »Letter from a Midshipman«, *Newark Daily Advertiser*, 17. April 1847; Parker, *Naval Officer*, S. 111; Semmes, *Service Afloat*, S. 139.

348 Oswandel, *Notes*, S. 92; Kreitzer, Journal, 25. März 1847, HSP. Die Granate kam von der Festung.

349 Oswandel, *Notes*, S. 92; Kreitzer, Journal, 25. März 1847, HSP; NA, Washington, D.C., Compiled Service Records, Gottlob Reeb oder Rueb, Gefreiter, drei Stammrollen datiert auf 26. März 1847; Nagle, Diary, 25. März 1847, BUDL; »Letter from a Midshipman«, *Newark Daily Advertiser*, 17. April 1847 [Zitat]; John of York, »Army Correspondence from our own Correspondent; History of the Siege, Incidents, Movements and Descriptions; Camp before Vera Cruz; March 25 – night«, *North American,* 27. April 1847.

350 John of York, »Army Correspondence«, *North American,* 27. April 1847.

351 Peskin, *Scott*, S. 191.

352 Robert E. Lee an Mary Custis Lee, 27. März 1847, George Bolling Lee papers, Mss.L5114c16, VHS [Zitat], Freeman, *R. E. Lee*, S. 231.

353 United States Congress, 30th Congress, 1st Session, Senate Executive Document No. 1 (1847) 253.

354 »Letter from a Midshipman«, *Newark Daily Advertiser*, 17. April 1847.

355 Robert E. Lee an George Washington Custis Lee, 11. April 1847, deButts-Ely family papers, VHS.

356 Pryor, *Reading the Man*, S. 173.

357 Yates, *Perfect Gentleman,* S. 92-94.

358 Thomas, *Robert E. Lee*, S. 120; Pryor, *Reading the Man*, S. 105.

359 United States Congress, 30th Congress, 2nd Session, House Executive Document No. 1 (1847) 1182-85; 30th Congress, 1st Session, Senate Executive Document No. 1 (1848) 253 [Verzeichnis der Gefallenen der Marinebatterie].

360 Connelly, *Marble Man*, S. 3-4.

361 Nachlassteilung, StALB; Friedrich Gentner an Adjutant General, 14. September 1858, Briefe. Received by the Office of the Adjutant General, NA; Bounty Land Files, NA. Makler ermöglichten die Auszahlung von Landprämien an die Erben der verstorbenen Freiwilligen in anderen Ländern. Rübs Schwestern stellten dazu Friedrich Gentner an.

362 Rupp family, Eighth Census, NA; *Evening Star*, 28. Mai 1855; *Critic-Record*, 16. August 1873; Rupp an Stadtschuldheis [sic!] und Stadtrath in Bönnigheim, 29. April 1872, Ermittlungsakte.

363 Rupp an Stadtschuldheis und Stadtrath in Bönnigheim, 29. April 1872, Ermittlungsakte.

364 Rupp an Stadtschuldheis und Stadtrath in Bönnigheim, 29. April 1872, Ermittlungsakte; Kurz u. a., *Die wechselvolle Geschichte*, S. 373.

365 Stock, Auszüge, S. 305, HGB.

366 Kurz u. a., *Die wechselvolle Geschichte*, S. 363; Stock, Auszüge, S. 305 [Zitat].

367 Stock, Auszüge, S. 305, HGB.

368 Stock, Auszüge, S. 306, HGB; Stocks Enkel, ein Künstler, fertigte einige Skulpturen, Gemälde und Skizzen von Stock in seinen späteren Jahren. Meine Beschreibung stützt sich auf diese Werke. *Der junge Künstler I: Berlin von 1932/1933 bis 1938* [Katalog der Ausstellung]; aufgerufen Mai 2015, http://wolfgang-stock-werkverzeichnis.de/pdf/01_Der_junge_Kuenstler_I.pdf.

369 Stock, Auszüge, S. 306, HGB.

370 Hochstetter, Memoranda, 27. und 28. Mai 1872, Ermittlungsakte; Pflieger, *Geschichte(n)*, S. 97-99; 112.

371 Staatsanwaltschaft Heilbronn, Memorandum, 7. August 1872, Ermittlungsakte.

372 Gundert, *Rede,* WLB; Richardson, »An Attempt«, S. 22.

373 Aktenumschlag, Ermittlungsakte.

374 Laut der Deutschen Bundesbank entsprach der Wert von 200 Gulden des Jahres 1835 im Jahr 2017 etwa 4.460 Euro.

375 »Bönnigheim«, *Ludwigsburger Tagblatt*, 23. Mai 1872. Die *Schwäbische Chronik* veröffentlichte 1835 einen Artikel über die Ermordung Riebers. »Besigheim«, *Schwäbische Chronik*, 25. Oktober 1835.

376 Kornelius Bamberger an Tony Tomasello, Gerald M. Foreman und Colleen Mahr, 24. August 2017, Stadtverwaltung Bönnigheim.

377 Jud Ashman, zitiert in Gail Norris, Long-Lost Reward for Assassin's ID to be Paid 146 Years Later at the Gaithersburg Book Festival in Maryland, Gaithersburg Book Festival, 4. April 2018 https://gaithersburgbookfestival.org/long-lost-reward-for-german-assassins-

id-to-be-paid-146-years-later-at-the-gaithersburg-book-festival-in-maryland/

378 Uwe Deecke, »Belohnung in Maryland«, *Bönnigheimer Zeitung*, 14. März 2018; Alfred Drossel, »Letzte Dienstreise führt in die Vereinigten Staaten«, *Ludwigsburger Kreiszeitung*, 17. März 2018; Alexander Hettich, »Belohnung geht nach 146 Jahren in die USA«, *Heilbronner Stimme*, 7. Mai 2018.

379 »Death of an Assassin«, C-SPAN, 19. Mai 2018, https://www.c-span.org/video/?445042-15/death-assassin.

380 Ebd.

381 Ebd.

382 Patricia Beisner an Ann Marie Ackermann, 20. Mai 2018.

383 John Kelly, »Reward in 1835 murder goes to Md. descendants of German tipster«, Washington Post, 16. Mai 2018.

384 »Long-overdue reward presented in German murder case«, Deutsche Welle, 19. Mai 2018, https://www.dw.com/en/long-overdue-reward-presented-in-historical-german-murder-case/a-43847741.

385 Uwe Deecke, »Eine Belohnung gibt's nach knapp 200 Jahren«, *Bönnigheimer Zeitung*, 29. Mai 2018; Alexander Hettich, »Mordakte nach 146 Jahren endgültig geschlossen«, *Heilbronner Stimme*, 7. Juni 2018; Alfred Drossel, »Stadt will ins Buch der Rekorde«, *Ludwigsburger Zeitung*, 8. Juni 2018; Philipp Obergassner, »Rekordverdächtiger Bürgermeister-Mord«, *Stuttgarter Zeitung*, 5. Juli 2018.

386 Fred Rosen, *Historical Atlas of American Crime*. New York: Facts of File, 2005; E-Mail an die Autorin, 27. Juli 2018.

387 NA, Washington, D.C., Compiled Service Records, Gottlob Reeb or Rueb, Private. Drei der Stammrollen verlegen das Datum auf den 26. März 1847.

388 Winfield Scott, »Report of killed, wounded, and missing …«, 6. April 1847; United States Congress 30th Cong., 1st session, Senate Executive Document No. 1, 253; Oswandel, *Notes*, S. 92; Nagle, Diary 25. März 1847; BUDL.; Kreitzer, Journal 25. März 1847, HSP; Schultz, Journal 25. März 1847, PSA.

389 John of York, »Army Correspondence«, *North American*, 27. April 1847.

390 »Letter from a Midshipman«, *Newark Daily Advertiser*, 27. April 1847.

391 Oswandel, *Notes*, S. 92; Kreitzer, Journal, 25. März 1847.

392 Robert E. Lee an George Washington Custis Lee, 11. April 1847, deButts-Ely collection of Lee family papers, Mss L51c VHS; *Merriam-Webster's Collegiate Dictionary*, s. v. »evening«.

393 United States Congress, 30th Cong., 1st sess., Senate Executive Document No. 1 (1848), 253. Da niemand sonst im 1. Pennsylvania Regiment einen ähnlichen Namen trug, muss Gottlob Rüb gemeint sein. Siehe Hackenburg, *Pennsylvania in the War*, S. 390-391.

394 Oswandel, *Notes*, S. 92; NA, Washington, D.C., Compiled Service Records, Gottlob Reeb/Rueb, Private, 26. März 1847; Montgomery, *Pennsylvania Archives*, S. 317. Der alternative Gebrauch der Vornamen Gottlob und Gottlieb zeigt sich auch in den deutschen Unterlagen, siehe Kap. 13, Anm. 201. Er wurde *Gottlieb* Friedrich Rüb getauft, erschien aber in anderen Zeugnissen als *Gottlob*. *Rueb* ist die anglisierte Variante von *Rüb*.

395 John of York, »Army Correspondence«, *North American*, 27. April 1847.

396 Steinbeis, 26. Februar 1894, Bounty Land Files/Landprämienakten [Englische Übersetzung in Papier C], NA.

397 Friedrich Gentner an Adjutant General, 1848, Letters Received by the Office of the Adjutant General, NA.

398 Friedrich Klett an Schultheißenamt Stetten am Heuchelberg, 18. Dezember 1848, Nachlassteilung, StALB.

399 Winfield Scott, »Report of Killed, Wounded, and Missing ...«, 6. April 1847, United States Congress, 30th Cong., 1st sess., Senate Executive Document No. 1, 253 [geschrieben »Gothlib Reip«].

400 J. H. Aulick, »List of the Killed«, United States Congress, 2nd sess., House Executive Document No. 1, 1182-83.

401 »Report of Captain Mayo«, 26 März 1847, United States Congress, 30th Cong., 2d sess., House Executive Document No. 1., 1283-84.

402 Robert E. Lee to George Washington Custis Lee, 11. April 1847, deButts-Ely collection of Lee family papers, LOC.

403 *Potomac* (12. März 1847-31. Juli 1848), Bd. 14 von 40, Logs of U.S. Naval Ships, NA, 25. März 1847.

404 Furber, *Twelve Months Volunteer*, S. 526; Oswandel, *Notes*, S. 96.

405 Allan McLane an Robert McLane, 3. April 1847. McLane Correspondence, LOC.

406 *Mississippi* (5. März 1847 – 12. März 1848), Vol. 3 von 23, Logs of U.S. Naval Ships, NA, 24. März, 1847.

407 *St. Mary's* (13. Dezember 1844 – 30. April 1847), Bd. 1 von 32, Logs of U.S, Naval Ships, NA, 25. März 1847.

408 Die »Records Regarding Enlisted Men Who Served in the Navy«, 1842-85, Bureau of Navigation, Records of the Bureau of Naval Personnel, NA, RG 14, enthielten ebenfalls keine Informationen über diese Männer.

409 »Capture of Veracruz«, *Commercial Advertiser*, 16. April 1847.

410 Semmes, *Service Afloat*, S. 139.

411 Bauer, *Mexican War*, S. 250; Freeman, *R. E. Lee*, S. 232.

412 Henry Eld an »Father«, 27. März 1847, LOC; Oswandel, *Notes*, 90; »Letter from a Midshipman«, *Newark Daily Advertiser*, 17. April 1847; »Capture of Veracruz«, *Commercial Advertiser*, 16. April 1847.

413 Semmes, *Service Afloat*, S. 138.

414 John of York, »Army Correspondence«, *North American*, 27. April 1847.

415 Kreitzer, Journal, 25. März 1847; Oswandel *Notes*, S. 92.

416 »Letters from a Midshipman«, *Neward Daily Advertiser*, 17. April 1847.

417 Records Regarding Enlisted Men Who Served in the Navy, 1842-1885, NA. Folgende Berichte wurden durchgesehen: Box 110, Harkness James bis Harrington, John für James Harrington; Box 170, McGinley, Andrew bis McGrath, William für James oder Daniel McGinnis; Box 180, Manning, Michael bis Marsell, Simon für Willaim Marchus oder Marcus; Box 276, Todd, James bis Trafzer, Ernest, A für John Toohey oder Tookey; Box 294, Williams, Elmore bis Williams, Johann und Box 295, Williams, Johan bis Willis, James, für John Willams oder John Williamson.

418 »Letter from a Midshipman«, *Newark Daily Advertiser*, 17. April 1847; *Albany* (1846 –August 1847), Bd. 1 von 33, Logs of U.S. Naval Ships, NA, 26. März 18467, 4-6 p.m.

419 Henry Hickson, »Letter from an Old Salt«: Naval Vessels Employed in the War with Mexico, *Vedette*, 15. Mai 1880.

420 Bauer, *Mexican War*, S. 399 Anm. 9.

421 »Der Nativismus in den Vereinigten Staaten entstand als Reaktion auf das enorme Anwachsen der Einwanderung zwischen 1846 und 1854, als ungefähr 3 Millionen Europäer ins Land kamen.«, aufgerufen Juli 2018: https://de.wikipedia.org/wiki/Nativismus_(Sozialwissenschaften)

422 Undatierter, nicht betitelter Ausschnitt aus einer nicht identifizierten deutschen Zeitung (Ausschnitt beschädigt und ohne Identifikationsmerkmale) über zwei deutsche Philadelphia-Kompanien im Seminolenkrieg, JFBP, JHML; »General John F. Ballier« (Undatierter Ausschnitt aus einer nicht identifizierten deutschen Zeitung über Balliers Rolle bei den Nativisten-Unruhen), JFBP, JHML; Rosengarten, German Soldier, S. 253; Schrag, »Nativist Riots«, Erwin, Journal, 7.-8. Mai 1844 [über die Winde während des Aufruhrs]. (Die Iren hielten die Rettung der Kirche General George Cadwalader (1806-1879) zugute, der Kanonen zum Schutz der Kirche auffahren ließ.)

423 Hackenburg, *Pennsylvania in the War*, S. 132-142.

424 Hackenburg, *Pennsylvania in the War*, S. 132; Bauer, *Mexican War*, S. 272-274; Oswandel, *Notes*, S. 173, 177, 184; Nagle, Diary, 8. Mai-6. Oktober 1847, 5. Juni 1847 [Einzelangaben zu Binder], BUDL.

425 Tucker u. a., Hg., *Encyclopedia*, Bd. 2., s. v. »Perote Castle«; Oswandel, *Notes*, S. 171, 178.

426 Hackenburg, *Pennsylvania in the War*, 134; Oswandel, *Notes*, 239 [Binders Kompanie blieb bis August in Perote].

427 Einwanderungsbürgschaft von Wilson Jewell, 23. September 1865, Briefwechsel von William F. Small, 7. Februar 1853, und Thomas Bunting, 11. Juli 1853, in Soldier's Certificate No. 7739 (File No. 2995), Frederick W. Binder, NA.

428 Bericht der medizinischen Untersuchung, von Ja. H. Oliver, 2. Juni 1865, in Soldier's Certificate No. 7739 (File No. 2995), Frederick W. Binder, NA.

429 Einwanderungsbürgschaft von Francis M. Wynkoop, 12. Februar 1853, in Soldier's Certificate No. 7739 (File No. 2995), Frederick W. Binder, NA.

430 Hackenburg, *Pennsylvania in the War*, S. 97-169; Nagle, Diary, 18. und 23. September 1847, BUDL; Grone and Grone, *Briefe über Nord-Amerika,* S. 62-63.

431 Hackenburg, *Pennsylvania in the War*, S. 72, 132-142.

432 »Vermischte Nachrichten: Pittsburgh – Rückkehr Ankunft der Freiwilligen«, *Philadelphia Demokrat*, 22. Juli 1848; »Willkommen unsern heimgekehrten Freiwilligen!« *Philadelphia Demokrat*, 25. Juli 1848; »Stadt-Neuigkeiten«, *Philadelphia Demokrat*, 26. Juli, 2., 3. and 4. August 1848; Viereck, J.C.: *Captain F. W. Binder's Quick Step.*

433 »Stadt-Neuigkeiten«, *Philadelphia Demokrat*, 7. August 1848; »Colonel Wynkoop: Another Richmond in the Field«, *Jeffersonian Republican*, 24. August 1848; aufgerufen Februar 2016, http://chroniclingamerica.loc.gov/lccn/sn86053954/1848-08-24/ed-1/seq-2/.

434 Friedrich Klett an Schultheißenamt Stetten am Heuchelberg, 18. Dezember 1848, Nachlassteilung, StALB; »Local Items Reported for the Inquirer: County Board«, *Philadelphia Inquirer*, 13. November 1849; »Death of Captain Binder«, *Philadelphia Inquirer*, 24. Januar 1876.

435 »Serious Melee«, *North American*, 23. Oktober1850; »Affray«, *Trenton State Gazette*, 23. Oktober 1850; »The Case of Capt. Binder and Others«, *Public Ledger*, 7. November 1850; »The Murder of George Emory«, *New York Daily Tribune*, 13. Februar 1851.

436 Bericht der medizinischen Untersuchung, von Ja. H. Oliver, 2. Juni 1865, in Soldier's Certificate No. 7739 (File No. 2995), Frederick W. Binder, NA; Binder, F.W., *Eighth Census of the United States, 1860,* NA; Binder, Fred W., US IRS Tax Assessment Lists, NA; »Local Affairs: Collection of Taxes for 1858«, *Public Ledger*, 6. Januar 1859; *McElroy's Philadelphia City Directory* (1858), s. v. »Binder, Fred W«; »Death of Captain Binder«, *Philadelphia Inquirer*, 24. Januar 1876; *Ordinances and Joint Resolutions*, S. 433-434.

437 »Probable Homicide«, *Philadelphia Inquirer*, 4. April 1865; »Brutal Assault on an Old Man: Probable Homicide«, *Age*, 4. April 1865.

438 Bericht der medizinischen Untersuchung, von Ja. H. Oliver, 2. Juni 1865, in Soldier's Certificate No. 7739 (File No. 2995), Frederick W. Binder, NA; »Death of Captain Binder«, *Philadelphia Inquirer*, 24. Januar 1876; siehe Kap. 16 wegen der Vermutung einer körperlichen Behinderung in Binders Kindheit.

439 Hackenburg, *Pennsylvania in the War*, S. 133; Taylor, *Philadelphia in the Civil War*, S. 36-37, 116-117, 293; »Ein geschichtlicher Rückblick«, *Philadelphia Volksblatt*, 9. März 1885.

440 »Ninety-Eighth Regiment«, in: Bates, History of Pennsylvania Volunteers, S. 464-505; »Ein geschichtlicher Rückblick«, *Philadelphia Volksblatt*, 9. März 1885 [Ballier schrieb das Kapitel in Bates' Buch].

441 »Vermischtes«, Ausschnitt aus einer nicht identifizierten deutschen Zeitung von St. Louis, [29. August?] 1885, in JFBP, JHML.

442 Hackenburg, *Pennsylvania in the War*, S. 137; Waskie, *Philadelphia*, Kap. 3 (First Philadelphia Volunteers).

443 Hackenburg, *Pennsylvania in the War*, S. 137.

444 Hackenburg, *Pennsylvania in the War*, S. 136.

445 Hackenburg, *Pennsylvania in the War*, S. 133.

446 Hackenburg, *Pennsylvania in the War*, S. 137, 141.

Pressestimmen

»[Einer] der spektakulärsten Mordfälle Württembergs.«

– Heilbronner Stimme

»Ihre Rekonstruktion Bönnigheims im 19. Jahrhundert liest sich wie ein Jane-Austen-Roman voller Spitzbuben, mit einem schönen Mädchen, einem pflichtbewussten Arzt und einigen liebenswerten Schluckspechten.«

– Journal of Southern History

»Ein Höhepunkt von Ackermanns Buch ist die Beschreibung, wie [der Ermittler den Fall] anpackte, indem er Zeugen vernahm, über Spuren grübelte und ballistisches Beweismaterial untersuchte.«

– Washington Post

»Eine unerhört spannende Geschichte, eingewoben in ein Zeitbild von epischer Bedeutung.«

– Zeitschrift des Zabergäuvereins

»Eine der merkwürdigsten Stories der Geschichte.«

– San Francisco Book Review

»… ein unterhaltsamer Rückblick auf sehr menschliche Figuren in einer Zeit des Umbruchs.« *– New York Journal of Books*

»Ein fesselnder Abschnitt der Geschichte.«

– Seattle Post Intelligencer

»So kommt es zu einem möglichen Weltrekord: Die älteste Belohnung zur Ergreifung eines Mörders, die jemals bezahlt wurde.«

– Bietigheimer Zeitung

»Nicht nur eine überraschende historische Entdeckung, sondern eine berührende Geschichte von Heldenhaftigkeit und Erlösung.«   *– Michael Kauffman, Autor: American Brutus:*
John Wilkes Booth and the Lincoln Conspiracies.

»Weil ich *Beating the Devil's Game* schrieb, eine Geschichte der Kriminalistik, genieße ich es, wenn Kriminalhistoriker neue Kapitel öffnen und offizielle Berichte korrigieren. Mit diesem Buch etabliert Ackermann ihren Platz in diesem Feld.«
– Katherine Ramsland, Pychology Today

»Eine fasziniernde Erzählung über einen Mord aus alten Zeiten.«   *– Kevin Sullivan, Autor: The Bundy Murders*

Skurrile Kriminalfälle